KB082988

동북아해역 인문 네트워크의
전개와 교류

엮은이
부경대 인문한국플러스사업단

글쓴이
서광덕(徐光德, Seo, Kwang-deok) 부경대학교 인문사회과학연구소 HK연구교수
윤지양(尹智楊, Yoon, Ji-yang) 서울대학교 인문학연구원 선임연구원
공미희(孔美熙, Kong, Mi-hee) 부경대학교 인문사회과학연구소 HK연구교수
최민경(崔瑉耿, Choi, Min-kyung) 부경대학교 인문사회과학연구소 HK교수
양민호(梁敏鎬, Yang, Min-ho) 부경대학교 인문사회과학연구소 HK연구교수
나미가타 츠요시(波潟剛, Namigata Tsuyoshi) 규슈대학 대학원 지구사회통합과학부 교수
곽수경(郭樹競, Kwak, Su-kyoung) 부경대학교 인문사회과학연구소 HK연구교수
김윤미(金潤美, Kim, Yun-mi) 부경대학교 인문사회과학연구소 HK연구교수
이가연(李佳妍, Lee, Ga-yeon) 부경대학교 인문사회과학연구소 HK연구교수
박원용(朴垣勇, Park, Won-yong) 부경대학교 사학과 교수

동북아해역 인문 네트워크의 전개와 교류

초판인쇄 2020년 11월 10일 **초판발행** 2020년 11월 30일
엮은이 부경대학교 인문한국플러스사업단
펴낸이 박성모 **펴낸곳** 소명출판 **출판등록** 제13-522호
주소 서울시 서초구 서초중앙로6길 15, 2층
전화 02-585-7840 **팩스** 02-585-7848 **전자우편** somyungbooks@daum.net **홈페이지** www.somyong.co.kr

값 21,000원
ⓒ 부경대학교 인문한국플러스사업단, 2020
ISBN 979-11-5905-532-4 93910

잘못된 책은 바꾸어드립니다.
이 책은 저작권법의 보호를 받는 저작물이므로 무단전재와 복제를 금하며,
이 책의 전부 또는 일부를 이용하려면 반드시 사전에 저자와 소명출판의 동의를 받아야 합니다.

이 책은 2017년 대한민국 교육부와 한국연구재단의 지원을 받아 수행된 연구임 (NRF-2017S1A6A3A01079869).

부경대학교 인문사회과학연구소
해역인문학 연구총서 / **05** /

동북아해역
인문 네트워크의
전개와 교류

부경대 인문한국플러스사업단 편

Development and Exchange of the Humanities
Network in Northeast Asian Sea Region

발간사

　부경대학교 인문사회과학연구소와 해양인문학연구소는 해양수산 교육과 연구의 중심이라는 대학의 전통과 해양수도 부산의 지역 인 프라를 바탕으로 바다를 중심으로 하는 인간 삶에 대한 총체적 연구 를 지향해 왔다. 바다와 인간의 관계에서 볼 때, 아주 오랫동안 인간 은 육지를 근거지로 살아왔던 탓에 바다가 인간의 인식 속에 자리잡 게 된 것은 시간적으로 길지 않았다. 특히 이전 연근해에서의 어업활 동이나 교류가 아니라 인간이 원양을 가로질러 항해하게 되면서 바 다는 본격적으로 인식의 대상을 넘어서 연구의 대상이 되었다. 그래 서 현재까지 바다에 대한 연구는 주로 과학기술이나 해양산업 분야 의 몫이었다. 하지만 인간이 육지만큼이나 빈번히 바다를 건너 이동 하게 되면서 바다는 육상의 실크로드처럼 지구적 규모의 '바닷길 네 트워크'를 형성하게 되었다. 그리고 이 해상실크로드를 따라 사람, 물자, 사상, 종교, 정보, 동식물, 심지어 병균까지 교환되게 되었다.

　이제 바다는 육지만큼이나 인간의 활동 속에 빠질 수 없는 대상이 다. 바다와 인간의 관계를 인문학적으로 점검하는 학문은 아직 정립 되지 못했지만, 근대 이후 바다의 강력한 적이 인간이 된 지금 소위 '바다의 인문학'을 수립해야 할 시점에 이르렀다. 하지만 바다의 인 문학은 소위 '해양문화'가 지닌 성격을 규정하는 데서 시작하기보다 더 현실적인 인문학적 문제에서 출발해야 한다. 그것은 한반도 주변 의 바다를 둘러싼 동북아 국제 관계에서부터 국가, 사회, 개인 일상의

~각 층위에서 심화되고 있는 갈등과 모순들 때문이다. 이것은 근대 이후 본격화된 바닷길 네트워크를 통해서 대두되었다. 곧 이질적 성격의 인간 집단과 문화가 접촉, 갈등, 교섭해 오면서 동양과 서양, 내셔널과 트랜스내셔널, 중앙과 지방의 대립 등이 해역海域 세계를 중심으로 발생했던 것이다.

다시 말해 해역 내에서 인간(집단)이 교류하며 만들어내는 사회문화와 그 변용을 그 해역의 역사라 할 수 있으며, 그 과정의 축적이 현재의 상황으로 나타난다고 할 수 있다. 따라서 해역의 관점에서 동북아를 고찰한다는 것은 동북아 현상의 역사적 과정을 규명하고, 접촉과 교섭의 경험을 발굴, 분석하여 갈등의 해결 방식을 모색토록 하며, 향후 우리가 나아가야 할 방향을 제시해주는 하나의 방법이라고 할 수 있다. 개방성, 외향성, 교류성, 공존성 등을 해양문화의 특징으로 설정하여 이를 인문학적 자산으로 상정하고 또 외화하는 바다의 인문학을 추구하면서도, 바다와 육역陸域의 결절 지점이며 동시에 동북아 지역 갈등의 현장이기도 한 해역을 연구의 대상으로 삼아 실제적으로 현재의 갈등과 대립을 해소하는 방안을 강구하고, 나아가 바다와 인간의 관계를 새롭게 규정하는 '해역인문학'을 정립할 필요성이 여기에 있다.

이러한 인식하에 본 사업단은 바다로 둘러싸인 육역들의 느슨한 이음을 해역으로 상정하고, 황해와 동해, 동중국해가 모여 태평양과 이어지는 지점을 중심으로 동북아해역의 역사적 형성 과정과 그 의의를 모색하는 "동북아해역과 인문 네트워크의 역동성 연구"를 제안한다. 이를 통해 우리는 첫째, 육역의 개별 국가 단위로 논의되어 온 세계를 해역이라는 관점에서 다르게 사유하고 구상할 수 있는 학문적 방법과 둘째, 동북아 현상의 역사적 맥락과 그 과정에서 축적된 경험을 발판으로 현재의 문제를 해결하고 향후의 방향성을 제시하는 실천적 논의를 도출하고자 한다.

부경대 인문한국플러스사업단이 추구하는 소위 '(동북아)해역인문학'은 새로운 학문을 창안하는 일이다. '해역인문학' 총서 시리즈는 이와 관련된 연구 성과를 집약해서 보여줄 것이고, 또 이 총서의 권수가 늘어가면서 '해역인문학'은 그 모습을 드러낼 수 있을 것으로 기대한다. 끝으로 '해역인문학총서'가 인간과 사회를 다루는 학문인 인문학의 발전에 기여할 수 있는 하나의 씨앗이 되기를 희망한다.

부경대 인문한국플러스사업단 단장 손동주

편자 서문

해역인문학 연구총서 '동북아해역 인문네트워크의 전개와 교류'는 모두 9편의 글을 모았다. 부경대 인문한국(HK+)사업단은 근대 시기 이후 동북아해역에서 이루어진 다양한 인적, 물적 교류의 양상을 네트워크라는 시각에서 탐색하고 있는데, 이 책은 시기적으로는 근대 초기부터 1940년대까지, 지역적으로는 동북아시아 3국 외에 러시아까지를 대상으로 하고 있다.

1부는 지식네트워크의 측면에서 3편의 글을 실었는데, 서광덕의 「근대 동북아해역 교통망과 지식네트워크─청말淸末 중국유학생과 그 잡지를 중심으로」는 근대적인 교통망의 형성으로 동북아해역에서 유럽과 같은 지역간 인적 이동이 광범위하게 추동되었음에 착목하여, 인적 이동의 한 가지 유형인 유학留學을 통해 이러한 교통망의 바탕 위에서 동아시아 지역내 지식과 지식인의 네트워크가 어떻게 형성되었는지를 탐구하였다. 윤지양의 「19세기 말 강남기기제조총국江南機器製造總局 출간 서적의 국내 유입 양상」은 19세기 말 강남기기제조총국 번역관飜譯館에서 출간한 서적의 국내 유입상황을 현재 소장 상황을 바탕으로 검토하였다. 다양한 분야의 강남제조국 출간 서적이 국내에 유입되었다는 사실을 통해, 이전까지 국내에는 관련 분야의 지식이 거의 없던 상황에서 중국으로부터 구입한 서적이 근대 지식을 얻을 수 있는 중요한 원천이었음을 확인해 주었다. 공미희는 「근대 일본제신한자어日本製新漢字語 유입을 통한 동북아해역의 지식교류 연구」

에서 개항 후 가장 먼저 일본에 정식으로 파견된 외교사절단이 귀국 후 보고한 견문록 '일동기유日東記遊'를 바탕으로 근대 일본제 신한자어에 대해 분석했다. 이처럼 어휘적 접촉을 통한 지식 교류가 조선의 근대화에 어떤 영향을 주었는지 지속적인 연구가 요구된다.

2부 '이주네트워크와 문화교류'에서는 3편의 논문을 수록했다. 최민경 · 양민호의 「규슈 지역 재일한인 커뮤니티의 형성과 전개−후쿠오카를 중심으로」는 지금까지 재일한인 연구가 오사카나 가와사키 등의 특정 지역만을 고찰 대상으로 삼았다는 한계를 극복하고, 새로운 지역 곧 후쿠오카에 주목하여 근대 국민국가의 틀을 넘어 재일한인의 삶의 다양성을 살폈다. 후쿠오카 재일한인 커뮤니티의 특징적인 형성 및 전개 과정은 이 지역이 근현대에 걸쳐 한반도와 일본 사이의 교통망의 결절 지점이자 인구 이동의 중심으로서 기능했다는 사실에서 비롯되었음을 강조하고 있다. 나미가타는 「현해탄을 건넌 사람과 사물−'쇼와 30년대', 붐Boom에서 장르Genre로」에서 2000년대 초중반 일본에서 일어난 '쇼와 30년대 붐' 현상에 주목하고, 이 시기를 회상한 두 편의 영화를 토대로 이상향으로서의 '쇼와 30년대'의 모습보다 주변의 존재로 살았던 사람들(조선인)의 기록과 그러한 사람들의 증거가 화면상에 제시됨으로써 '쇼와 30년대'를 '동아시아 속의 일본' 문맥으로 파악하는 역사로의 새로운 입구가 제공되었다고 지적한 점이 의미있다. 한편 곽수경은 「개항장의 대중문화 유입과 전개−목포의 트로트 유입과 흥성원인을 중심으로」에서 1897년 개항한 목포에서 등장한 근대 대중가요 양식인 트로트의 유입과 발전 요인을 분석했다. 트로트의 탄생을 특별한 산업적 기반을 갖추지 못했음에도 불구하고 경제가 기형적으로 발전하고 유흥문화가 발달했던 목포의 특수성에서 찾았다.

3부 '해역공간과 교류기반'에서는 3편의 논문을 실었는데, 먼저 김윤미는 「1930년대 나진 개항과 항만도시 건설의 군사적 전개」에서 1935년 나진 개항의 배경, 나진항을 중계지로 한 만주-조선-일본의 교통망 구축 과정과 목적을 살펴보았다. 근대 일본과 만주를 잇는 북선루트는 청진, 나진, 웅기 3항을 근간으로 했는데, 이 북선 3항의 항만 물류네트워크 능력 강화와 대륙의 통합적 철도망 구축은 경제성뿐만 아니라 군사전략적 결정이었음을 밝혔다. 이가연의 「개항장 부산 일본 거류지의 소비공간과 소비문화」에서는 개항 이후 기존의 초량왜관을 중심으로 부산에 형성된 일본 거류지를 대상으로 근대의 자본주의 소비문화의 탄생과 변화를 살폈다. 이 소비문화의 향유자를 식민자로 단정하고 원주민은 여기서 배제된 것으로 보는 시각을 부정하면서, 또 이 둘의 '섞임'에는 '불균등성' 역시 존재할 수밖에 없음을 지적하고 있다. 박원용의 「러시아 역사에서 해양 공간 다시보기」는 동북아해역을 대상으로 한 연구에서 상대적으로 소홀할 수밖에 없는 러시아에 대한 것으로서 소중하다. 서구 역사학계에 비해 해양공간을 러시아의 역사와 결부시켜 파악하려는 시도는 러시아 역사학계에서 상대적으로 미흡했음을 지적하고, 이러한 성찰을 반영하는 3권의 연구서를 중심으로 해양공간이 러시아의 역사에서 갖는 의미를 다각도에서 제시하였다. 해양공간이 세계사 및 지역사를 새롭게 보는데 중요한 시사점을 준다는 것을 이 책들에 대한 필자의 소개로 다시 한번 상기할 수 있었다.

이상 9편의 논문들이 보여준 것처럼, 동북아해역에서 이루어진 인문네트워크의 다양한 현상들을 살피고, 또 이 현상들을 배태한 여러 요인들을 탐구하는 일은 '(동북아)해역인문학'으로 가는 하나의 과정일 것이다. 후속 연구들이 기대되는 이유다.

HK연구교수 서광덕

차례

제1부

지식네트워크의 전개

근대 동북아해역 교통망과 지식네트워크

청말淸末 중국유학생과 그 잡지를 중심으로

서광덕

1. 들어가며

동아시아의 근대지식(지성)사라는 것이 가능하다면, 이것은 아마도 유럽의 근대지식을 수용하고 그것을 바탕으로 동아시아 지역의 주체들이 자신의 현실에 대한 분석과 미래에 대한 전망을 해나가기 시작했다는 데서 연유할 듯하다. 곧 소위 '서구의 근대'라는 양분을 섭취했다는 공통점이 지역으로서 동아시아를 담보하는 하나의 요소라는 셈이다. 다시 말해 한국, 중국, 일본 모두 각기 사정은 달랐지만, 서구의 근대지식을 수용하고 또 자신의 전통에 기반해 이것과 씨름하면서 근대화를 진행했다는 점에서 같았다. 그리고 '동아시아' 또는 '아시아'라는 서구에 의해 호명된 명칭을 지역민들이 자신의 이름으로 전유할 수 있게 된 것 역시 서구의 근대지식을 수용하면서 비롯되었다.

우리는 여기서 다시 서구발發 근대지식이 어떻게 동아시아 지역에 널리 유통되고 수용되었으며 또 전파되었는지 묻지 않을 수 없다. 그것은 근대 이후 민족주의 또는 국민국가 담론의 횡행 못지않게 동아시아라는 지역 담론도 오랫동안 전개되어 왔고, 현재도 동아시아를 둘러싼 논의는 국제적인 지역간 교류의 활성화 더 나아가 지구화 추세에 의해 그 생명력을 잃기는커녕 리저널리즘의 측면에서 동아시아를 다시 재구할 수밖에 없는 상황이기 때문이다. 오늘날 국제화의 시대에는 민족국가 차원이 아니라 동아시아가 더욱 긴요해져서 이 지역민들이 어떤 형태로든 동아시아를 공동으로 의식하게 되었다.

그래서 민족국가든 동아시아 공동체든 어떤 공동체의 구성원 사이에 '우리'라는 의식이 배태되는 장場에 주목했을 때, 이것은 어떤 경로를 거쳐 그러한 인식을 갖게 되는 것인가 하는 물음은 자연스럽다. 특히 동아시아 지역이 문제가 된 근래 동아시아를 전유하는 인식 그리고 그것을 가능케 하는 바탕으로서의 지식 또는 학문은 과연 무엇인가. 이와 관련하여 『리저널리즘』의 저자 마루카와 데쓰시는 오늘날 담론의 중심이 된 동아시아를 지역적 유동성을 전제로 삼는 공간에 대한 감각 그리고 지역 내 국가나 세력 간에 역사적으로 누적된 구조적 연관성을 찾아내는 역사감각을 통해 새로운 지역감각을 발굴해내자고 제안한다. 곧 일본제국주의와 냉전이라는 역사적 조건으로 인해 '적대'와 '무시'가 동아시아 지역의 주요한 감각구조가 되어 왔다면, 자아와 타자 간의 거리 및 관계에 대한 관념·감각·경험들로 이루어진 새로운 '영토'를 탐색하는 '리저널리즘'은 상호이해를 증진하고 편협한 주체성을 반성하는 새로운 지역감각을 가능케 하기 때문이라고 설명한다.[1]

---

1   마루카와 데쓰시, 백지운·윤여일 역, 『리저널리즘』, 그린비, 2008.

이런 문제의식을 수용하여 이 글은 동아시아를 이 지역인들이 자신의 문제로 전유하게 된 경로, 그 과정에서 형성된 역사와 공간 감각을 탐문해보고자 한다. 구체적으로는 19세기말 20세초 이 지역인들의 교류 또 이를 가능케 한 토대 그리고 그 위에 형성된 네트워크를 지식인들의 행보를 중심으로 살펴본다.

2. 동아시아 근대화와 교통망 건설

1) 동아시아 해상 및 철도네트워크

근대 이후 동아시아가 이전보다 급속히 가까워진 것은 역시 서구 세력의 도래와 무관하지 않다. 유럽에 의한 대항해시대의 시작은 교역 즉 경제적인 이유로 말미암았음은 주지의 사실이고, 그 유럽이 동아시아 해역에 출현한 것도 꽤 오래된 일이었다. 유럽이 직접 동아시아 해역에 출현하지 않았던 시기에도 지구의 특정 지역 즉 유럽에서의 이러한 움직임이 지구상에서 연쇄적인 반응을 낳았기 때문에 동아시아 지역에도 간접적인 영향을 주었다. 예를 들어 임진왜란이 단지 조선과 일본 내지 당시 명나라와의 이해관계에서 빚어진 전쟁으로만 해석할 수 없고, 다분히 은의 세계적인 유통과 관련이 있으며, 또 이것이 노예무역과도 연동된다는 점이 최근의 연구에서 밝혀지고 있다.[2]

그런데 19세기 동아시아 지역은 두 개의 세력을 대표하는 국가가

---

2 송병건, 『경제사—세계화와 세계 경제의 역사』, 해남, 2019.

교역을 위한 수단으로서 교통망의 설치를 주도하게 되었다. 그것은 교역을 위한 항구를 확보하기 위해 남하정책을 추진하던 러시아와 세계의 해상을 지배하던 영국이었는데, 이들은 자신의 이익을 확보하기 위해 동아시아 지역으로 그 범위를 확대하기 시작했다. 이리하여 동아시아를 둘러싸고 러시아의 남하와 시베리아철도 건설(대륙) 그리고 영국과 일본의 해군력에 의한 대응(해양)이라는 구도가 19세기에 성립되었다. 그런데 러시아 남하정책의 궁극적인 지점은 부동항 곧 항구였다. 따라서 동북아해역교류사 또는 네트워크의 시각에서 항구는 대단히 중요하다. 인적 물적 교류의 중심지로서 특히 항구가 주목받는 시대가 바로 근대 이후였다.[3] 러시아는 1891년에 착공한 상트페테르부르크-블라디보스토크를 잇는 시베리아철도를 1903년에 건설한다. 그리고 1894년 청일전쟁(일본으로서는 러시아와의 개전을 준비하기 위한 전초전)에서 패배한 청으로부터 1896년 삼국간섭을 통해 러시아는 동청철도(만주리, 하얼빈, 블라디보스토크)부설권을 획득하고, 1896년 조선 국왕의 俄館播遷으로 조선에서의 러시아 세력을 확대하고 또 1897년 요동반도와 여순항을 조차하며, 1898년 남만주철도(하얼빈-대련, 1901년 개통) 부설권을 획득하였다.

이와 같이 동아시아 지역에서 철도건설과 항구 확보를 통한 러시아의 세력 확대는 영국의 거센 저항에 부딪히게 된다. 영국은 1902년에 영일동맹을 맺고, 일본은 러일담판을 통해 동아시아 지역에서 자신의 이익을 확보하고자 하였다. 러일담판(만주-러시아, 조선-일본)에

---

3   이용상 외, 『일본 철도의 역사와 발전』, 북갤러리, 2017.

서 러시아는 만주와 조선의 북부, 일본은 조선 전역과 만주 일부(조선과 만주는 불가분의 동일체로)를 세력권에 두는 것으로 협상이 전개되었지만, 결국 결렬되고 1905년 러일전쟁이 일어나게 되었다. 승리한 일본은 포츠머스 조약을 체결하고 남만주철도를 획득하였다. 이미 일본은 청일전쟁 이후 조선의 철도 부설권을 확보해가기 시작하여, 경인선(1896년 미국인 모스가 부설권 획득, 이후 일본 인수 1899년 완공), 경부선(일본 1898년 부설권 획득, 1905년 완공), 경의선(1896년 프랑스 부설권, 우여곡절 끝에 결국 일본이 1903년 부설권 획득, 1905년 개통)까지 설치하여, 이를 새롭게 획득한 만주지역 철도 교통망과 연결시키려고 하였다. 이제 일본은 러일전쟁의 승리로 동아시아 지역 특히 만주 대륙을 점령하려는 제국주의적 야망을 실현하는 교두보를 확보하게 되었다. 여기에는 여순, 대련, 조선의 여러 항구 등의 개항도 같이 연동된다.

이상과 같은 동아시아 지역내 철도 건설은 동북아해역에서의 항로 개통과 연동되어 전체적인 교통망 체계를 갖추게 된다. 이 교통망 체계는 서양 열강과 일본의 주도로 이루어졌는데, 여기에는 교역을 위한 목적이 일차적이었지만, 점차 군사적인 전략상의 이유도 결부되면서 복잡하게 전개되었다. 이러한 교통망을 타고 동북아해역에서 다양한 사람들이 이동을 하기 시작했고, 그 이동의 동기는 교역을 위해서, 선교를 위해서, 지식을 구하기 위해서, 일자리를 구하기 위해서 등등 다양한 이유를 갖고 전개되었다.

2) 동아시아인들의 일본 유학

동아시아인들의 지역내 이동은 20세기초 이러한 교통망의 형성과 함께 급속히 전개되었다. 여기서는 특히 이 시기 동아시아 역내의 일본 유학붐을 연관시켜 살펴보고, 이 속에서 근대 동북아해역 지식네트워크의 양상을 조망해보려고 한다. 이러한 지식네트워크, 곧 근대 동아시아 지역인들간의 교류와 연대가 어떻게 전개되었으며, 이를 '동아시아 공공성'이란 하나의 가치를 추구하는데 하나의 역사적 경험으로서 점검해보려고 하는데, 특히 중국인들의 유학 상황을 중심으로 살펴보겠다.

근대 초기 중국인들의 일본 유학과 관련한 연구서의 한글 번역본은 '신산을 찾아 동쪽으로 향하네'라는 제목을 달았는데, 이것은 중국 진시황의 신하 서복이 불로초를 구해오라는 명을 받고, 신선이 살고 있는 바다 속의 세 개의 신산을 찾아 대규모의 선단을 거느리고 동쪽으로 떠났다는 얘기에서 유래했다.[4] 이처럼 중국인들이 대규모로 동쪽으로 몰려간 일이 근대 시기에 또 일어났는데, 그것은 바로 1896년 이후 전개된 중국인들의 일본유학붐이다. 유학붐이라고 하지만, 그 수가 요즘처럼 많은 것은 아니었고, 처음에는 13명을 선발하여 보냈던 것이 점차 늘어나서 1902년에는 5백 명, 다음해에는 천 명, 과거제도가 폐지된 1905년에는 8천 명, 최전성기에는 1만 명 아니 2만 명에 육박했다고 알려져 있다.[5]

---

4 옌안성, 한영혜 역, 『신산을 찾아 동쪽으로 향하네-근대 중국 지식인의 일본 유학』, 일조각, 2005. 원제는 嚴安生, 『日本留學精神史-近代中國知識人の軌跡』, 岩波書店, 1991.
5 야마무로 신이치, 정선태·윤대석 역, 『사상과제로서의 아시아』, 소명출판, 2018.

이러한 중국의 일본 유학생 파견은 청의 근대화 실패에 대한 반성에서 출발했다. 그것은 서양을 열심히 배우자는 취지의 정책 곧 양무운동을 통한 근대화의 사실상 패배를, 동일한 방식으로 추진한 일본에 의해 확인받음으로서 비롯되었다. 양무운동을 대표하는 서양의 근대 물건 가운데 하나, 곧 변법을 추진한 강유위, 양계초 등이 일본으로 망명을 시도할 때 탔던 그리고 본격적인 일본유학생이 이용했던 배 곧 기선汽船 역시 중국도 일찍이 유럽에서 사거나 서양인 고문을 통해 만들려고 했던 것이다. 청은 서양국가의 해군의 군사력 및 선박을 비롯한 기계제작기술에 관심을 가져서 이를 만드는 공장을 설립하고, 또 이를 활용할 수 있는 인력을 양성하기 위한 기관을 공장의 부설로서 설치하였다. 예를 들어, 1865년 9월에 설립된 근대 군사공업생산시설인 강남기기제조총국江南机器制造总局은 청말 중국의 가장 중요하고 규모가 가장 큰 근대군사기업이었다. 그런데 이곳에서 생산된 제품들은 성능도 좋지 않았고, 원가도 비싸서 구미에서 직접 구매하는 것이 차라리 채산이 맞았다. 기선의 제조도 마찬가지 사정이었다. 배를 한 척 직접 만드는 것보다 영국에서 배를 두 척 사는 것이 훨씬 이득이었다. 1868년 중국은 최초의 기선 혜길호惠吉号를 만들었는데, 이것은 사실 목선이었다. 중국이 철강을 생산하게 된 것이 1891년이니 목제기선일 수밖에 없었다. 그런데 서양지식의 수용의 측면에서는 부설 기관인 광방언관广方言馆[6] 번역관翻译馆 및 공예학당工艺学堂이 서구지식을 소개하고 언어와 과학기술에 능통한 인재를

---

6 언어학교로서 1863년에 설립되었고, 1869년에 강남제조국으로 병합되었다.

길러내는데 역할을 다해 1868~1907년 사이에 역서를 군사와 과학 기술 외에 지리, 경제, 정치, 역사 방면의 서적 160여 종을 발행했으며, 그 번역서적의 수준도 그 이전의 번역서와 비교해서 뛰어나 청말 지식인이 서구지식을 수용하는데 큰 영향을 주었다.[7]

강남제조총국과 함께 청말 정부가 운영한 병선과 포함을 제조하는 신식조선기업이 있었는데, 바로 복주선정국福州船政局이다. 1866년 좌종당左宗棠이 민절총독閩浙总督으로 있을 때 설립되었는데, 이곳은 철광, 선창과 선정학당 세 부분으로 구성되었다. 1869년 6월 10일에 이곳에서 최초의 목재 기선 만년청호万年清号가 건조되었고, 이후 1905년까지 40척의 선박을 제조했는데, 주로 병선으로 상선은 8척에 불과했다. 그리고 선정학당에서는 제조, 항해 두 반으로 나뉘어 배를 만들거나 선장을 맡는 능력을 배양했고, 또 영국이나 프랑스로 파견하여 항해와 조선기술을 배워오게 했다. 이곳은 근대 중국의 항해교육과 해군교육의 발원지였다. 이와 같이 양무운동에 의해 설립된 기업과 부설학당의 조합이 청정부의 근대화 방식이었다.[8] 여기서 근대지식의 수용과 유통에서 중요한 역할을 한 것이 바로 부설학교였는데, 위에서 말한 두 기업의 부설학당외에도 천진수사학당과 강남수사학당도 중요한 역할을 했다.

천진수사학당天津水师学堂은 복건선정학당福建船政学堂 이후 두 번째로 설립된 해군을 육성하는 신식학교로서, 1880년 8월 직예총독直隶总督 겸 북양대신 이홍장李鸿章이 천진에서 열고, 다음 해 7월 학생을 모집

---

7 이상은 https://baike.baidu.com/item/江南机器制造總局/8968852?fr=aladdin 참조.
8 이상은 https://baike.baidu.com/item/福州船政局/9382380?fr=aladdin 참조.

하여 북양해군의 인재를 양성했다. 그리고 1890년에 설립된 강남수사학당江南水師學堂은 과학기술에 능통한 인재를 양성하는 기지로서, 안에는 조종, 엔진, 어뢰 3개 반을 개설했다. 매 학기 120명 정도의 학생이 있었고, 교원의 대다수는 영국인이었다. 수업은 영어, 기계, 항해, 천문 등이 있었다. 신해혁명 뒤 강남수사학당은 문을 닫고 해군부의 사무실 부지가 되었으며, 뒤에 또 해군군관학교海軍軍官学校, 국민정부해군부国民政府海軍部, 해군사령부海軍司令部 등의 주둔지가 되었다.[9]

앞서 말한 1902년 일본유학생 5백 명안에 중국근대작가인 루쉰魯迅도 포함되어 있었다. 루쉰이 1898년 신학문을 배우기 위해 고향 소흥을 떠나 아편전쟁의 패배로 영국과 불평등조약을 맺은 남경으로 와서 입학한 곳이 바로 8년 전에 설립된 해군학교인 강남수사학당이었다. 그 해 4월에 입학을 했으나, 루쉰은 당시 복건 출신들이 장악하고 있던 학교에서 멋진 미래의 항해사를 꿈꿀 수 있는 항해과에 들어가지 못하고, 기관사과에 배치되었다. '해군'을 양성한다는 학교에서 바다와 관련된 학습 시간은 전혀 없고, 또 신학문 학습보다는 경서를 읽는 한문수업이 위주인 분위기를 견디지 못해, 그 해 11월에 학교를 그만두고, 다음 해 1월에 육군학교인 강남육사학당江南陸師學堂[10] 부속

---

9   이상은 https : //baike.baidu.com/item/江南水師學堂/1703276?fr=aladdin 참조. 현재는 總辦提督樓、英籍教員辦公樓와 國民政府海軍部大門 등의 건물이 남아 있다.

10   강남육사학당은 1896年 3月 23日 장지동(張之洞)이 남경에 설립한 것이다. 장기동은 자강군(自强軍)을 훈련하는 과정에서 장지동은 학당 출신들이 배우지 못한 일반인들보다 뛰어나다고 인식하고, 학당이 유익함을 분명하게 인정하였다. 이리하여 학당을 세워 인재를 양성하고자 결심했고, 강남육사학당은 13살에서 20살 사이의 연령을 선발하여 약 150명이 입학하였다. 이들은 馬隊, 步隊, 炮隊, 工程隊로 나누고, 각 분과는 2년을 기한으로 하고 2년이 끝나면 다시 포법을 1년 배우고 또 독일어를 학습하였다. 도합 약 3년의 과정이었다. 학당에는 독일교습을 초청하여 兵法, 行陣, 地利, 測量, 繪圖, 算術, 營壘, 橋路 수업과 馬, 步, 炮兵种陣法을 가르쳤다.

광무철로학당鑛務鐵路學堂에 입학한다.[11] 해군의 꿈을 버린 루쉰은 광산 개발 관련 일을 배우게 되는데, 이 학교에서는 격치, 수학, 지리, 역사. 제도, 체조 등 예전에는 접해보지 못했던 과목을 배웠다. 루쉰은 이런 수업들에 큰 흥미를 느꼈고, 특히 지질학과 광물학에 관심이 많았다. 또 이 시기에 옌푸의 『천연론』을 접하고 큰 충격을 받았다.

1902년 1월에 광무철로학당을 3등의 성적으로 졸업하여 동기생 5명과 함께 일본 유학을 하게 되었다. 청소년 시절 루쉰의 학습 과정은 중국 근대화 과정의 양상을 하나의 그림처럼 정확히 보여준다. 양무파들이 서양기술을 습득하기 위해 세운 해군과 육군 양성 학교 그리고 광산개발을 위해 수송수단인 철도 건설에 근무할 인재 양성 학교에 이르는 과정이 바로 십대 루쉰의 삶 속에 고스란히 녹아있는 것이다. 그런데 광무철로학당은 남경 주변의 광산개발을 위해 설립된 학교이지만, 그것이 지지부진하자 곧 폐교된다는 소문이 늘 돌고 있었다. 폐교가 연기되면서 루쉰은 무사히 졸업을 하고, 일본 유학생 파견 조치의 시행에 따라 관비유학생으로 선발되어 일본으로 가게 되었다.

학교가 있던 남경에서 일본으로 출발한 것이 1902년 3월 24일이었고, 요코하마에는 4월 4일에 도착했다. 남경에서 요코하마로 가는 길은 상해를 경유해야 했는데, 그 경로를 추적해보면, 당시 중일간의 해상 교통로와 해운업 상황을 유추해볼 수 있다. 남경에서 도쿄로 가는 여정은 배를 두 번 타고 철도를 한 번 타는 경로였다. 남경에서 상

---

11 광서(光緒) 25년(1898) 정월에 강남육사학당 제3기 부설 광무철도학당이 개학하여 루쉰 등 24명이 입학했다는 기록이 있다. 린시엔즈, 김진공 역, 『인간 루쉰』(상), 사회평론, 2006 참고.

해로 갈 때 탄 배가 오사다마루大貞丸다. 그리고 상해에서 요코하마로 갈 때 승선한 배는 고베마루神戸丸였다. 요코하마에서 도쿄까지는 30년 전에 건설된 철로를 이용했다. 이와 같이 신학문과 신사상을 배우고 또 기선을 타고 바다를 건너 일본으로 가면서 루쉰은 많은 상념에 잠겼을 것으로 추측할 수 있다. 1903년에 쓴 시 "내 마음 큐피트 화살을 피할 수 없어, 비바람이 고향땅을 어둡게 때린 듯이. 겨울밤의 별에 기탁한 마음이야 나라님은 몰라주어도, 나는야 내 피를 나라에 바치리니"[12]는 바로 루쉰의 민족정서를 드러낸 것으로 이해할 수 있다. 그런데 이러한 민족정서는 근대적 기업의 부설학교와 신식학당에서 배운 신지식을 통해 얻은 선진-낙후, 진보-보수라는 인식을 저변에 깔고 시작된 것이라는 점에서 근대적이라고 할 수 있다.

3. 중국의 연안항로와 기선

루쉰은 남경에서 신학문을 배우고 실제로 그것의 효용을 확인하고, 또 그 중의 하나인 기선을 타고 도쿄로 더 많은 신학문을 배우러 떠나는 일련의 과정에서 하나의 믿음 곧 구미의 해양문명에 기반한 새로운 세계가 존재한다는 사실을 확신하게 되었다. 루쉰이 일본으로

---

12 원문은 다음과 같다. "灵台无計逃神矢, 風雨如磐暗故園。寄意寒星荃不察, 我以我血荐軒轅。"(출전:『집외집습유(集外集拾遺)』) 이 시는 원래 제목이 없었다. 루쉰의 벗인 쉬서우상(許壽裳)이 1937년 1월,『새싹(新苗)』제13기에 발표한「옛날을 그리며(怀旧)」란 글에서 "1903년, 그의 나이 스물셋일 적에 도쿄에서「자화상(自題小像)」을 지어 나에게 주었다"고 밝힌 뒤로, 이 시의 제목이「자화상(自題小像)」이 되었다.

가던 이 경로를 통해 다음과 같은 당시의 근대적 교통망의 양상을 알수 있다. 먼저 남경에서 상해로 가는 항로다. 이것은 해외항로가 아니라 장강長江을 가로지르는 소위 중국연안항로다. 오사다마루는 일본기선회사의 배다. 일본이 중국연안항로를 운항할 수 있었던 것은 1894년 청일전쟁에서 승리한 이후다. 중국내륙의 수로에 기선항로의 운항권을 획득했고, 상해를 기점으로 장강으로 운행하는 노선 외에 상해를 출발해 소주·항주를 돌아 상해로 되돌아오는 강남삼각항로大東汽船會社, 한커우를 기점으로 장사長沙·상담湘潭에 이르는 호남항로湖南汽船會社를 개설했다. 루쉰이 상해로 가기 위해 남경에서 탄 오사다마루는 바로 상해-한구漢口를 잇는 장강항로를 다니는 배였다. 당시 이 장강항로를 운항한 일본의 기선회사는 오사카상선주식회사와 일본우선회사日本郵船會社였다.

1) 청말의 외국계 기선회사

중국 연해에 처음 출현한 기선은 1835년 영국상인 자딘 매티슨怡和洋行의 자딘Jarden호였다. 그 뒤 이화양행은 1844년 코르세어Corsair(해적선이라는 뜻)을 사용해 홍콩과 광주간을 정기적으로 운항했고, 아편전쟁 이후 가장 먼저 중국 연해를 항행한 상용기선은 영국의 메두사Medusa, 魔女호였는데, 홍콩과 광주간을 정기운항을 했고, 1842년 6월에 상해에 입항함으로써 상해에 가장 먼저 들어온 외국기선이 되었다. 이후 1845년에는 미국상선, 1848년엔 러시아선박이 상해에 차례로 입항했다. 1848년 성항소윤공사省港小輪公司, Hongkong & Canton Steam Packet Co.가 광주호와 홍콩호 두 척으로 홍콩과 광주 간을 운항하였는데, 이것은 외국계 기선회사가 중국에서 영업한 첫 번째 사례라고 할 수 있다. 1850년에는 대영화륜선공사大英火輪船公司, 대영윤선공사가 메리우드Lady Mary wood호로 홍콩과 상해간을 정기 운항했다. 이 배는 홍콩을 오가며 유럽과 아시아를 연결시켰다.

1860년 이전에 이미 10여 개의 외국기선회사가 20~30척의 기선을 중국 바다에 투입하였다. 이 무렵 상해에는 20개 이상의 양행이 있었고, 각 회사마다 한두 척의 기선이 있어 장강무역에 투입되었다. 특히 1860년대에는 개항장이 북방과 장강유역으로 확대되어 외국기선회사가 진출하기 좋은 조건을 형성하였다. 상해와 장강중류 지역 한구간의 왕래에 기창양행旗昌洋行(미국의 Russel & Co.)과 공정윤선공사公正輪船公司(영국의 Union Steam Navigation Co.) 그리고 마립사양행馬立師洋行, McBain & Co. 등 많은 구미의 기선회사들이 이미 운항을 하고 있었다. 루쉰의 동생 저우쭤런周作人은 자신의 일기에서 형 루쉰이 상해로 가는 배를 탈 것으로 알고, 남경의 샤관下關으로 가서 당시의 여러 기선회사를 돌아다니며 찾았다는 기록이 나오는데, '태고기선공사太古汽船公司(영국의 Butterfield & Swire Co.)와 이화기선공사의 부두를 다 돌아봤지만 형을 찾을 수 없었다'고 적고 있다.[13] 이 기록으로, 앞에서 말한 기선회사를 포함해 많은 구미계 기선회사들이 이 노선을 운항하고 있었음을 알 수 있다.

대표적인 기선회사로는 다음의 셋이 있다. ① 기창양행 : 미국 상인 러셀이 1818년 러셀양행이라는 이름으로 창립한 뒤 1824년 1월 1일 자로 기창양행이라고 불렀다. 1862년 3월 27일 기창윤선공사라

---

13 런시엔즈, 김진공 역, 앞의 책 참조.

고도 불렀던 상해윤선항업공사Shanghai Steam Navigation Co.를 설립했으며 장강운항에 주력했다. ② 태고양행Butterfield & Swire Co.은 원래 1816년 스와이어J. Swire가 영국에서 건립한 대회사로 역사는 기창보다 오래되었다. 1866년 상해에서 버터필드R. S. Butterfield 회사와 합병하여 태고양행을 설립했으며, 1872년 태고기선공사太古汽船公司, China Sream Navigation Company(혹은 중국항업공사)를 창립하여 런던에 본부를 두고 상해와 홍콩에 지부를 만든 후 기창윤선공사와 경쟁했다. 장강과 주강의 내하內河운항과 상해와 홍콩 등 각 항구도시를 오가는 연해운항을 했다. 중국 항운업 가운데 외국자본으로 가장 큰 규모에 도달했으며, 선박명은 대부분 중국의 항구이름을 따서 '광주호' '복주호' '남경호' '무창호' '중경호' 등으로 지었다. ③ 이화양행Jardine, Matheson & Co.은 원래 광주에서 개업했는데, 1842년 홍콩으로 옮긴 후 상해, 광주, 천진 등에서 영업했으며, 43년 정식으로 상해에도 회사를 설립했다. 1856년 항운업에 진출하여 기선 헬레스폰트Hellespont호 한 척으로 상해와 홍콩 간을 오갔다. 이후 연해항로를 확장하다 장강항운에 뛰어들었다. 1881년 다른 두 기선회사의 선박 12척 13,000여 톤을 인수한 뒤 이화윤선공사Indo-China Steam Navigation Company를 설립했다.

한편 1872년에는 상해에 중국의 기선회사 윤선초상국輪船招商局이 설립되고 구미의 기선을 구입하여 근해항로를 따라 영업에 들어갔다. 이를 계기로 해운업 분야에서 치열한 경쟁이 일어났다. 1876년말에 윤선초상국은 기창윤선공사를 매입하였다. 초상국은 조운사업을 독점하고 차관을 얻는 권리를 갖고 외국기선회사와 경쟁하였다, 내하와 근대항로를 북양과 남양으로 나누어 항로를 확대하고, 또 국제항로로 눈을 돌려 먼저 일본과 동남아항로를 개척하였다. 1873년 8월 초 기선 이돈호(화물운송)가 일본의 고베와 나가사키로 항해했는데, 이것이 중국 상업기선의 첫 국제항로 운항이다. 일본, 필리핀, 싱가포르, 인도 등 여러 항로를 개척하려 했으나, 일본과 필리핀은 자국의 항운업 보호정책으로, 싱가포르는 유럽항운회사의 요충지로 인한 경쟁력 확보 어려움으로 실패했다. 1880년 베트남과 항운 업무를 협의하고 베트남노선에 주력했고, 유럽-미주노선은 1879, 1880년 호놀룰루와 샌프란시스코까지 운항했으며, 1881년 수에즈운하를 통과해 런던에 도착하기도 했다. 하지만 1883년 청과 프랑스의 전쟁이 발발하자 초상국의 해외항선은 모두 중단되었다.[14] 이상과 같은 중국의 연안항로에 일본이 1895년 이후부터 참여하였다.

2) 일본의 철도 및 해외항로 개척

일본은 1875년에 일본우선회사日本郵船會社의 전신인 미쓰비시기선회사가 일본정부로부터 해외항로 개설을 승인받고, 상해-요코하마 정기항로를 신설하였다. 상해-요코하마 항로는 루쉰이 타고 갔던 고베마루가 갔던 바로 그 항로다. 초기에는 매주 1회의 정기항로였는데, 이 항로는 1885년에 설립된 일본우선회사에 의해 계속 운영되었다. 요코하마와 상해를 오가는 과정에 고베·시모노세키·나가사키를 기항했다. 매주 1회 운항이었던 것이 1902년 주 2회 운항했으며, 투입된 배는 6척에 3천톤 이상이었다. 고베마루는 이 가운데 하나였다.

---

14 이상은 조세현, 「청말 해양질서의 재편과 근대 해운업의 흥기」, 『동북아문화연구』 38, 동북아시아문화학회, 2014.

상해-요코하마 항로는 상해와 장강중류 지역의 한구를 잇는 장강항로, 상해에서 산동의 청도와 하북의 천진 그리고 요동반도의 대련, 발해연해의 영구營口 등으로 이어지는 북청北淸항로와 접속하는 기간基幹 항로로서 일본이 대단히 중시했다. 일본우선회사는 요코하마-상해 노선외에도 중국의 홍콩과 청도로의 노선을 개척했고, 이미 나가사키ㆍ부산ㆍ원산ㆍ진포 간과 나가사키ㆍ고토五島ㆍ쓰시마ㆍ부산ㆍ인천 간 항로를 매월 1회 운항하고 있었다. 한편 일본우선회사와 함께 일본 해운업계의 양대 축을 형성한 오사카상선주식회사는 1884년에 출범했다. 출범당시 본사는 오사카에 두고 나가사키 등 6개의 지점을 개설했다. 1890년 봄 오사카상선주식회사는 부산에 지점을 설치하고, 1890년 7월부터 오사카와 부산 사이에 기선 1척을 정기 운항시켰으며, 1893년에는 오사카-인천 항로를 개설하였다. 오사카상선주식회사는 1898년 장강항로, 1899년 남중국항로와 북중국항로에 정기항로를 확대 개설하였다. 따라서 루쉰이 남경에서 탄 배는 오사카상선회사 또는 일본우선회사의 배 가운데 하나였을 터이다. 부산과 일본의 부관연락선은 1905년에 산요기선회사에 의해 개통되었다.[15]

일본의 교통과 관련된 역사는 막부말까지 유지되어온 육상 수송수단 금지와 해상 교통수단의 제약 그리고 세키쇼(검문소)에 의한 통행자 검문 등이 1869년에 모두 폐지되고, 같은 해에 도쿄를 중심으로 전신사업이 개시되었으며, 1871년에는 우편사업도 시작되어 통신의 근대화가 개막되었다. 동시에 일본의 철도 건설 역시 1872년부터 시

---

15 이상은 松浦章, 『汽船の時代─近代東アジア海域』, 淸文堂, 2013; 『汽船の時代と航路案內』, 淸文堂, 2017.

작되었는데, 철도는 자본주의체제의 성립기에 공업원료나 제품을 고속으로 대량 수송하기 위해 만들어진 교통수단이었다. 그런데 일본은 이러한 조건이 성립되기 전에 사회 전체의 후진성을 극복하기 위한 이기利器로서 도입하였는데, 소위 서구의 철도가 지닌 경제지배권의 확대라는 측면보다 '문명개화', '시민사회의 성립'이라는 사회개혁적 측면에 철도를 대입시켰다.

오쿠마 시게노부와 이토 히로부미가 중심이 되어 1869년부터 철도건설을 둘러싼 논의가 진행되었는데, 중앙집권국가를 건설하는 목표와 연동되어 있어 이것이 바로 일본 철도건설의 특징이라고 할 수 있다. 특히 일본의 철도건설에서 서양인 고문 에드먼드 모렐(일본 철도 건설의 지사장, 1840~1871)은 단순히 기술자로서 건설만을 중시한 것이 아니라, 자부심과 양심을 갖고 철도 인재를 양성할 것과 자재의 자급체계 수립을 추진하도록 일본정부에 건의하여 실현시켰다. 그리고 일본철도건설에서 빠질 수 없는 인물이 바로 이노우에 마사루(1843~1910)다. 그는 1863년 이노우에 가오루, 이토 히로부미 등과 함께 런던을 시찰하고, 런던대학에서 채광, 토목기술을 수학했으며, 앞의 모렐과 함께 철도건설사업을 총괄했다.

1872년 10월 14일 신바시新橋-요코하마(29km) 사이에 철도가 처음 개통되었다. 1일 9회 왕복, 1개 열차 8량~9량 편성, 1등차 1량, 2등차 2량, 3등차 5량 그리고 화물차로 구성, 객차(2개 축차) 1량의 정원은 1등 객차가 10~18명, 2등 객차가 20~22명, 3등 객차가 30~36명 정도, 각각의 최대 정원은 1등석 18명, 2등석 44명, 3등석 180명 등 모두 242명, 1일 9회 왕복 18개 열차로 편성되었으며, 수송력은 최대 4,356명이어서 1일 약 4,400명의 수송이 가능했다고 한다. 이 구간의 중간역은 시나가와, 가와사키, 쓰루미, 가나가와 4개 이며, 운전시간은 53분, 표준 속도는 약 33km/h[16]였다. 그런데 이와 같은 신문물 곧 철도의 이용은 사회의 규칙이나 예절(공용 공간, 공공성, 시민사회) 그리고 시간인식의 변화를 초래했고, '근대화의 견인차' 역할을 담당했다. 이후 1889년 7월 신바시-고베 구간 개통, 이후 1895년 도카이도東海선으로 명명, 1891년 규슈철도의 모지-구마모토 구간, 9월에는 일본철도의 우에노-아오모리 구간 개통, 1894년까지는 산요철도의 고베-히로시마 구간이 개통되었으며, 시모노세키까지의 전체 개통은 1901년에 이루어졌다.

한편 이 시기 철도는 군사수송수단으로서의 기능도 함으로서 청일전쟁을 계기로 본격화된 식민지지배에 관여하여, 홋카이도, 오키나와를 지배지역으로 포함시키고, 그 주변인 조선과 대만까지도 흥미를 갖게 되었다. 이를 통해서 일본 지배권의 확장과 강화는 먼저 철도 지배라는 형태로 진행되었음을 알 수 있고, 그래서 근대의 이 시기를 '철도제국주의시대'[17]라고 명명하기도 한다.

---

16 이상은 이용상 외, 앞의 책.
17 Davis, Clarence B & Wilburn, Kenneth E, *Railway Imperialism*, Greenwood Press, 1991.

4. 도쿄 지식네트워크의 형성

이상에서 설명한 대로 동북아해역을 비롯한 동아시아지역의 근대적 교통망 형성은 다양한 목적으로 추진된 것이지만, 궁극적으로는 '교류'라는 목표에서 시작되었고, 또 교통망 형성의 결과로 한층 '교류'가 강화되는 계기가 만들어졌다. 예를 들어, 이것은 (동)아시아 지역 유학생들을 필두로 인적 교류가 활발해지면서, 그들 간의 소통과 만남이 더 새롭고 다양한 교류로 전개되고 확산되면서 지방 그리고 국가라는 전통적인 지리적 범주에 국한된 인식을 넘어서서 (동)아시아라는 더 큰 지리적 범주에 대한 인식을 갖게 되고, 그것의 공통성을 발견하는 의식을 공유하기 시작했다.

이와 같은 유학생들간의 교류는 도쿄에서 활발해졌지만, 이들이 근대적 교통망을 이용해 도쿄에 도착했던 것과 똑같은 루트를 타고, 자신들의 신학문 성취와 그 성과 그리고 그들간의 교류와 연대의 활동 등이 도쿄에서 출발하는 동일한 교통망을 타고 자신의 고국으로 전달되었다. 이것이 바로 잡지를 포함한 출판물의 유통이다. 다시 말해 천진의 일본공사관을 통해 일본으로 망명한 양계초는 도쿄와 요코하마에서 『청의보』, 『신민총보』등을 발간했는데, 이것은 당시 일본유학생들에게 영향을 주었을 뿐만 아니라, 청말의 현지 지식인과 학생들에게도 전달되어 읽혔다는 점, 이 뿐만 아니라 양계초의 저작은 구한말 조선의 지식인들도 읽었다는 사실은 이 잡지의 동아시아 유통을 짐작할 수 있게 한다. 그렇다면 이 시기 도쿄의 유학생 중심의 결사와 출판의 상황은 어떠했으며, 또 도쿄에서 발행된 유학생 중심의 잡지는 어떻게 유통되었는지에 대해서 간략히 살펴보자.

1) 도쿄 지식네트워크와 결사結社

일본과 중국 및 조선 항로는 같은 시기에 일어난 일본유학붐과 맞물리며 도쿄를 새로운 동아시아 지식네트워크의 중심도시로 만들었다. 조선과 중국인들의 도쿄로의 유학러쉬는 1890년대 중반 이후 본격적으로 이루어졌다. 특히 청나라가 일본유학을 정부차원에서 권장한 것은 청일전쟁에서의 패배가 계기가 되었다. 서양 유학을 통해 서구의 선진문물을 배우고자 노력했지만, 같은 시기 서양을 배운 일본에게 서구식 해군으로 패전함으로써 일본의 선진 문물 수용의 비밀을 알고 싶었다. 그래서 도쿄는 일본화된 서구문물을 배우는 지식과 정보의 보고가 되었고, 이를 배우러 몰려드는 유학생들로 인해 근대 초기 동북아해역 지식네트워크의 중심이 되었다. 당시 도쿄에는 한중 유학생외에도 1892년 일본을 방문한 인도의 종교지도자 스와미 비베카난다의 추천으로 네팔 출신 유학생 8명을 시작으로 1905년에 약 7,80명의 인도 유학생이 있었다고 하며, 프랑스 식민지 베트남은 독립운동의 성격을 띤 일본유학붐이 있어 약 200명의 유학생이 일본에 와 있었다고 한다.[18]

이렇게 모인 각국의 유학생들은 다양한 단체(결사)를 조직하여 교류를 전개했는데, 이처럼 지식인들이 어떤 목표를 위해 조성한 단체에 참가하여 학술을 연구하고 지식을 전파하며 또 이념을 만들어내

---

18 야마무로 신이치, 정선태·윤대석 역, 앞의 책, 524~528쪽.

는 등의 활동은 근대학술이 규범화, 독립화, 심층화하는 중요한 표지라고 할 수 있다. 그리고 이러한 단체는 지식군의 조직화의 표현형식이며, 다양한 문화활동의 공간으로서 이 단체가 늘어나면서 사회 전체적으로 공공문화공간으로 발전하기도 한다. 20세기초 일본에 온 중국의 유학생들은 국내에서 이러한 지식인그룹(학회)에서 활동한 경험이 있는 이들도 있었다. 일본에서 이 유학생들은 같은 중국유학생들과 단체를 만들기도 했고, 또 비중국 유학생이나 현지의 우인들과 단체를 조직하기도 했다. 이러한 단체의 결성과 교류는 동아시아 지식네트워크 형성의 기반이 되었다.[19]

중국유학생들이 주축이 되어 만든 단체는 정치적인 성향이 강한 것이었는데, 대표적으로는 중국혁명을 주장한 흥중회興中會, 화흥회華興會, 광복회光復會와 입헌정치를 주장한 정문사政聞社 등이었다. 물론 이 단체를 이끈 이들은 유학생이라고 할 수 없지만, 1907년 4월 장지유蔣智由, 서공면徐公勉, 황가권黃可權, 오연민吳淵民, 등효가鄧孝可, 왕광령王廣齡, 진고제陳高第 7명이 발기해서 설립한 정문사는 유학생 300여 명과 함께 결성된 것으로 알려져 있다. 이 정문사는 혁명을 주장한 세 단체가 연합하여 결성한 중국혁명동맹회의 구성원이 참가한 사회주의강습회와 대립하였다. 이 두 단체의 대립은 각 단체의 기관지 격인 『민보』와 『신민총보』사이의 논쟁으로 드러났다.[20]

도쿄에서 중국유학생과 비중국유학생 및 현지의 우인들이 조직한

---

19 賴繼年, 「留學生對近代中國公共文化空間的建构与拓展－以學會、報刊、雜志爲研究視角」, 『浙江海洋學院學報(人文科學版)』30-1, 浙江海洋學院, 2013.

20 永井算已, 「社會主義講習會と政聞社」, 『中國近代政治史論叢』, 汲古書院, 1983.

단체는 일찍이 1879년에 결성된 흥아회興亞會(1883에 설립, 아세아협회)가 있었다. 이것은 일본인과 중국의 하여장何如璋이나 황준헌 등의 외교관, 왕도 등 방일訪日 문인 및 조선의 김홍집과 김옥균 등이 초대되었다. 이러한 교류는 청일전쟁 이후부터 광범위해지는데, 1898년 무렵 내외출판협회의 야마가타 데이자부로가 일본, 중국, 조선, 인도, 필리핀, 태국 청년의 우의단체인 동양청년회를 조직해 아시아 각국의 사정을 알기 위한 활동을 원조했다.[21] 이와 같이 국가와 민족을 초월한 교류조직으로는 1907년 8월 장병린, 장지, 유사배, 하진何震 등과 고도쿠 슈스이, 사카이 도시히코, 야마카와 히토시, 오스기 사카에, 사카모토 세이마, 다케우치 젠사쿠 등이 결성한 사회주의강습회가 있다. 이 단체가 추진한 '사회주의 금요강연'이나 '사회주의 하기 강습회'에는 김여춘, 황태경, 박종지 등 조선인도 참여했다는 사실에서 중국과 조선에서 사회주의 이론을 수용하는 데 이들 조직이 중요한 역할을 했음을 알 수 있다. 그리고 사회주의강습회 멤버를 중심으로 보다 널리 아시아피압박민족의 연대를 통한 반제국주의의 민족독립을 목표로 결성된 것이 바로 아주화친회亞洲和親會다. 아주화친회는 1907년 3월 중국의 장지, 유사배, 장병린, 소만수, 하진, 진독수 등의 혁명파가 인도인과 협의해서 발기하고, 그 후 일본, 베트남, 버마, 필리핀, 조선 사람들에게 참가를 호소했다. 이 단체는 반제국주의를 축으로 한 아시아인의 결집을 강조한 점에서 획기적이었다. 먼저 아시아 여러 나라 혁명의 달성을 핵심으로 하되 장래에 아시아연방을

---

21 야마무로 신이치, 정선태·윤대석 역, 앞의 책, 529쪽.

결성하자고 주장하였다.

　그러나 일본 정부가 사회주의운동을 단속하고 외국정부의 요청에 따라 일본 국내의 식민지 해방운동을 규제하는 규칙을 만드는 등 탄압을 강화하면서, 아시아연대라는 의식을 공유하고 실제적인 결사체를 만들었던 이 단체의 구성원은 각지로 흩어지고 말았다. 러일전쟁의 승리로 인해 일본에 대한 관심이 급부상하고 그래서 일본이 흡수한 서구의 기술이나 제도, 사상, 문화 등을 보다 효율적으로 섭취하기 위해서 왔던 동아시아 유학생들은 점차 그 열기가 식었는데, 그것은 일본 정부의 규제 등도 있었지만 서학에 대한 충분한 학력을 갖추게 되면서 직접 서학의 나라인 구미 특히 미국으로 유학처가 바뀐 데서 기인했다. 루쉰도 1908년 귀국을 앞두고 독일로 유학을 갈 생각을 했던 것도 이를 반영한다.

　동아시아해역의 항로만이 아니라 남양항로를 포함한 일본의 다양한 항로 개설과 중국의 항로 개발 등으로 20세기초 10년간 일본 유학붐이 극에 달했고, 그래서 도쿄를 지식네트워크의 중심지로 만들었던 현상은 쇠퇴하고, 오히려 일본을 경험했던 이들이 이제 일본의 제국주의화를 목도하면서 점차 일본을 아시아의 모범국이 아니라 아시아의 공적으로 인식하게끔 되었다.

2) 도쿄 지식네트워크와 출판

　이와 같은 교통망을 통해 도쿄에 모인 (동)아시아 유학생들은 집회와 결사 등의 교류방식을 통해 자신들의 사유를 형성하고 또 그것을 문자화해서 공론화하기 시작했다. 중국 유학생들이 잡지를 창간

하려고 했고, 앞서 말한 대로 이미 망명하고 있던 양계초는 『청의보』,
『신민총보』등의 잡지를 발행하며 신지식의 보급과 중국의 개혁을 주
장하고 있었다. 이러한 잡지의 발간 역시 공공문화공간의 중요한 조
성부분인데, 중국의 쉬지린은 "잡지는 지식인사회의 가장 큰 공공네
트워크의 하나이고, 이 공공네트워크는 바로 어떤 의미에서의 문화
공간이다. 잡지는 지식을 전파할 뿐만 아니라, 여론을 생산하고 또 현
대사회의 공공여론을 생산하며 재생산하는데, 이것은 바로 잡지가
공공영역의 특성을 갖는다는 것을 의미한다"[22]라고 말했다.

  청말 일본유학생이 만든 잡지는 몇 종류로 크게 나눠볼 수 있는데,
첫째는 유신파가 창간한 것으로 대표적인 것은 『청의보』, 『신민총
보』, 『정론政論』등이 있다. 둘째는 혁명사상을 선전한 것으로 그 수가
가장 많은데, 대표적인 것은 『개지록開智錄』, 『국민보』, 『절강조浙江
潮』, 『강소江蘇』, 『민보』, 『하남河南』 등이 있다. 셋째, 새로운 지식을
전파하는 것으로 『소설』, 『교육』, 『갑인잡지甲寅雜誌』 등이 있다. 넷째
는 백화체 잡지인데, 『신백화보新白話報』, 『제일진화보第一晋話報』 등이
대표적이다. 다섯째, 부녀잡지로서 『백화』, 『여자혼女子魂』, 『중국신
여계잡지中國新女界雜誌』등이 대표적이다. 여섯째, 입헌개량사상을 선
전하는 것으로 『대동보大同報』, 『중국신보中國新報』등이 있다. 마지막으
로 선진과학과 기술을 소개하는 것으로 『의약학보醫藥學報』, 『무학武
學』, 『해군』등이 있다. 이 간행물의 대부분이 도쿄에서 발간되었다.[23]

---

22 許紀霖, 『公共空間中的知識分子』[M], 南京 : 江蘇人民出版社, 2007.
23 孫琴, 「淸末留學生日本創辦期刊槪述」, 『圖書情報工作』54-5, 2010. 이 논문에 정리된 96
    종의 잡지 가운데 88종이 도쿄에서 발행되었다고 한다.

해외에서 간행된 잡지는 일본유학생들이 발간한 것외에 화교가 간행한 것도 있었다. 그런데 유학생 수가 증가함에 따라 유학생들이 발간하는 잡지의 수도 역시 늘어났고, 또 시대적 상황에 따라 앞에서 설명한 것처럼, 신지식의 전파와 구국의 주장과 그 방법에 대한 내용이 잡지의 주를 이루었다.[24] 이와 같은 잡지의 내용을 중심으로 한 분류외에 유학생 잡지는 기본적으로 월간이 중심이었고, 또 수명이 길지 않았다. 그 이유는 잡지 간행에 참여하는 인원이 적었고, 또 경험이 많지 않았다. 두 번째 이유는 경비가 부족했다. 대다수의 잡지가 자비로 출판하는 것이라 유학생들이 감당하기에는 쉽지 않았던 것이다. 루쉰 역시 유학시절 『신생新生』이라는 잡지를 낼 계획을 갖고 있었지만, 실현되지 못한 것 역시 같은 이유였다. 셋째는 정견이 통일되지 못했다. 그래서 많은 잡지가 점차 분리되고 종간되었다. 예를 들어 『역서휘편譯書彙編』은 유학생의 최초 애국단체인 익지회益智会가 발간한 것인데, 처음에는 명확한 정치목표가 없어서 구성원의 성분이 복잡했으나, 점차 정치적 견해에 따라 분화가 일어나 결국 종간하고 말았다. 넷째는 청정부의 억압 때문이었다. 또 다른 특징은 유학생 잡지의 내용이 애국주의에서 혁명단계로 넘어가면서 지방색채가 농후해졌다는 점이다. 그것은 『절강조浙江潮』, 『운남』, 『하성夏声』, 『강서江西』, 『사천』등의 잡지명으로 드러났는데, 내용적으로도 상당한 편폭을 할애하여 각 성의 민중들에게 권익

---

24 1900년대 일본의 중국유학생 잡지와 관련해서 주목할 선행연구는 다음과 같다. 實藤惠秀, 『中國人留學日本留學史』, 三聯書店, 1983; 張靜廬, 『中國近代出版史料二編』, 群聯出版社, 1954; 戈公振, 『中國報學史』, 上海商務印書館, 1927; 丁守和, 『辛亥革命時期期刊介紹』, 人民出版社, 1982; 黃福慶, 『淸末留日學生』, 中央硏究院近代史硏究所, 1975; 汪向榮, 『中國的近代化与日本』, 湖南人民出版社, 1987; 方漢奇, 『中國近代報刊史』, 山西人民出版社, 1981; 宋原放, 『出版縱橫』, 上海人民出版社, 1998 등이다.

을 쟁취하라고 호소하였다. 그 외의 특징은 점차 전문적인 잡지가 출현하기 시작한 것이다. 『학해學海』, 『과학』, 『교육』, 『철세계鐵路界』, 『의약학보』, 『무학』등이 그렇다. 이처럼 일본유학생들이 출판한 잡지는 이후 중국의 근대출판업에 큰 영향을 주었는데, 신해혁명 뒤에는 국내에서 발간된 신문과 잡지가 500여 종에 달했고, 총수 4,200만 부였다.[25]

중국의 근대 신문 잡지의 대중전파는 상빙의 연구에 따르면, 1903부터 1905년까지 남경, 무한, 항주, 진강, 양주, 상숙, 태주, 형주, 태흥, 해염, 예계 등 11개 성진省鎭에서 모두 62종에 20,227부에 달하고, 이 가운데 절반은 민간에서 출판된 것이라고 하니, 이미 유학생들이 일본에서 잡지를 출간하는 것과 같은 시기에 중국내에서도 근대적인 출판이 이루어지고 있었다고 할 수 있다.[26] 그런데 우리는 여기서 중국유학생들에 의해 발행된 잡지가 중국으로 전달되고, 이것이 실제 대륙에서의 이와 같은 출판에 어떤 영향을 주었는지 궁금해진다. 이 분야에 대한 연구는 사실 이 시기의 근대출판에 대한 많은 연구에서도 공백으로 남아 있는 부분이기도 한데, 『신민총보新民叢報』의 경우는 일본에서 발행했지만, 상해에도 신민총보사가 총발행처로서 설립되었다. 강소, 절강, 안휘, 호남, 호북, 강서, 광동 등 각 성의 대도시에도 판매처가 설치되었고, 또 조선, 베트남, 태국, 동남아, 홍콩, 호놀룰루, 캐나다 등지까지 범위안에 두었다고 한다. 그리고 『역서휘편』역시 일본, 대만, 홍콩, 싱가폴, 북경, 천진, 하북, 안휘, 강서, 광

---

25 涂江莉, 「論近代中國留學生報刊的內容, 特点及其作用」, 『汕頭大學學報(人文科學版)』4, 汕頭大學 1994.

26 桑兵, 「淸末民初傳播業的民間化与社會變遷」, [J]. 『近代史研究』 6월호, 1991, 56~57쪽.

동, 광서, 호북, 사천, 하남, 산서, 절강, 강소 등지에 발생소와 발행처를 갖고 있어 그 영향력이 컸다고 한다.[27] 이러한 두 잡지의 경우외에 다른 도쿄 발행 유학생잡지의 유통 상황이 어떠했으며, 이것이 근대 중국의 매체와 출판업 그리고 지식담론과 공공영역의 형성에 어떤 영향을 주었는지 많은 연구가 필요하다.

사실 지금까지 중국근대출판업에 대한 많은 연구 가운데 일부는 주로 메이지 일본의 신문잡지의 발간이 청말 중국유학생이 간행한 잡지에 어떤 영향을 주었는가 하는 것이었다. 일본의 신문잡지는 메이지 이후 주로 국민 계몽과 각 정당의 정론, 견해, 주장을 발표하고, 또 문체 방면에서도 더 이상 소수의 사람들만 이해할 수 있는 문어체 사용을 거부하고 아속절충체雅俗折衷体를 채용하여 일반대중이 이해할 수 있는 것으로 변화하였다. 메이지 이후 일본 신문잡지의 이러한 성격은 당시 일본에서 유학하던 중국유학생들에게 많은 영향을 주었을 것으로 짐작할 수 있다. 그래서 내용적으로 국민에 대한 사상계몽을 중시하고, 형식상으로는 문언문체에서 백화문문체로 전환하였던 것이다.[28]

이 밖에 중국의 근대 신문잡지 발간에 있어서 출판관념, 업무방식, 장정형식, 인쇄기술 및 설비 등의 방면에서 일본으로부터 많은 영향을 받았다. 중국근대잡지 최초의 양장본은 유학생이 만든 『역서휘편』이었다. 그리고 양계초의 『신민총보』도 양장본을 채용했다. 이후 일본의 중문간행물 양장본이 신속히 발전하여 중국대륙에 영향을 미

---

27 孫琴, 앞의 글.
28 宋會芳・金玲玲, 「日本近代報刊出版業對20世紀上半叶中國報刊出版業的影響」, 『赤峰學院學報』(漢文哲學社會科學版) 37-6, 2016.

쳤는데, 그 처음이 바로 1904년 3월 11일 창간된 『동방잡지東方雜誌』였고, 이것은 양장본이 중국출판계의 주도적인 양식이 되었음을 천명한 사건이었다. 그 밖에도 평판平版, 공판孔版, 요판凹版, 철판凸版 인쇄 등의 기술과 인쇄기계 등의 방면에서 많은 영향을 받았고, 그것이 당시 유학생이 만든 잡지에 반영되었다. 사실 『민보民報』 등의 잡지 판권면에 보면 대부분이 도쿄에 소재한 인쇄소에서 찍은 것이었다.[29] 이와 연관하여 중국유학생 잡지가 근대중국잡지의 근대화에 기여한 것은 바로 '종합성'이란 잡지의 특성이다. 즉 잡지가 백과전서적 성격을 띠었다는 것으로, 인문사회과학뿐만 아니라 자연과학에 이르기까지 다양한 영역에 걸쳐 있었다. 편역이 위주인 『유학역편游学譯編』은 말할 것도 없고, 『절강조』와 같은 일반잡지도 사론, 논설, 학술, 정법, 경제, 철리, 교육, 역사, 대세, 기사, 잡록, 소설, 신新절강과 구舊절강, 조사회고 등을 실었다. 이러한 잡지 형식은 당시 중국유학생잡지의 표준형식이었다. 이러한 전통은 오사신문화운동시기의 『신청년』까지 이어진다. 이에 대해 어떤 연구는 당시 메이지 시대 말기 일본에서 유행한 종합잡지붐에 영향을 받았다고 분석했다. 특히 일본의 대표적인 잡지인 『태양』(월간)의 영향을 거론하고 있는데, 1895년 1월에 창간된 이 잡지는 청일전쟁 승리후 사회계몽을 목표로 메이지시대 유명한 출판사 박문관(1887~현재)이 기존의 15종의 잡지를 모아서 종합잡지 『태양』(1895~1928), 문예잡지 『문예구락부』(1895~1933)와 『소년세계』(1895~1934) 3종으로 묶었다. 『태양』은 『日本大

---

29 関大洪, 「日本對中國近現代報刊業的影響」, 『新聞与傳播硏究』 3, 中國社會科學院 新聞与傳播硏究所, 1995.

家论集』, 『日本商业杂志』, 『日本农业杂志』, 『日本之法律』과 『妇女杂志』를 기초로 종합한 것이다. 이러한 『태양』의 잡지체제는 당시 유학생잡지에 영향을 주었다.[30]

1900년대 10년간은 새롭게 개척된 교통망을 통해 동아시아의 많은 유학생이 일본 도쿄에 모여 신지식을 수용하고 구국방안을 선전하였다. 그들의 지식활동은 결사와 출판을 통해 교류하고 소통했으며, 특히 그 일부 잡지는 교통망을 통해 고국으로 유통되어 현지의 공공공간을 창출하는데 일조했으며, 또 근대적 잡지라는 새로운 체제의 매체를 창출하는데 일조하였다. 그리고 도쿄에 모인 다양한 아시아국가출신의 유학생들은 '아시아연대' 또는 '아시아주의'[31]라는 지역에 기반한 인식을 갖게 되었고, 이것은 이후 동아시아 각 지역에 확산되어 현재까지 리저널리즘적 각도에서 궁구되고 있다.

5. 맺으며

중국의 신문과 잡지는 국내 사회정치운동의 흥기와 근대 지식인들의 탄생에 따라 발전했으며, 특히 서양인이 만든 것에서 화교가 만든 것 또 민간이 만든 것에서 관방이 만든 것으로 변화했으며, 지역적으로 동남연해에서 시작해 내륙으로 전개되었다는 특징이 있다. 이 가

---

30 潘世圣, 「"新知"与"革命"言説的世紀井噴－1900年代留日學生雜志論考」, 『濟南大學學報(社會科學版)』 26-5, 濟南大學, 2016.
31 이와 관련해서는 嵯峨隆, 「アジア主義と亞洲和親會をめぐって」, 『國際關係・比較文化研究』(靜岡縣立大學國際關係學部) 12-1, 2013.

운데 20세기초 10년간 일본의 중국유학생이 만든 잡지는 근대중국의 출판업 발전뿐만 아니라 동아시아 지식네트워크 형성과 함께 공공영역을 형성하는데 일조했다.

이 글에서 밝히고자 한 것은 이러한 지식네트워크의 형성과정에서 지식인의 이동과 잡지 등 출판물의 유통 현황에 대한 것이었다. 하지만 이것의 창간과 유통 그리고 일본 출판물의 중국 유입 경로 등을 조사 분석하는 것은 일차적으로 자료의 확보 및 정리가 수반되어야 하며, 특히 유통의 경우는 일본 인쇄소에서 발간된 중국잡지가 어떤 경로를 타고 전해졌는지, 그리고 이것은 당시 일본에서 출판된 일본 서적이나 구미에서 수입된 외국서적이 중국이나 조선 등지에 어떻게 전개되었는지와 함께 살펴볼 수밖에 없는 과제다. 이는 근대 동아시아 출판업의 형성이란 측면에서도 다뤄져야할 대목이다. 이것은 향후 연구의 과제로 남긴다.[32]

---

32 이 과제와 관련하여 일본외무성 자료를 검토하여 정리한 다음 논문은 향후 연구를 위한 자료로서 의미가 있다. 周振鶴, 「日本外務省對中國近現代報刊的調査資料」, 『夏旦學報 (社會科學版)』, 第六期, 1994.

참고문헌

런시엔즈, 김진공 역, 『인간 루쉰』(상), 사회평론, 2006.

마루카와 데쓰시, 백지운·윤여일 역, 『리저널리즘』, 그린비, 2008.

송병건, 『경제사-세계화와 세계 경제의 역사』, 해남, 2019.

야마무로 신이치, 정선태·윤대석 역, 『사상과제로서의 아시아』, 소명출판, 2018.

옌안성, 한영혜 역, 『신산을 찾아 동쪽으로 향하네-근대 중국 지식인의 일본 유학』, 일조각, 2005.

이용상 외, 『일본 철도의 역사와 발전』, 북갤러리, 2017.

조세현, 「청말 해양질서의 재편과 근대 해운업의 흥기」, 『동북아문화연구』 38, 동북아시아문화학회, 2014.

周振鶴, 「日本外務省对中国近现代报刊的调查资料」, 『复旦学报 (社会科学版)』 6, 1994.

孫琴, 「清末留学生日本创办期刊概述」, 『圖書情報工作』 54-5, 中國科學院 國家科學圖書館, 2010.

宋会芳·金玲玲, 「日本近代报刊出版业对20世纪上半叶中国报刊出版业的影响」, 『赤峰学院学报』(汉文哲学社会科学版) 37-6, 2016.

嵯峨隆, 「アジア主義と亞洲和親會をめぐって」, 『國際關係·比較文化研究』(靜岡縣立大學國際關係學部) 12-1, 2013.

松浦章, 『汽船の時代-近代東アジア海域』, 淸文堂, 2013.

_____, 『汽船の時代と航路案内』, 淸文堂, 2017.

桑兵, 「清末民初传播业的民间化与社会变迁」 [J], 『近代史研究』, 1991.

永井算巳, 「社會主義講習会と政聞社」, 『中國近代政治史論叢』, 汲古書院, 1983.

涂江莉, 「论近代中国留学生报刊的内容, 特点及其作用」, 『汕头大学学报 (人文科学版)』 4, 汕頭大學, 1994.

潘世圣, 「"新知"与"革命"言说的世纪井喷-1900年代留日学生杂志论考」, 『济南大学学报(社会科学版)』 26-5, 2016.

许纪霖, 『公共空间中的知识分子』, 南京 : 江苏人民出版社, 2007.

赖继年, 「留学生对近代中国公共文化空间的建构与拓展-以学会、报刊、杂志为研究视角」, 『浙江海洋学院学报(人文科学版)』 30-1, 浙江海洋學院, 2013.

閔大洪, 「日本对中国近现代报刊业的影响」, 『新闻与传播研究』 3, 1995.

19세기 말 강남기기제조총국江南機器製造總局 출간 서적의 국내 유입 양상[*]

윤지양

1. 들어가며

1868년 청조淸朝 정부가 창립한 최초의 서양서 번역 기구인 강남기기제조총국(이하 '강남제조국') 부설 번역관飜譯館은 민간단체인 익지회益智會, 격치서원格致書院, 광학회廣學會와 더불어 당시 서양서 번역의 핵심 기관으로서 근대 중국의 번역 기관 중 번역서를 가장 많이 출판했다. 강남제조국 번역관에서는 군사학, 정치학, 외교, 외국 사정, 수학, 물리학, 화학, 도학圖學, 전기학, 광물학, 야금학, 기계학, 천문학, 지리학, 동식물학, 농학, 의학 등 다양한 분야에 걸쳐 약 170종의 번역서와 약 30종의 번각서飜刻書를 출간했다.[1] 이들 번역서는 외국인

---

* 이 글은 본래 『인문사회과학연구』 20-3, 부경대 인문사회과학연구소, 2019, 33~62쪽에 수록되었던 글이다. 이 글의 내용을 대폭 수정·보완하여 윤지양, 『고종, 근대 지식을 읽다』, 산지니, 2020, 38~54쪽에 수록했다. 여기에 싣는 내용 중 본래의 논문에서 『고종, 근대 지식을 읽다』를 참고해 수정한 부분에는 각주로 표시했다.
1 강남제조국에서 출간한 서적의 전체 수량은 연구서마다 다르고, 지금까지 定論은 없다. 번역관이 1913년까지 번역 활동을 계속했기 때문에 어느 시기를 기준으로 했는가에 따라 서적의 총수가 달라지며, 서목 및 연구서의 분류 기준에 따라 수량이 달라지기도 한다. 주요 서목에 수록된 서적의 수량은 다음과 같다. ① 1880년 간행된 『格致彙編』에 수록되어 있는 傅蘭雅의

번역자와 기본적 과학 지식을 갖추고 한문으로 글을 쓸 수 있는 중국인 학자가 협력해 번역을 했기 때문에 번역의 정확도가 높았으며,[2] 당시 서양 학문을 중국에 전파하는 데 큰 역할을 수행했다. 그 방대한 규모와 높은 영향력을 볼 때 강남제조국 번역관에서 출판한 번역서는 서구 개념의 번역과 번역관(飜譯觀), 근대 지식 유통의 양상을 살펴보는 데 있어 빼놓을 수 없는 연구 대상이다. 또, 강남제조국 번역관에서는 서양서를 번역하는 데 그치지 않고 중국인 학자가 저술한 수학, 천문학 분야의 서적을 출간했으며, 그 수량 역시 상당하다. 따라서 강남제조국 번역관 출간 서적의 영향을 살필 때 번역서뿐만 아니라 중국인 학자가 저술한 서적도 함께 살펴야 한다.

상해는 당시 동아시아 근대의 전초 기지이자 출판의 중심지였고, 상

「江南製造總局飜譯西書事略」:156종(간행본:98종, 미간행본:45종, 번역미완성본:13종), ② 강남제조국에서 편찬한『江南機器製造總局書目』(광서 28년(1902년) 5월에 쓴 識語 수록):168종(번역서:145종, 번각서:23종), ③ 1905년 간행된 魏允恭의『江南製造局記』:175종(번역서:154종, 번각서:18종, 非譯書:3종) ④ 1909년 간행된, 번역관의 陳洙 등이 편찬한『江南製造局譯書提要』:160종(번역서:150종, 번각서:10종, 지도와 표는 포함하지 않음) ⑤ 1912년 이전 강남제조국에서 간행한『上海製造局譯印圖書目錄』:197종(번역서:168종, 번각서:29종)『상해제조국역인도서목록』은『西藥大成藥品中西名目表』重刻本과『英國定准軍藥書』초간본에 부록으로 수록되어 있으며, 비교적 완정한 강남제조국 번역관 역서 서목으로 평가된다. 이상은 上海圖書館 編,『江南製造局飜譯館圖志』, 上海: 上海科學技術文獻出版社, 2011, 73~76쪽; 王揚宗,「江南製造局飜譯書目新考」,『中國科技史料』, 中國科學院自然科學史研究所, 1995, 第2期, 3~4쪽; 王紅霞,「傅蘭雅的西書中譯事業」, 復旦大學 박사논문, 2006, 28쪽 참고. 王揚宗은 위 논문에서 강남제조국에서 출간한 서적이 총 193종(번역서-183종, 지도-2종, 譯名表-4종, 연속출판물-4종), 미간행 서적이 총 48종이라고 했다. 이밖에 沈福偉는 번역관의 번역서 총수가 257종이라 했고, 張增一는 200종이라 했다. 沈福偉,『西方文化與中國(1793-2000)』, 上海: 上海教育出版社, 2003, 85쪽; 張增一,「江南製造局的譯書活動」,『近代史研究』, 中國社會科學院近代史研究所, 1996, 第3期. 이상의 내용은 윤지양,『고종, 근대 지식을 읽다』, 산지니, 2020, 40~41쪽.

2 번역관에서는 존 프라이어(John Fryer, 중문명: 傅蘭雅, 1839~1928), 영 존 알렌(Young John Allen, 1836~1907, 중문명: 林樂知), 카를 트라우곳 크레이어(Carl Traugott Kreyer, 1839~1914, 중문명: 金楷理) 등 외국인을 초빙하여 그들이 口譯, 즉 입으로 번역하면, 과학 지식을 갖춘 서수(徐壽, 1818~1884), 화형방(華蘅芳, 1833~1902) 등 중국인 학자가 筆述, 즉 한문으로 받아 적었다.

해에서 출판된 서적은 일본과 한국으로 유입되어 동아시아에서 서양의 근대 지식이 유통되는 데 핵심 역할을 수행했다. 상해에서 출판된 강남제조국 출간 서적 역시 상당수가 국내에 유입되어 지식인들이 서양 학문을 받아들이는 데 영향을 끼쳤다.

특히 개화 정책을 펼쳤던 고종高宗은 적극적으로 이들 서적을 수집했다. 그는 서기西器 수용의 한 방식으로서 중국에서 출판된 다양한 분야의 서양 학문 관련 서적을 수집했으며, 그가 수집한 서적 중에는 강남제조국 출간 서적의 대다수가 포함되어 있다.

규장각, 장서각, 존경각 이외 다른 소장 기관에도 해당 서적들이 남아 있는 것을 볼 때, 당시 왕실에서뿐만 아니라 일반 지식인들도 강남제조국 출간 서적을 구해 보았으리라고 추정할 수 있다. 강남제조국 출간 서적은 이후 상해의 신보관申報館, 동문서국同文書局, 상해서국上海書局, 문예재文藝齋, 치수산방梔秀山房, 천진天津의 석인서국石印書局 등 여러 출판사에서 재차 간행했고 이들 서적은 다양한 경로로 국내에 유입되었다. 상해와 인천을 오가는 기선이 1883년 11월과 12월, 1884년 1월 총 세 차례에 걸쳐서, 그리고 다시 1888년 3월부터 1894년까지 7년간 정기적으로 운항되면서[3] 상해 출판 서적들이 서적상을 통해 다량으로 국내에 들어왔고, 이때 강남제조국 출간 서적 역시 유입되었을 가능성이 높다.[4]

19세기 말 국내에 서양 지식이 유통되는 데 있어 국내에 유입된 강

---

3 강진아, 『이주와 유통으로 본 근대 동아시아 경제사』, 아연출판부, 2018, 43~44쪽.
4 이 章의 시작부터 여기까지의 내용은 윤지양, 『고종, 근대 지식을 읽다』, 산지니, 2020, 40~42쪽을 참고해 수정함.

남제조국 출간 서적이 일정한 역할을 했음에도 이에 관한 연구는 활발하게 이루어지지 않았다. 지금까지는 주로 강남제조국 출간 서적보다 범위가 넓은 서학西學 관련 중국서의 국내 유입에 초점이 맞춰져 왔다. 관련 연구로는 이태진(1996; 2000),[5] 장영숙(2009; 2010; 2012),[6] 강미정·김경남(2017)[7]의 연구를 들 수 있다. 이태진은 집옥재에 소장되었던 서적들 중 서양 관련 서적 266종을 분야별로 나누어 소개하고 고종의 서양 관련 서적 수집이 갖는 의미를 밝혀 이후 관련 연구의 토대를 마련했다. 장영숙은 『내하책자목록內下冊子目錄』, 『집옥재서적목록集玉齋書籍目錄』 등을 분석해 집옥재 소장 개화서적[8]의 규모와 종류, 수집과 유통 경로, 활용 양상 등을 고찰했다. 강미정·김경남의 연구에서는 중국에서의 서학서 번역 상황과 한국에서의 수용 양상을 살폈다. 그런데 이들 연구에서는 국내에 실제 남아 있는 서적을 연구한 것이 아니라 『내하책자목록』, 『집옥재목록외서책集玉齋目錄外書冊』, 『집옥재서적목록』 등 규장각 및 집옥재 소장서 서목書目을 대상으로 한 것이고,[9] 민

---

5 이태진, 「奎章閣 中國本圖書와 集玉齋圖書」, 『민족문화논총』 16, 영남대 민족문화연구소, 1996; 이태진, 「1880년대 고종의 개화를 위한 신도서 구입사업」, 『고종시대의 재조명』, 태학사, 2000, 279~305쪽.

6 장영숙, 「『內下冊子目錄』을 통해 본 고종의 개화관련 서적 수집 실상과 영향」, 『한국민족운동사연구』 58, 한국민족운동사학회, 2009; 장영숙, 「개화관련 서적의 수집실상과 영향」, 『고종의 정치사상과 정치개혁론』, 선인, 2010, 159~185쪽; 장영숙, 「『集玉齋書目』 분석을 통해 본 고종의 개화서적 수집 실상과 활용」, 『한국 근현대사 연구』, 한국근현대사학회, 2012.

7 강미정·김경남, 「근대 계몽기 한국에서의 중국 번역 서학서 수용 양상과 의의」, 『동악어문학』 71, 동악어문학회, 2017.

8 장영숙은 "본고에서 의미하는 '개화서적'에는 개화를 위해 필요한 신학문 분야를 다룬 서양근대학술서를 비롯하여 개화를 목적으로 작성된 다양한 보고서와 자료 등이 모두 포함된다"고 했다. 장영숙, 「『集玉齋書目』 분석을 통해 본 고종의 개화서적 수집 실상과 활용」, 『한국 근현대사 연구』, 한국근현대사학회, 2012, 7쪽.

9 서목에는 제목이 부정확하게 기재되어 있거나 실제 소장되었음에도 누락된 경우도 있다. "원래의 책제목과 『집옥재서목』에 기재되어 있는 도서제목이 조금씩 다른 경우도 있었다.

간에서의 소장 상황은 연구 대상으로 하지 않았다.

국내의 근대 번역 및 지식사 연구에 있어 주된 연구 방법은 주로 개념어의 번역 사례 및 번역관^{飜譯觀} 분석, 서구 사상의 수용과 변용 등에 집중되어 있고, 문헌학적 측면에 주목한 경우는 많지 않다. 번역 및 지식사 연구도 구체적 문헌에 근거해야 하는데, 지금까지는 주목 받는 몇 종의 관련 문헌에만 연구가 집중되어 왔다. 일례로, 윌리엄 마틴^{William Alexander Parsons Martin}(1827~1916, 중문명 : 丁韙良)이 번역한 『만국공법^{萬國公法}』(1864), 『공법편람^{公法便覽}』(1877), 『공법회통^{公法會通}』(1880), 『성초지장^{星軺指掌}』(1876)과 위원^{魏源}의 『해국도지^{海國圖志}』(1842) 등 국제법 및 외교 관련 서적들 및 부란아^{傅蘭雅}(1839~1928)가 간행한 월간지 『격치휘편^{格致彙編}』(1876~1892), 광학회^{廣學會}의 월간지 『만국공보^{萬國公報}』(1889~1907)를 제외한 여타 서적에 대한 연구

(…중략…) 『집옥재서목』을 작성하면서 원래의 책 제목을 간략하게 쓰기도 하고, 상용되는 한자는 특별한 구분 없이 혼용하거나 『西醫眼科撮要』와 같이 책의 내제나 版心을 보고 기록함으로써 도서제목이 다르게 나타난 것으로 보인다." 위의 글, 20쪽. 이태진, 「奎章閣中國本圖書와 集玉齋圖書」, 『민족문화논총』 16, 영남대 민족문화연구소, 1996, 185~187쪽의 〈표 4〉 '集玉齋書籍目錄' 중의 서양 관련 서적의 분야별 분류,'에서 해당 서적들을 '천문・역서', '지구・지리', '항해', '외국사정', '어학', '공법・외교', '군사・전술・무기', '수학', '의학', '농업・식물', '물리', '화학', '전기・증기', '광업', '음악' 등 15개 항목으로 분류했다. 이태진은 표의 제시에 앞서 "이 조사는 『규장각도서중국종합목록(奎章閣圖書中國綜合目錄)』의 자부(子部) 서학류(西學類)에 한정한 것이다. 다른 부(部)・류(類)에서도 더 많은 관련서적들이 나올 것으로 기대된다"(185쪽)고 했다. 이 분류는 목록을 보고 한 것이기 때문에 누락된 경우가 있을 수 있다. 또한, 강미정・김경남은 강남제조국 출판 번역 서학서와 집옥재 소장 서적의 제목을 비교하여 동일 서명 58종과 유사 서명 12종을 제시한 바 있다. 이는 실제 소장 서적을 대상으로 한 것이 아니라 『集玉齋目錄外書冊』과 『集玉齋書籍目錄』에 수록된 2,400여 종의 서목을 대상으로 한 것이어서 정확성이 떨어진다. 또, 본문에서는 "강남 제조총국의 역서와 동일한 서명이 58종, 유사 서명이 18종으로, 이를 고려하면 집옥재에는 대략 72종의 번역 서학서가 소장되어 있었던 것으로 추정된다"(강미정・김경남, 「근대 계몽기 한국에서의 중국 번역 서학서 수용 양상과 의의」, 『동악어문학』 71, 동악어문학회, 2017, 281~282쪽)고 했는데, 제시한 유사 서명은 12종이다. "72종" 도 '76종'의 오타다.

는 아직 활발하게 이루어지지 않았다. 이제는 지금껏 관심을 받지 못한 새로운 문헌의 발굴과 근대전환기 국내의 지식을 형성한 문헌 각각에 대한 서지 연구가 진행되어야 한다. 그러자면 '서양 관련 서적', '개화서적'이라는 광범위한 개념에서 범위를 좁혀 국내의 근대 지식 형성에 영향을 끼친 강남제조국 출간 서적에 주목할 필요가 있다. 또한, 그 영향의 정도를 가늠하기 위해서는 각각의 번역서의 내용 및 번역관을 고찰하기에 앞서 국내에 유입된 정황을 파악해야 한다.[10]

이러한 문제의식에서 본 연구에서는 강남제조국 출간 서적의 국내 유입 양상을 규장각, 장서각, 존경각 소장본과 기타 소장 기관 소장본으로 나누어 살펴보고, 강남제조국 출간 서적 수용의 의의를 고찰한다. 이로써 국내 근대 형성의 다양한 동인 중 하나로서 강남제조국 출간 서적의 역할을 조명하고, 중국 서적이라는 매체를 통해 국내에 서구의 근대 지식이 전파된 주요 경로를 고찰하는 계기를 마련하고자 한다.

2. 강남기기제조총국 출간 서적의 국내 소장 현황

1) 규장각, 장서각, 존경각 소장본[11]

규장각 소장 서적을 대상으로 조사한 결과 조선왕실에서 소장한 중국 서적들 중 80종이 강남제조국 출간 서적이다.[12] 약 200종에 달하

---

10 이상 두 단락의 내용은 윤지양, 『고종, 근대 지식을 읽다』, 산지니, 2020, 38~39쪽을 참고해 수정함.
11 이하 66쪽까지 규장각 소장본을 다룬 내용은 위의 책, 43~54쪽을 참고해 수정함.
12 집옥재 도서의 대부분은 현재 규장각한국학연구원에 소장되어 있다. 집옥재 도서 중 극히

는 강남제조국 출간 서적 중 5분의 2가량이 조선 왕실에 소장되었던 것이다. 이 가운데 가보위賈步緯(약 1840~1903)의 『양법대산量法代算』 등 10종은 번역서가 아닌 중국인의 저서다.(〈표 1〉의 서명 옆에 * 표시)

규장각 소장 강남제조국 출간 서적의 간행 시기는 1871년에서 1894년 사이고, 출간 시기가 가장 늦은 것은 『전학강목電學綱目』(奎中 3050)이다. 현재로서는 이들 서적이 언제 구입되었는지 밝히기 어렵다. 다만, 규장각과 집옥재의 장서를 정리한 목록인 『신내하서목新內下書目』, 『춘안당서목春安堂書目』, 『내하책자목록』의 일자 표시를 볼 때 왕실에서의 서양 학문 관련 중국 서적 구입은 운요호 사건을 계기로 본격적으로 추진된 고종의 개화정책에 발맞추어 1881년부터 전격적으로 이루어졌고, 1883년부터 1887년까지 집중적으로 이루어진 것으로 추정된다.[13] 실제로 집옥재에 소장되었던 강남제조국 출간 서적들의 간행 연도를 살펴보면 대부분 1880년대 이전에 출간되었다.[14](1880년 간행 서적을 포함 1880년 이후 출간된 서적은 15건이다)

이들 서적의 국내 유입은 주로 중국을 왕래했던 관리들이 주체가 되어 이루어졌을 것으로 보인다. 일례로, 김윤식金允植(1835~1922)은 1882년

일부는 李王職을 거쳐 藏書閣 도서가 되었다. 현재 한국학중앙연구원 장서각에 소장된 중국 서적 중 『四書讀本』(C1-180), 『欽定大淸會典』(C2-189), 『書目答問』(C2-336), 『行素堂目睹書錄』(C2-347), 『西淸古鑑』(C3-173) 등 5종에 집옥재 장서인이 찍혀 있다. 이외에 집옥재 장서인이 찍혀 있지 않은 중국본과 한국본 중 집옥재 소장 서적이 더 있을 것이나 이에 대한 연구는 아직 없다. 이태진, 「奎章閣 中國本圖書와 集玉齋圖書」, 『민족문화논총』 16, 영남대 민족문화연구소, 1996, 182~183쪽 참고.

13 장영숙, 「『集玉齋書目』 분석을 통해 본 고종의 개화서적 수집 실상과 활용」, 『한국 근현대사 연구』, 한국근현대사학회, 2012, 13쪽.

14 이는 강남제조국의 서적 출간 활동이 설립부터 1880년까지 가장 활발했던 것과도 관련이 있는 것으로 보인다. 王揚宗, 「江南製造局翻譯書目新考」, 『中國科技史料』, 中國科學院自然科學史硏究所, 1995, 第2期, 18쪽 참고.

1월부터 6월까지 조미수호통상조약 체결 관련 이홍장과 교섭하기 위해 청을 방문했을 당시 강남제조국으로부터 『운규약지運規約指』 1부 등 총 53종 189책의 서적을 선물로 받았고, 1882년 10월에는 『수사장정水師章 程』 등 19종 74책의 서적을 선물로 받았다.[15] 또, 1881년 신사유람단紳士遊 覽團으로 일본에 파견된 어윤중魚允中은 귀국 전 상해로 가서 강남제조국과 초상국招商局을 견학했는데,[16] 이때 무기 제조 공정을 견학했을 뿐 아니라 강남제조국에서 출간한 서적을 열람하거나 구입했을 가능성이 있다. 또한, 1882년 영선사로 중국을 방문한 김윤식이 『음청사陰晴史』에 남긴 1882년 4월 26일과 10월 14일 일기를 통해 그가 두 차례 강남제조국을 방문하고 72종 279권에 이르는 서적을 선물로 받아 고종에게 보고하였 음을 확인할 수 있다.[17]

〈표 1〉에 규장각 소장 강남제조국 출간 서적을 내용에 따라 외국 사정,

---

15 金允植, 『陰晴史』, 卷下, 高宗十九年壬午四月 二十六日 條; 高宗十九年壬午十月 十四日 條 참고.(魚允中・金允植, 國史編纂委員會 編, 『從政年表・陰晴史』, 韓國史料叢書第六, 探究 堂, 1971, 144~145; 205~211쪽.) 김윤식은 두 차례에 걸쳐 모두 72종 263책의 서적을 선물 받았다.(일기에서는 '冊'을 "本"으로 표기했다.) 장영숙(2012)은 첫 번째 방문 때 받 은 책이 "53종 205권"이라고 했는데 이는 『음청사』에서 『平圓地球圖』에 대해 "計十六張" 이라고 한 것을 16권으로 잘못 셈한 것이다. 장영숙, 『集玉齋書目』 분석을 통해 본 고종의 개화서적 수집 실상과 활용」, 『한국 근현대사 연구』, 한국근현대사학회, 2012, 25쪽. 강미 정・김경남의 논문에 첫 번째 방문 때 받은 책의 목록이 수록되어 있다. 강미정・김경남, 「근대 계몽기 한국에서의 중국 번역 서학서 수용 양상과 의의」, 『동악어문학』 71, 동악어 문학회, 2017, 274~275쪽.

16 魚允中, 『從政年表』, 卷二, 高宗十八年辛巳 十二月十四日 條 참고. 그는 "강남기기제조총국 을 가서 대포, 총, 탄약을 제조하는 것을 보았다.(往江南機器製造總局, 觀造礮槍軍火)"고 했다. 魚允中・金允植, 國史編纂委員會 編, 『從政年表・陰晴史』, 韓國史料叢書第六, 探究 堂, 1971, 123쪽.

17 金允植, 『陰晴史』, 1882년 4월 26일, 10월 14일 일기 참고. 김윤식은 "첫 번째는 『平圓地 球圖』 16장을 포함해서 총 53종 205권에 이르는 책을 받았고, 두 번째는 19종 74권에 해 당되는 책을 선물로 받아 고종에게 보고하였다. 이때 받은 서적은 주로 『水師章程』, 『水師 操練』, 『輪船布陣』 등 군사와 병기류에 속하는 책들과 『冶金錄』, 『電學』, 『汽機必以』 등 자연 과학 및 화학에 속하는 책들이 대다수이다." 장영숙, 「『集玉齋書目』 분석을 통해 본 고종의 개화서적 수집 실상과 활용」, 『한국 근현대사 연구』, 한국근현대사학회, 2012, 25쪽.

분류[18]	서명	저자; 역자	형태사항[19]	간행연도	청구기호	印記
외국사정	西國近事彙編	金楷理(美) 口譯; 姚棻(淸)·蔡錫齡(淸) 筆述[20]	木版本; 20冊 25.4×16.1cm	1873 ~1877	奎中 3924	集玉齋, 帝室圖書之章
	四裔編年表	李鳳苞(淸) 編[21]	活字本; 4卷 4冊 29×23cm	1874	奎中 5590	集玉齋, 帝室圖書之章
	西國近事彙編	林樂知(美) 口譯; 蔡錫齡(淸) 筆述;[22] 鍾天緯(淸) 參校	古活字本; 4卷 4冊 25.2×15.8cm	1878	奎中 4544 奎中 4548 奎中 4549 奎中 4603	集玉齋
	海國圖志續集	麥高爾(英) 輯著; 林樂知(美) 口譯; 瞿昂來(淸) 筆述	石版本; 25卷 2冊 19.8×13cm	1895	古 551.46- M129h	없음
외교[23]	列國歲計政要	麥丁富[24](英) 編撰; 林樂知(美) 口譯; 鄭昌棪(淸) 筆述	木版本; 12卷 6冊 29.5×17.1cm	1878	奎中 3958 奎中 3959 奎中 3960 奎中 2999	集玉齋, 帝國圖書之章
	歐洲東方交涉記	麥高爾(英) 輯著; 林樂知(美) 等譯; 瞿昂來(淸) 筆述	木版本; 12卷 2冊 29.1×17.3cm	1880	奎中 6542	集玉齋
	英俄印度交涉書	馬文(英) 著; 羅亨利(英) 口譯; 瞿昂來(淸) 筆述	木版本; 1冊 29.5×17cm	1887[25]	奎中 5326	集玉齋
兵學 (군사 장비)	製火藥法	利稼孫(英)·華鼎(英) 輯 傅蘭雅(英) 口譯 丁樹棠(淸) 筆述	木版本; 3卷 1冊 29.5×17.3cm	1871	奎中 3056	帝室圖書之章
	克虜伯礮彈造法	布國軍政局 編; 金楷理(美) 口譯; 李鳳苞(淸) 筆述	木版本; 2冊 29.6×17.3cm	1872	奎中 2804 奎中 2805 奎中 3574	帝室圖書之章 (奎中 2804, 奎中 2805), 集玉齋 (奎中 3574)
	克虜伯礮說 克虜伯礮說法[26]	布國軍政局 著; 金楷理(美) 口譯;	木版本; 4卷 1冊 28.6×16.8cm	1872	奎中 2795 奎中 2796	集玉齋, 帝室圖書之章

분류[18]	서명	저자; 역자	형태사항[19]	간행연도	청구기호	印記
		李鳳苞(淸) 筆述			奎中 3090	(奎中 3090) 帝室圖書之章 (奎中 2795, 奎中 2796)
	克虜伯礮表	布國軍政局 編; 金楷理(美) 口譯; 李鳳苞(淸) 筆述	木版本; 1冊 28.8×17cm	1872	奎中 2799 奎中 2800 奎中 3098	帝室圖書之章
	克虜伯礮彈附圖 餠藥造法[27]	布國軍政局 編; 金楷理(美) 口譯; 李鳳苞(淸) 筆述	木版本; 1冊 29.5×17.3cm	1872	奎中 2806 奎中 2807	帝室圖書之章
	餠藥造法	布國軍政局 編; 金楷理(美) 口譯; 李鳳苞(淸) 筆述	木版本; 1冊 29.6×17.3cm	1872	奎中 3309	帝室圖書之章
	克虜伯礮準心法[28]	布國軍政局 編; 金楷理(美) 口譯; 李鳳苞(淸) 筆述	木版本; 1冊 28.8×17cm	1875	奎中 2801 奎中 3112 奎中 3113 奎中 3114	集玉齋, 帝室圖書之章 (奎中 3114) 帝室圖書之章 (奎中 2801, 奎中 3112, 奎中 3113)
	攻守礮法	布國軍政局 著; 金楷理(美) 口譯; 李鳳苞(淸) 筆述	木版本; 1冊 29.4×17.2cm	1875	奎中 2797 奎中 3001 奎中 3002 奎中 3003 奎中 3004	集玉齋(奎中 2797), 帝室圖書之章
	兵船礮法	美國水師書院 編; 金楷理(美) 口譯; 朱恩錫(淸)·李鳳苞(淸) 筆述	木版本; 6卷 3冊 29.2×17.2cm	1876	奎中 2793 奎中 2794	集玉齋, 帝室圖書之章 (奎中 2793), 帝室圖書之章 (奎中 2794)
	爆藥記要	美國水雷局 編; 舒高第(美) 口譯; 趙元益(淸) 筆述	木版本; 6卷 1冊 29×17.3cm	1877	奎中 3057 奎中 3058 奎中 3310	集玉齋, 帝室圖書之章
	水雷秘要	史理孟(英) 撰; 舒高第(美) 口譯;	木版本; 5卷 6冊 29×17.3cm	1880	奎中 3332	集玉齋, 帝室圖書之章

분류[18]	서명	저자; 역자	형태사항[19]	간행연도	청구기호	印記
		鄭昌棪(淸) 筆述				
兵學 (군사 공학)	行軍測繪	連提(英) 撰; 傅蘭雅(英) 口譯; 趙元益(淸) 筆述	木版本; 10卷 2冊 29×17.4cm	1873	奎中 2838 奎中 3103	集玉齋, 帝室圖書之章
	營壘圖說	伯里牙芒(比) 著; 金楷理(美) 口譯; 李鳳苞(淸) 筆述	木版本; 1冊 29.5×17cm	1876	奎中 2835 奎中 2836 奎中 3110	集玉齋, 帝室圖書之章
	營城揭要	儲意比(英) 撰; 傅蘭雅(英) 口譯; 徐建寅(淸) 筆述	木版本; 2冊 29.2×17.2cm	1876	奎中 2834 奎中 3326	集玉齋, 帝室圖書之章(奎中 2834)
兵學 (군사 관리)	水師章程	水師兵部(英) 編; 林樂知(美) 口譯; 鄭昌棪(淸) 筆述	木版本; 6卷 4冊 29.4×17.4cm	1879	奎中 2686 奎中 2688 奎中 2811 奎中 2821	集玉齋, 帝室圖書之章
兵學 (군사 훈련)	水師操練	英國戰船部 編; 傅蘭雅(英) 口譯; 徐建寅(淸) 筆述	木版本; 18卷, 附錄, 合3冊 29.5×17.2cm	1872	奎中 2787	集玉齋, 帝室圖書之章
	輪船布陣	裴路(英) 著; 傅蘭雅(英) 口譯; 徐建寅(淸) 筆述	木版本; 12卷, 附錄, 合2冊 28.7×17.2cm	1873	奎中 2791 奎中 2792 奎中 3101	集玉齋, 帝室圖書之章
兵學 (군사 작전)	防海新論	希理哈(布) 撰; 傅蘭雅(英) 口譯; 華衡芳(淸) 筆述	木版本; 18卷 6冊 29.6×17.2cm	1871	奎中 2829 奎中 2830	帝室圖書之章
	臨陣管見	斯拉弗司(布) 撰; 金楷理(英) 口譯; 李鳳苞(淸) 筆述	木版本; 9卷 4冊 29.2×17.4cm	1873	奎中 2809	集工齋, 帝室圖書之章
항해	航海簡法	那麗(英) 撰; 金楷理(美) 口譯; 王德均(淸) 筆述	木版本; 4卷 2冊 28.2×17.4cm	1871	奎中 2710 奎中 2711 奎中 2712	集玉齋 (奎中 2712)
	御風要術[29]	白爾特(英) 撰; 金楷理(美) 口譯; 華衡芳(淸) 筆述	木版本; 3卷 2冊 29.4×17.2cm	1871	奎中 3027 奎中 3028	集玉齋 (奎中 3028)

분류[18]	서명	저자; 역자	형태사항[19]	간행연도	청구기호	印記
광물학	開煤要法	士密德(英) 輯; 傅蘭雅(英) 口譯; 王德均(淸) 筆述	木版本; 12卷 2册 29.2×17.2cm	1871	奎中 2749 奎中 3045 奎中 3046	集玉齋 (奎中 3046)
	冶金錄	阿發滿(美) 譯; 傅蘭雅(英) 口譯; 趙元益(淸) 筆述	木版本; 2册 29×17.4cm	1873	奎中 3320 奎中 3321 奎中 3322	集玉齋 (奎中 3322)
	井礦工程	白爾捺(英) 輯; 傅蘭雅(英) 口譯; 趙元益(淸) 筆述	木版本; 3卷 2册 29×17.4cm	1879	奎中 3575 奎中 3576	集玉齋
	寶藏興焉	費而奔(英) 著; 傅蘭雅(英) 口譯; 徐壽(淸) 筆述	木版本; 12卷 16册 29.4×17cm	1880	奎中 2941	集玉齋
공예	汽機發軔	美以納(英)·白勞那(英) 合撰; 偉烈亞力(英) 口譯; 徐壽(淸) 筆述	木版本; 9卷 4册 29×17.2cm	1871	奎中 2864 奎中 2865 奎中 2866	集玉齋 (奎中 2864)
	汽機必以	蒲而捺(英) 撰; 傅蘭雅(英) 口譯; 徐建寅(淸) 筆述	木版本; 12卷 4册 30×17.4cm	1872	奎中 2724	없음
	汽機必以附卷[30]	蒲而捺(英) 撰; 傅蘭雅(英) 口譯; 徐建寅(淸) 筆述	木版本; 12卷, 附卷, 合6册 29.6×17.6cm	1872	奎中 2983 奎中 2984 奎中 2985	集玉齋 (奎中 2984)
	汽機新制	白爾格(英) 撰; 傅蘭雅(英) 口譯; 徐建寅(淸) 筆述	木版本; 8卷 2册 29.6×17.4cm	1873	奎中 3059 奎中 3060 奎中 3061	없음
	歷覽記略*[31]	傅蘭雅(英) 著	古活字本; 1册 27.4×17.4cm	1881	奎中5413	集玉齋, 帝室圖書之章
	電氣鍍金略法	華特(英) 撰; 傅蘭雅(英) 口譯; 周郇(淸) 筆述	木版本; 1卷 1册 29.1×17.3cm	1882	奎中 3049	集玉齋
	西藝知新	諾格德(英) 撰; 傅蘭雅(英) 口譯; 徐壽(淸) 筆述	木版本; 22卷 14册 29.3×17.2cm	1884	奎中2824	集玉齋, 帝室圖書之章

분류[18]	서명	저자; 역자	형태사항[19]	간행연도	청구기호	印記
	電氣鍍鎳	華特(英) 撰; 傅蘭雅(英) 口譯; 徐華封(淸) 筆述	古活字本; 1册 27.7×17.4cm	1886	奎中 5425	集玉齋
	照像略法	傅蘭雅(英) 譯	重刊古活字本; 1册 27.5×17.6cm	1887[32]	奎中 5381	集玉齋, 帝室圖書之章
물리[33]	聲學	田大里(英) 著; 傅蘭雅(英) 口譯; 徐建寅(淸) 筆述	木版本; 8卷 2册 29.6×17cm	1874	奎中 3424	集玉齋, 帝室圖書之章
	光學	田大里(英) 輯; 金楷理(布) 口譯; 趙元益(淸) 筆述	木版本; 2册 29.4×17.2cm	1876	奎中 3580	集玉齋
	格致啓蒙[34]	羅斯古(英) 撰; 林樂知(美) 口譯; 鄭昌棪(淸) 筆述	木版本; 4卷 4册 29.2×17.2cm	1880	奎中 2970 奎中 2974	集玉齋(奎中 2970)
	格致小引	赫施賚(英) 著; 羅亨利(英) 口譯; 瞿昂來(英) 筆述	木版本; 1册 29.2×17.2cm	1886	奎中 2968	集玉齋
수학	代數術	華里司(英) 輯; 傅蘭雅(英) 口譯; 華衡芳(淸) 筆述	木版本; 25卷 6册 29.3×17.3cm	1872	奎中 6547	集玉齋, 帝室圖書之章
	微積溯原	華里司(英) 輯; 傅蘭雅(英) 口譯; 華衡芳(淸) 筆述	木版本; 8卷 6册 29.2×17.2cm	1875	奎中 3314	集玉齋, 帝室圖書之章
	算式集要	合司韋(英) 輯; 傅蘭雅(英) 口譯; 江衡(淸) 筆述	木版本; 4卷 2册 29.4×17.3cm	1877	奎中 3319	集玉齋, 帝室圖書之章
	三角數理	海麻士(英) 輯; 傅蘭雅(英) 口譯; 華衡芳(淸) 筆述	木版本; 12卷 6册 29.3×17.6cm	1878	奎中 2768	帝室圖書之章
	數學理	棣麐甘(英) 撰; 傅蘭雅(英) 口譯; 趙元益(淸) 筆述	木版本; 9卷, 附錄, 合4册 29.4×17cm	1879	奎中 3510	集玉齋, 帝室圖書之章
	代數難解法[35]	倫德(英) 編輯;	木版本; 16卷 6册	1879	奎中 3421	集玉齋,

분류[18]	서명	저자; 역자	형태사항[19]	간행연도	청구기호	印記
		傅蘭雅(英) 口譯; 華衡芳(淸) 筆述	29.4×17cm			帝室圖書之章
	量法代算*	賈步緯(淸) 製	木版本; 1冊 23.6×12.3cm	1872[36]	奎中 5342	集玉齋, 帝室圖書之章
	對數表*	賈步緯(淸) 校述	古活字本; 4卷 4冊 26×16.2cm	1873	奎中 4389 奎中 4536	集玉齋, 帝室圖書之章 (奎中 4389), 帝室圖書之章 (奎中 4536)
	對數表說*	賈步緯(淸) 撰	木版本; 1冊 25.4×16.2cm	미상[37]	奎中 3129	없음
	弦切對數表*	賈步緯(淸) 校述	古活字本; 1冊 25.9×16.3cm	1873	奎中 3359 奎中 4648	帝室圖書之章 (奎中 3359), 集玉齋, 帝室圖書之章 (奎中 4648)
	算學開方表*[38]	賈步緯(淸) 編	木版本; 1冊 29.2×17cm	1874	奎中 3328	集玉齋, 帝室圖書之章
	八線簡表*	賈步緯(淸) 校述	古活字本; 1冊 24.8×15.6cm	1877	奎中 5368	帝室圖書之章
	八線對數簡表*[39]	賈步緯(淸) 校述	木版本; 1冊 25.6×16.6cm	1877	奎中 5367	集玉齋, 帝室圖書之章
電學	電學	瑙挨德(英) 著; 傅蘭雅(英) 口譯; 徐建寅(淸) 筆述	木版本; 10卷 6冊 29.2×17.2cm	1879	奎中 2994 奎中 2995	集玉齋
	電學綱目	田大里(英) 輯; 傅蘭雅(英) 口譯; 周郇(淸) 筆述	木版本; 1冊 29.2×17.2cm	1894	奎中 3050	集玉齋
화학	化學鑑原	韋而司(英) 撰; 傅蘭雅(英) 口譯; 徐壽(淸) 筆述	木版本; 6卷 4冊 29.4×17.2cm	1871	奎中 2713 奎中 2714	없음
	化學分原	蒲陸山(英) 撰; 傅蘭雅(英) 口譯;	木版本; 8卷 2冊 29.5×17.2cm	1871	奎中 3078 奎中 3079	없음

분류[18]	서명	저자: 역자	형태사항[19]	간행연도	청구기호	印記
		徐建寅(淸) 筆述			奎中 3082	
	化學鑑原續編	蒲陸山(英) 撰; 傅蘭雅(英) 口譯; 徐壽(淸) 筆述	木版本; 24卷 6冊 29.2×17.4cm	1875	奎中 3000	集玉齋
	化學鑑原補編	韋而司(英) 撰; 傅蘭雅(英) 口譯; 徐壽(淸) 筆述	木版本; 6卷, 附錄, 合6冊 29.4×17cm	1879	奎中 2969	集玉齋
	化學考質	富里西尼烏司(獨) 著; 傅蘭雅(英) 口譯; 徐壽(淸)·徐建寅(淸) 筆述	木版本; 8卷 6冊 29.4×17.4cm	1883	奎中 2863	集玉齋
	化學求數	富里西尼烏司(獨) 著; 傅蘭雅(英) 口譯; 徐壽(淸) 筆述	木版本; 14卷, 附錄, 合15冊 29.4×17cm	1883	奎中 3089	集玉齋
천문 기상	測候叢談	金楷理(美) 口譯; 華蘅芳(淸) 筆述	木版本; 4卷 2冊 34.2×17.2cm	1877	奎中 2822 奎中 2823 奎中 3092	帝室圖書之章
	談天	侯失勒(英) 著; 偉烈亞力(英) 口譯; 李善蘭·徐建寅(淸) 筆述	木版本; 18卷, 附表, 合4冊 29×17cm	1879	奎中 3094 奎中 3337	集玉齋, 帝室圖書之章
	上元甲子恒星表*	賈步緯(淸) 算述	古活字本; 1冊 25×15.8cm	1871~ 1879	奎中 4647	集玉齋, 帝室圖書之章
지학	地學淺釋	雷俠兒(英) 撰; 瑪高溫(美) 口譯; 華蘅芳(淸) 筆述	木版本; 38卷 8冊 29.6×17cm	1871	奎中 3476	集玉齋, 帝室圖書之章
	金石識別[40]	代邪(美) 撰; 瑪高溫(美) 口譯; 華蘅芳(淸) 筆述	木版本; 12卷 6冊 29.6×17cm	1871	奎中 2940 奎中 2966 奎中 1967	集玉齋(奎中 2940)
의학	儒門醫學	海得蘭(英) 撰; 傅蘭雅(英) 口譯; 趙元益(淸) 筆述	木版本; 3卷 4冊 29.4×16.8cm	1876	奎中 2895	集玉齋, 帝室圖書之章
	西藥大成藥品 中西名目表*	江南製造總局(淸) 編	古活字本; 1冊 29.2×17.3cm	1887	奎中 5420	集玉齋, 帝室圖書之章

분류[18]	서명	저자: 역자	형태사항[19]	간행연도	청구기호	印記
圖學	運規約指	白起德(英) 輯; 傅蘭雅(英) 口譯; 徐建寅(清) 筆述	木版本; 3卷 1冊 29.2×17.3cm	1871	奎中 2826 奎中 2827	集玉齋, 帝室圖書之章
	器象顯眞	白力蓋(英) 輯; 傅蘭雅(英) 口譯; 徐建寅(清) 筆述	木版本; 4卷 2冊 29.6×17.4cm	1872	奎中 2975 奎中 2976 奎中 2977 奎中 2978	없음
	海道圖說	金約翰(英) 輯; 傅蘭雅(英) 口譯; 王德均(清) 筆述	木版本; 15卷 10冊 29.5×17cm	1874	奎中 3374 奎中 3375 奎中 3376	帝室圖書之章
	繪地法原	□□(英) 撰[41]; 金楷理(美) 口譯; 王德均(清) 筆述	木版本; 1冊 29.6×17.4cm	1875	奎中 3095 奎中 3096 奎中 3097	帝室圖書之章
	測地繪圖	富路塢(英) 撰; 傅蘭雅(英) 口譯; 徐壽(清) 筆述	木版本; 11卷, 附錄, 合4冊 29.3×17.4cm	1876	奎中 2776 奎中 3444	集玉齋, 帝室圖書之章
	器象顯眞圖	白力蓋(英) 輯; 傅蘭雅(英) 口譯; 徐建寅(清) 筆述	木版本; 1冊 29.2×17.4cm	1879	奎中 2981	없음
토목	海塘輯要	韋更斯(英) 撰; 傅蘭雅(英) 口譯; 趙元益(清) 筆述	木版本; 10卷 2冊 29.8×17.6cm	1873	奎中 2718 奎中 2719 奎中 2861	集玉齋(奎中 2718, 奎中 2719)

외교, 병학兵學, 항해, 광물학, 공예, 물리, 수학, 전학電學, 화학, 천문·기상, 지학, 의학, 도학圖學, 토목 등 15 항목으로 분류·정리했다.

병학兵學 서적의 경우 수량이 많아 군사장비 등 세부 항목으로 분류했다. 〈표 1〉의 서적 중 강남제조국 번역관 출간 서적이 맞지만 '집옥재集玉齋', '제실도서지장帝室圖書之章'이라는 인기印記가 없는 서적으로

---

18 분류는 『江南製造局譯書提要』를 참고했다.(繙譯館 편, 『江南製造局譯書提要』, 宣統元年 (1909)刊(木版本), 上海 復旦大學 소장본)
19 한 종의 서적이 여러 부 소장되어 있는 경우 저마다 책 크기가 조금씩 다른 경우가 대부분이다.

여기서는 소장 상황 파악이 목적이 있으므로 대표로 한 부만 골라 책 크기를 표시했다.

20 「江南制造總局翻譯西書事略」(이하 '「역서사략」')에는 필술자가 蔡錫齡이라고만 되어 있다. 傅蘭雅 편,「江南制造總局翻譯西書事略」,『格致彙編』光緒六年(1880년) 卷7(七月卷), 11a쪽.

21 규장각 소장본은 활자본이고 저자가 "李鳳苞(淸)"로 되어 있다. 「역서사략」과 초간본의 간기에 따르면 이 책의 초간본은 1874년에 간행되었다. 「역서사략」에 따르면 저자는 영국의 博那이고, 林樂知가 口譯하고, 嚴良勳과 李鳳苞가 필술한 것이다. 위의 글, 11a쪽. 또, 『강남제조국역서제요』에는 저자는 영국의 博那이고, 林樂知가 구역하고, 嚴良勳이 필술, 李鳳苞가 輯述한 것으로 되어 있다. 繙譯館 편,『江南製造局譯書提要』1, 宣統元年(1909) 刊(木版本), 上海 復旦大學 소장본, 3a쪽.

22 「역서사략」에는 필술자에 鄭昌棪을 함께 썼고, 參校者는 밝히지 않았다. 傅蘭雅,「江南制造總局翻譯西書事略」,『格致彙編』光緒六年(1880년) 卷7(七月卷), 11a쪽.

23 『강남제조국역서제요』에서는 『列國歲計政要』를 '政治' 항목에, 『歐洲東方交涉記』, 『英俄印度交涉書』를 '交涉' 항목에 분류했다. 또, 『歐洲東方交涉記』의 제목이 "東方交涉記"로 되어 있다. 繙譯館 편,『江南製造局譯書提要』1, 宣統元年(1909)刊(木版本), 上海 復旦大學 소장본, 7a~10a쪽 참고.

24 「역서사략」에는 저자명이 "麥丁富得力"으로 되어 있다. 傅蘭雅 輯,「江南制造總局翻譯西書事略」,『格致彙編』光緒六年(1880년) 卷7(七月卷), 11a쪽.

25 王揚宗,「江南製造局翻譯書目新考」,『中國科技史料』, 中國科學院自然科學史研究所, 1995, 第2期, 6쪽 참고.

26 규장각 소장본은『克虜伯礮說』과『克虜伯礮操法』이 합철되어 있다.『격치휘편』의 목록에 따르면 여기에『극로백포설』,『극로백포조법』,『克虜伯礮表』3종을 합철하여 2本으로 만들었던 것으로 보인다. 2本의 가격은 480文이라 되어 있다. 세 책 모두 1872년에 간행되었다. 傅蘭雅 輯,「江南制造總局翻譯西書事略」,『格致彙編』光緒六年(1880년) 卷7(七月卷), 11a쪽.

27 규장각 소장본은『克虜伯礮彈附圖』와『餠藥造法』이 합철되어 있다. 이는 강남제조국 초간본의 경우도 같다. 「역서사략」에는 서명이 각각 "克虜伯礮彈", "克虜伯礮餠藥法"으로 되어 있다. 위의 글, 11a쪽.

28 「역서사략」에는 서명이 "礮準心法"으로 되어 있다. 위의 글, 11a쪽.

29 『강남제조국역서제요』에서는 이 책을 '船政' 항목으로 분류하고 "航海必讀書"라 했다. 繙譯館 편,『江南製造局譯書提要』1, 宣統元年(1909)刊(木版本), 上海 復旦大學 소장본, 54b쪽.

30 규장각 서지사항에는 서명이 "汽機必以"로 되어 있으나 『汽機必以』(奎中 2724)와 구분하기 위해 「역서사략」을 참고해 고쳤다. 傅蘭雅 輯,「江南制造總局翻譯西書事略」,『格致彙編』光緒六年(1880년) 卷7(七月卷), 9b쪽.

31 규장각 소장본은 상해의 格致彙編館(格致書院)에서 1881년에 간행한 고활자본이다. 이는 강남제조국에서 1874년에 간행한 것을 나중에 활자본으로 간행한 것이므로 본고에서는 넓은 의미에서 강남제조국 출간 서적으로 보았다. 이 책은 傅蘭雅가 1873년 견문한 영국의 공장들과 그곳에서 생산하는 공작기계들을 다뤘다.

32 규장각 소장본은 강남제조국의 초간본을 활자본으로 다시 출간한 것으로 출간 연도가 1887년으로 되어 있다. 강남제조국 초간본은 1881년에 출간되었다.

33 『강남제조국역서제요』의 분류에는 '물리' 항목은 없다. 『聲學』은 '聲學' 항목에, 『光學』은 '光學' 항목에, 『格致啓蒙』과『格致小引』은 '格致' 항목에 속해 있다. 繙譯館 編,『江南製造局譯書提要』2, 宣統元年(1909)刊(木版本), 上海 復旦大學 소장본, 28a; 50a; 51a쪽 참고.

『해국도지속집海國圖志續集』(古 551.46-M129h), 『대수표설對數表說』(奎中 3129), 『기기필이汽機必以』(奎中 2724), 『기기신제汽機新制』(奎中 3059, 3060, 3061), 『화학감원化學鑑原』(奎中 2713, 2714), 『화학분원化學分原』(奎中 3078, 3079, 3082), 『기상현진器象顯眞』(奎中 2975, 2976, 2977, 2978), 『기상현진도器象顯眞圖』(奎中 2981)가 있다. 장서인 압인 시에 누락되었거나 1908년 이후 일제가 구입한 서적일 가능성도 배제할 수 없다.[42]

규장각 소장 강남제조국 출간 서적 중에는 『서국근사휘편西國近事彙編』(奎中 4544)과 같이 간행자가 '상해기기제조국上海機器製造局'이라고 명시된 경우도 있지만, 대부분 강남제조국 초간본과 달리[43] 표제면標題

---

34 「역서사략」에는 서명이 "格致啓蒙化學"으로 되어 있다. 傅蘭雅 輯, 「江南制造總局翻譯西書事略」, 『格致彙編』光緒六年(1880년) 卷7(七月卷), 9b쪽.

35 「역서사략」에는 서명이 "代數難題解法"이라 되어 있다. 위의 글, 9a쪽.

36 규장각 소장본은 1872년(同治 11年) 周浦 則梅山房에서 간행한 것이다. 「역서사략」에 따르면 강남제조국본은 1875년에 출간되었다. 강남제조국에서 이미 나와 있는 책을 재간한 것일 가능성이 있다. 위의 글, 9a쪽.

37 『격치휘편』에는 해당 서명이 없다. OCLC WorldCat 검색 결과 유일하게 미국 스탠포드대학교에 강남제조국본이 1건 소장되어 있는데 서지사항에는 간행연도가 광서연간(光緒年間, 1875~1909)이라고만 되어 있다. 간행 시기는 빨라도 『對數表』가 간행된 1873년 이후일 것이다.

38 「역서사략」에는 제목이 "開方表"라 되어 있다. 傅蘭雅 輯, 「江南制造總局翻譯西書事略」, 『格致彙編』光緒六年(1880년) 卷7(七月卷), 9a쪽.

39 「역서사략」에는 제목이 "八線對數簡表數理精蘊"이라 되어 있다. 위의 글, 9b쪽.

40 『강남제조국역서제요』에서는 이 책을 '地學' 항목으로 분류했다. 繙譯館 編, 『江南製造局譯書提要』2, 宣統元年(1909)刊(木版本), 上海 復旦大學 소장본, 57a쪽.

41 영국인이라는 것 외에 저자 미상이다. 「역서사략」에서는 두 번째 글자가 '書'로 보이나 분명치 않다. 傅蘭雅 輯, 「江南制造總局翻譯西書事略」, 『格致彙編』光緒六年(1880년) 卷7(七月卷), 9b쪽. 王揚宗은 "譯自Mathematical Geography by Hughes"라 하여 원저자가 Hughes라 했다. 王揚宗, 「江南製造局翻譯書目新考」, 『中國科技史料』, 中國科學院自然科學史研究所, 1995, 第2期, 9쪽. 『강남제조국역서제요』에서는 원저자를 밝히지 않았다. 繙譯館 編, 『江南製造局譯書提要』2, 宣統元年(1909)刊(木版本), 上海 復旦大學 소장본, 75a쪽.

42 1908년 9월 일제 統監府는 규장각에 圖書課를 설치해 규장각, 弘文館, 집옥재, 侍講院, 春秋館, 북한산성 행궁 등의 도서들을 합쳐 '帝室圖書'로 분류하고 '帝室圖書之章'이라는 장서인을 압인했다. 이태진, 「奎章閣 中國本圖書와 集玉齋圖書」, 『민족문화논총』16, 영남대 민족문화연구소, 1996, 170~171쪽 참고.

43 강남제조국에서 출간한 초간본에는 앞면과 뒷면에 각각 간행연도와 "江南機器製造總局藏

<표 2> 장서각, 존경각의 강남제조국 출간 서적 소장 현황

분류	서명	저자: 역자	형태사항	소장기관	청구기호
兵學	兵船礮法	水師書院(美) 編; 金楷理(美) 口譯	木板本; 6卷 3冊 29.4×17.4cm (印:李王家圖書之章)	장서각	C3-64
	水師章程	水師兵部(英) 著; 林樂知(美) 口譯; 鄭昌棪(淸) 筆述	木板本; 20卷 15冊 29.6×17.2cm (印:軍務鎭坊局印)	장서각	C3-67
	水師操練	戰船部(英) 編; 傅蘭雅(英) 口譯	木版本; 20卷 3冊 29.6×17.2cm	장서각	C3-68
	輪船布陣	裴路(英) 著; 傅蘭雅(英) 口譯	木版本; 12卷 2冊 28.7×17.2cm	존경각	C05-0008
	防海新論	希理哈(布) 撰; 傅蘭雅(英) 口譯	筆寫本; 18卷 6冊 27.8×17.6cm	존경각	C05-0008
수학	代數術	華里司(英) 輯; 傅蘭雅(英) 口譯; 華衡芳(淸) 筆述	木版本; 25卷 6冊 29.7×17.3cm	존경각	C08B-0002
천문	談天	侯失勒(英) 著; 偉烈亞力(英) 口譯	新活字本; 18卷 3冊 25.8×18.2cm	존경각	C08A-0002
지질	地學淺釋	雷俠兒(英) 撰; 瑪高溫(美) 口譯; 華衡芳(淸) 筆述	木版本; 33卷 7冊 (卷34-38, 1冊缺) 29.5×17.0cm	장서각	C2-302
	地學淺釋	雷俠兒(英) 撰; 瑪高溫(美) 口譯; 華衡芳(淸) 筆述	木版本; 38卷 8冊 30.0×18.0cm	존경각	B16AA-0005
광물학	金石識別	代那(美) 撰; 瑪高溫(美) 口譯	木版本; 12卷 6冊 29.7×17.3cm	존경각	C11A-0002

面과 간기刊記가 누락되어 간행자와 간행연도를 알 수 없다. 이런 경우 강남제조국에서 간행한 초간본初刊本이 아닌 복각본인 것으로 추정된다. <표 1>에서는 우선 참고를 위해 광서光緖 6년(1880년) 5월부터 8월까지 간행된 『격치휘편』에 수록된 부란아의 「강남제조총국번역서서板"이라는 문구를 인쇄한 封面紙가 있다.

사략江南制造總局翻譯西書事略」[44]과 관련 논문[45]에는 '이왕가도서지장李王家圖書之章'이라는 장서인이 압인되어 있어 왕실 소장서였음을 확인할 수 있고, 『수사장정水師章程』(C3-67)에는 '군무진방국인軍務鎭防局印'이라는 장서인이 압인되어 있다. 진방국은 고종 31년(1894년) 갑오개혁 때 군무아문軍務衙門에 설치한 부서로, 이를 통해 고종이 상해에서 구입한 군사 관련 서적을 실제 근대식 군사 훈련에 활용하도록 했으리라고 추정할 수 있다. 또한, 『병선포법兵船礮法』, 『수사장정水師章程』, 『수사조련水師操練』, 『윤선포진輪船布陣』, 『방해신론防海新論』 등 군사 관련 서적이 비교적 많이 소장되어 있다는 것은 외세의 군사적 압박을 겪고 있던 당시 조선 왕실이 국방에 대한 관심이 높았음을 잘 보여준다.

2) 기타 소장본

규장각, 장서각, 존경각 외에 국립중앙도서관 등 국내 소장 기관에 강남제조국 출간 서적이 소장되어 있다. 본고에서는 국립중앙도서관 한국고전적종합목록에 게재되어 있는 자료를 대상으로 국내 소장 현황을 살펴보았고, 그 결과 모두 45건의 강남제조국 출간 서적이 국내에 소장되어 있음을 확인했다. 이는 목록 게재 자료만을 대상으로 하고 각 소장 기관 별로 조사한 것이 아니므로 정확한 수치는 아니다. 이 밖

---

44 傅蘭雅 輯, 「江南制造總局翻譯西書事略」, 『格致彙編』 光緖六年(1880년) 卷5~卷8.(古活字本, 규장각 소장, 청구기호: 奎中 3121)

45 王揚宗, 「江南製造局翻譯書目新考」, 『中國科技史料』, 中國科學院自然科學史硏究所, 1995, 第2期를 주로 참고하고, 傅蘭雅가 번역한 서적의 경우 王紅霞, 「傅蘭雅的西書中譯事業」, 復旦大學 박사논문, 2006을, 兵學 관련 서적의 경우 閆俊俠, 「晩淸西方兵學譯著在中國的傳播(1860~1895)」, 復旦大學 박사논문, 2007을 참조했고, 그 밖에 OCLC WorldCat(newfirst search.oclc.org) 검색을 통해 각 소장 기관의 서지사항을 참조했다.

〈표 3〉 규장각 이외 소장 기관의 강남제조국 출간 서적 소장 현황

분류	서명	저자; 역자	서지사항, 형태사항	소장기관	청구기호
외국 사정	西國近事彙編	金楷理(美) 口譯; 姚棻(淸)・蔡錫齡(淸) 筆述	光緖 5(1879) 木活字本; 28冊 25.0×16.0cm	국립 중앙도서관	古10-30-나14
	西國近事彙編	金楷理(美) 口譯; 姚棻(淸)・蔡錫齡(淸) 筆述	上海 : 機器製造局, 光緖 8(1882) 木板本; 28冊 24.5×15.5cm	고려대 도서관	육당B6-B2
	西藝知新	諾格德(英) 譔; 傅蘭雅(英) 口譯	金屬活字影印本; 3卷 1冊(缺帙) 29.2×17.4cm	숭실대 도서관	670-부23126서
외교	列國歲計政要	麥丁富(英) 編纂; 林樂知(美) 口譯	木版本; 1卷 1冊(缺帙) 29.5×17.4cm	고려대 도서관	만송B7-B22
	歐州東方交涉記	麥高爾(英) 輯著; 林樂知(美) 等譯	木版本; 12卷 2冊 29.3×17.4cm	국립 중앙도서관	古6-39-1
군사	水師操練	戰船部(英) 編; 傅蘭雅(英) 口譯	木版本; 20卷 3冊 29.6 ×17.2cm	전남대 도서관	3G-수51○ -v.1-3
	水師章程	水師兵部(英) 著; 林樂知(美) 口譯; 鄭昌棪(淸) 筆述	木板本; 14卷 12冊 27.9×16.7cm	서울대 중앙도서관	5130-88-1-16
	水師章程	水師兵部(英) 著; 林樂知(美) 口譯; 鄭昌棪(淸) 筆述	上海 : 江南製造局 木板本; 14卷 續6卷 16冊 27.9×16.7cm	국립 중앙도서관	古696-1
	兵船礮法	水師書院(美) 編; 金楷理(美) 口譯	上海 : 江南製造局 木版本; 3卷 3冊 29.2×17.2cm	국립 중앙도서관	古692-2
	兵船礮法	水師書院(美) 編; 金楷理(美) 口譯	光緖 6(1880) 木版本; 6卷 1冊 19.0×12.8cm	경희대 도서관	399.12-서63ㄱ
	兵船礮法	水師書院(美) 編; 金楷理(美) 口譯	木版本; 6卷 3冊 29.7×17.5cm	서울대 중앙도서관	9960-13-1-3

분류	서명	저자; 역자	서지사항, 형태사항	소장기관	청구기호
	克虜伯礮說	軍政局(布) 著; 金楷理(美) 口譯	木版本; 4卷 1册 28.7×17.3cm	서울대 중앙도서관	9960-11
	攻守礮法	軍政國(布) 著; 金楷理(美) 口譯	木版本; 1册 29.4×17.4cm	서울대 중앙도서관	9960-14
	克虜伯礮彈法	軍政局(布) 編; 金楷理(美) 口譯	木版本; 1册 29.4×17.3cm	국립 중앙도서관	古8-70-7
	克虜伯礮彈法	軍政局(布) 編; 金楷理(美) 口譯	木版本; 1册 29.5×17.4cm	서울대 중앙도서관	9960-8
	克虜伯礮礮造法	軍政局(布) 編; 金楷理(美) 口譯	木版本; 2卷 2册 29.3×17.4cm	서울대 중앙도서관	9960-12-1-2
	克虜伯礮礮附圖	布國軍政局 編; 金楷理(美) 口譯	木版本; 1册 29.3×17.4cm	서울대 중앙도서관	9960-9
	營壘圖說	伯里牙芒(比) 著; 金楷理(美) 口譯	木版本; 1册 29.3×17.4cm	서울대 중앙도서관	9930-3
	餅藥造法	軍政局(布) 編; 金楷理(美) 口譯	木版本; 1册 29.5×17.6cm	서울대 중앙도서관	9960-6
	水雷秘要	史理孟(英) 纂; 舒高第(美) 口譯	光緒 6(1880) 木版本; 5卷 2册 19.8×12.8cm	경희대 도서관	399.12-서63ㄱ
	海軍調度要言[46]	水師統領拏核甫 撰; 舒高第(美), 鄭昌棪(淸) 譯	光緒 6(1880) 石版本; 3卷 1册 19.8×12.8cm	경희대 도서관	399.12-서63ㄱ
	爆藥記要	水雷局(美) 編; 舒高第(美) 口譯	上海: 江南製造局 木版本; 6卷 1册 29×17.3cm	국립 중앙도서관	古881-1

분류	서명	저자: 역자	서지사항, 형태사항	소장기관	청구기호
수학	算式集要	合司韋(英) 輯; 傅蘭雅(英) 口譯	上海：江南製造局 木版本; 4卷 2冊 29.7×17.5cm	국립 중앙도서관	古713-1
	數學理	棣磨甘(英) 撰; 傅蘭雅(英) 口譯	上海：江南製造局 木版本; 9卷 4冊 29.5×17.6cm	국립 중앙도서관	古7100-1
	三角數理	海麻士(英) 輯; 傅蘭雅(英) 口譯	上海：江南製造局 木版本; 12卷 6冊 29.4×17.6cm	국립 중앙도서관	古714-1
	代數術	華里司(英) 輯; 傅蘭雅(英) 口譯; 華衡芳(淸) 筆述	上海：江南製造局 同治 12(1873) 木版本; 25卷 6冊 29.3×17.2cm	국립 중앙도서관	古712-1
	微積溯源	華里司(英) 輯; 傅蘭雅(英) 口譯	上海：江南製造局 木版本; 8卷 6冊 29.3×17.3 cm	국립 중앙도서관	古716-1
	算學八線對數 簡表	賈步緯(淸)	木板本; 1冊 28.0×16.6 cm	서울 중앙도서관	7040-4
물리	光學	田大里(英) 輯; 金楷理(布) 口譯; 趙元益(淸) 筆述	木版本; 3卷 3冊 29.4×17.2cm	국립 중앙도서관	古722-2
	御風要術	白爾特(英) 撰; 金楷理(美) 口譯; 華衡芳(淸) 筆述	木版本; 3卷 2冊 28.9×17.0cm	서울대 중앙도서관	7360-16-1-2
	格致啓蒙	羅斯古(英) 纂 林樂知(美)·鄭昌棪(淸) 譯	上海：江南製造局 木版本; 4卷 4冊 29.0×15.5cm	국립 중앙도서관	古720-1
	格致啓蒙	羅斯古(英) 纂 林樂知(美)·鄭昌棪(淸) 譯	石版本; 4卷 4冊 15.2×9.9cm	동아대 도서관	(3)：10：1-5
천문 기상	談天	侯失勒(英) 著; 偉烈亞力(英) 口譯	新鉛活字本; 11卷, 附表, 共2冊(缺帙) 30.8×20.9cm	고려대 도서관	화산 C8-B1-1, 3

분류	서명	저자; 역자	서지사항, 형태사항	소장기관	청구기호
	談天	侯失勒(英) 著; 偉烈亞力(英) 口譯	新鉛活字影印本; 5卷 1冊(缺帙) 29.0×17.0cm	숭실대 도서관	523-후5922담
	測候叢談	金楷理(美) 口譯; 華蘅芳(淸) 筆述	木版本; 4卷 2冊 29.0×17.3cm	서울대 중앙도서관	7360-15-1-2
지질 측량	地學淺釋	雷俠兒(英) 撰; 瑪高溫(美) 口譯; 華蘅芳(淸) 筆述	木版本; 38卷 8冊 29.2×17.0cm	국립 중앙도서관	古7-30-150
	繪地法原	金楷理(美) 口譯 王德均(淸) 筆述	木版本; 1冊 29.5×17.1cm	서울대 중앙도서관	7330-15
	海道圖說	金約翰(英) 輯; 傅蘭雅(英) 口譯	木版本; 15卷 10冊 28.9×17.2cm	전남대 도서관	2G1-해225ㄱ
	海道圖說	金約翰(英) 輯; 傅蘭雅(英) 口譯	木活字影印本; 1卷 1冊(缺帙) 29.0×17.0cm	숭실대 도서관	387-김6219
圖學	海道圖說	金約翰(英) 輯; 傅蘭雅(英) 口譯	木板本; 10卷 10冊 27.7×16.1cm	고려대 도서관	육당B10-B16-1 -10
	海道圖說	金約翰(英) 輯; 傅蘭雅(英) 口譯	木板本; 10卷 10冊 27.7×16.1 cm	서울대 중앙도서관	4700-22-1-10
	冶金錄	阿發滿(美) 譔; 傅蘭雅(英) 口譯	木版本; 3卷 2冊 29.1×17.3cm	서울대 중앙도서관	8500-29-1-2
광물학	井鑛工程	白爾捺(英) 輯; 傅蘭雅(英) 口譯	木版本; 3卷 2冊 29.0×17.3cm	서울대 중앙도서관	8500-28-1-2
	金石識別	代那(美) 撰; 瑪高溫(美) 口譯	木版本; 12卷 6冊 29.0×17.3cm	국립 중앙도서관	古8-30-8
공예	考工記要	馬體生(英) 著; 傅蘭雅(英)·鍾天緯(淸) 譯 汪振聲(淸) 校訂 쪽	上海:小倉山房, 光緒 23(1897) 石版本; 17卷 4冊 19.6×12.7cm	고려대 도서관	화산C7-B4-1-4

에 국내에 유입된 강남제조국 출간 서적 가운데 민간에 전파되었음에도 현재 일실되거나 개인이 소장하고 있는 서적도 많으리라 예상된다. 여기서는 불완전하나마 대략적인 소장 현황을 확인함으로써 민간에서의 강남제조국 출간 서적을 통한 서양 지식의 유입 상황을 개괄적으로나마 유추해 보고, 관련 연구의 기초를 마련하고자 한다.

이들 서적의 간행 시기는 1871년에서 1897년 사이이며, 출간 시기가 가장 늦은 것은 『고공기요考工記要』(고려대 도서관, 화산C7-B4-1-4)이다. 이들 서적 중에는 석인본石印本, 신연활자본新鉛活字本, 영인본影印本 등 강남제조국에서 초간본을 출간한 후 다른 출판사에서 중간한 서적들의 비중이 규장각 소장본의 경우보다 많다. 이는 민간에서의 강남제조국 출간 서적의 유입 시기와 유입 경로가 왕실 소장서에 비해 다양했을 것이라는 추론의 근거가 된다. 각 서적의 국내 유입 경위와 시점 등은 향후 각 소장기관의 해당 서적 입수 경로, 압인된 인기印記 분석 등을 통해 밝힐 수 있을 것이다.

〈표 3〉을 통해 볼 수 있듯이 기타 소장 기관에도 다양한 분야의 강남제조국 출간 서적이 소장되어 있다. 그러나 규장각의 경우와 달리 화학, 전기와 증기, 토목 관련 서적은 소장되어 있지 않다. 고종은 1884년 에디슨 전기회사와 전등 설비를 위한 계약을 맺고 1887년 경복궁 내에 전기발전소를 지어 건청궁乾淸宮과 집옥재 일대에 전등을 설치할 만큼 전기에 관심이 많았으며, 조정에서는 1887년 남로전선南路電線을 독자적

---

46 기타 소장 기관의 나머지 서적들이 모두 규장각, 장서각, 존경각에도 소장되어 있는 반면, 유일하게『海軍調度要言』(경희대 소장)만은 규장각, 장서각, 존경각에는 소장되어 있지 않다. 이 책은 1890년 간행한『江南製造局譯書彙刻』에 수록되어 있다. 閆俊俠,「晚淸西方兵學譯著在中國的傳播(1860~1895)」, 復旦大學 박사논문, 2007, 223쪽 참고.

으로 운영하면서 전기에 대한 이해를 갖춘 관리 인력이 필요한 상황이었다. 이에 비해 민간에서는 당시로서는 최첨단 학문이었던 전기와 증기에 대한 관심이 상대적으로 많지 않았으리라고 추정할 수 있다. 또한, 화학은 군사력과 직결되는 화약 제조와 연관되는 학문이며, 농업, 의학 등의 분야와 관련되는 기초 학문이었기 때문에 지배계층에서는 수요가 높았으나, 민간에서는 그렇지 않았을 것이다. 또, 민간에서는 같은 이유에서 국가사업인 토목 분야에 대한 관심도 상대적으로 적었을 것으로 보인다.

3. 강남기기제조총국 출간 서적 수용의 의의

강남제조국 출간 서적에는 외국 사정, 외교 및 군사 관련 서적뿐 아니라 수학, 화학, 물리, 천문과 기상, 지질과 측량, 도학圖學, 전기와 증기, 광물학, 공예, 항해, 토목 등 다양한 분야를 망라하는 서적이 포함되어 있다. 국내에 이들 서적이 골고루 유입되었으며 특히 고종의 집옥재에는 강남제조국에서 출간된 모든 분야의 서적이 소장되어 있을 뿐 아니라 한 종의 책이 여러 부 소장되어 있는 경우도 적지 않다.[47]

---

47 조정의 유관 부처에 배포하거나 규장각에 내하하기 위해 여러 부를 구입했을 가능성이 높다. 이에 대해 장영숙은 "고종은 같은 종류의 책을 자신의 서재에도, 규장각에도 분산·보관하면서 수집량이 많아질 경우 혹은 수시로 서목을 작성하게 하였"다면서,(장영숙, 「『集玉齋書目』 분석을 통해 본 고종의 개화서적 수집 실상과 활용」, 『한국 근현대사 연구』, 한국근현대사학회, 2012, 22쪽) "자신의 서재를 중심으로만 수집하여 독서층을 제한한 것이 아니라, 관료지식인들이 수시로 활용할 수 있는 왕립 도서관인 규장각에도 동일하거나 비슷한 종류의 개화서적들을 상시적으로 내려준 것은 지식인을 통한 근대학문의 사회적 확산을 도모한 것이었다고 볼 수 있다"(28쪽)고 했다. 규장각 소장 강남제조국 출간 서적 중 한 종의 책이 여러 부 소장되어 있는 경우는 다음과 같다. 『西國近事彙編』 4부, 『列國歲計政要』 4부, 『輪船布陣』 3부, 『營城揭要』 2부, 『兵船礮法』 2부, 『克虜伯礮說』 3부, 『攻守礮

이처럼 다양한 분야의 강남제조국 출간 서적이 국내에 유입되었다는 사실은 당시 내외적 혼란과 도전에 직면하여 해법을 찾고 있던 왕실과 민간에서 서양의 선진 학문을 알고자 하는 욕구가 컸음을 보여주는 증거다. 특히 집옥재에 강남제조국 출간 서적이 다수 소장되었다는 것은 고종의 개화 의지를 잘 보여준다. 1875년 9월 20일 운요호 사건을 계기로 기존의 위정척사론衛正斥邪論의 입장에서 동도서기론東道西器論의 입장으로 선회한 고종은 일련의 개화 정책을 펼침과 동시에 외세의 외교적·군사적 압박을 극복하기 위해 세계가 어떻게 돌아가고 있는지 알려주는 중국 서적들을 수집했고, 이들 서적들은 대한제국 성립 후 광무개혁光武改革을 추진하는 데 사상적 밑거름이 되었다.[48]

국내에 유입된 강남제조국 출간 서적 중에서도 특히 군사 무기 및 전술, 지리측량, 도학圖學, 광물학 분야의 서적은 당시 제국주의 국가들에

法』5부, 『克虜伯礮表』3부, 『克虜伯礮準心法』4부, 『克虜伯礮彈造法』3부, 『克虜伯礮彈附圖』2부, 『營壘圖說』3부, 『爆藥記要』3부, 『運規約指』2부, 『化學鑑原』2부, 『化學分原』3부, 『器象顯眞』4부, 『格致啓蒙』2부, 『談天』2부, 『測候叢談』3부, 『繪地法原』3부, 『行軍測繪』2부, 『海道圖說』3부, 『對數表』2부, 『弦切對數表』2부, 『測地繪圖』2부, 『汽機發軔』3부, 『汽機必以』3부, 『汽機新制』3부, 『電學』2부, 『冶金錄』3부, 『井礦工程』2부, 『金石識別』3부, 『開煤要法』3부, 『製火藥法』4부, 『航海簡法』3부, 『海塘輯要』3부.

48 이태진은 "이즈음(大韓帝國 선범 즈음－인용자) 집옥재를 중심으로 모은 서적들의 정리도 서둘러 도서목록을 만들고 集玉齋란 장서인을 찍었다. 국왕 고종이 앞장서 모은 신문물 관련 서적들을 포함한 각종 중국서적들은 光武改革의 밑거름으로 활용되고 있었던 것이다" (이태진, 「奎章閣 中國本圖書와 集玉齋圖書」, 『민족문화논총』16, 영남대 민족문화연구소, 1996, 185쪽)라고 평가했다. 장영숙은 "고종의 개화서적 수집은 그가 대외인식을 새로이 하는 가운데 武備의 중요성을 깨닫게 된 후 추진하기 시작한 개화정책과 궤를 같이"(장영숙, 「『集玉齋書目』분석을 통해 본 고종의 개화서적 수집 실상과 활용」, 『한국 근현대사 연구』, 한국근현대사학회, 2012, 10쪽)하며 "집옥재가 1881년에 세워진 것으로 보아 고종이 통리기무아문을 설립하고, 조사시찰단과 영선사 파견을 통해 부국강병을 도모하는 등 한창 개화정책을 확대해 나가는 과정 속에서 생겨난 것"(14쪽)이라며 고종의 개화서적 수집의 의의를 개화정책과의 관련 속에서 높이 평가했다.

의해 주도되었던 세계정세 속에서 조선의 지배계층이 반드시 알아야 하는 지식을 담고 있었다. 이전까지 국내에는 관련 분야의 지식이 거의 없던 상황에서 이들 서적은 지식을 얻을 수 있는 중요한 매체였다. 따라서 이들 분야의 서적이 국내에 유입되었다는 사실이 갖는 함의는 작지 않다. 따라서 국내에 유입된 강남제조국 출간 서적 중『병선포법兵船礮法』,『극로백포설克虜伯礮說』,『공수포법攻守礮法』,『극로백포표克虜伯礮表』,『극로백포준심법克虜伯礮準心法』,『극로백포탄조법克虜伯礮彈造法』,『극로백포탄부도克虜伯礮彈附圖』,『영성게요營城揭要』,『영루도설營壘圖說』등 병학兵學 관련 서적,『지학천석地學淺釋』등 지리 및 측량 관련 서적,『회지법원繪地法原』,『측지회도測地繪圖』등 도학圖學 관련 서적,『야금록冶金錄』,『정광공정井礦工程』,『보장흥언寶藏興焉』,『금석식별金石識別』,『개매요법開煤要法』등 광물학 관련 서적은 특히 주목을 요한다.

『극로백포설』,『공수포법』,『극로백포표』,『극로백포준심법』,『극로백포탄조법』,『극로백포탄부도』는 모두 독일인 번역자 카를 트라우곳 크레이어Carl Traugott Kreyer(1839~1914, 중문명 : 金楷理)[49]가 번역한 서적들로 극로백포와 관련한 저술이다. 극로백포는 '대포왕' 독일의 철강·무

---

[49] 카를 트라우곳 크레이어에 대해서는 연구가 전무하다가 2007년 일본 교토대(京都大) 교수 다카다 도키오(高田時雄)가 처음으로 그의 사적에 대해 자세히 연구했다. 高田時雄,「金楷理傳略」,『日本東方學』1, 日本京都大學人文科學硏究所 編『日本東方學』, 北京 : 中華書局, 2007. 도키오 교수가 발굴한 크레이어 관련 사료로는 이탈리아 제노바의 에도아르도 키오소네 동양 미술관(Museo d'Arte Orientale Edoardo Chiossone) 소장 크레이어 장서 및 번역 원고, 미국 침례회 역사협회 소장 크레이어 서신(1868~1870), 미국 로체스터 대 회보(Bulletin of the University of Rochester : General Catalogue 1850~1928),『駐德使檔案鈔』(吳相湘編, 中國史學叢書 36, 臺北, 1966), 대만 중앙연구원(中央硏究院) 근대사연구소(近代史硏究所) 소장 주독일 외교관 관련 문건이 있다. 한편, 크레이어와 관련한 연구로 劉新慧・王亞華,「金楷理與西學傳播」,『泉州師專學報』, 泉州師範學院, 1997 第3期가 있으나 이 연구에서는 크레이어의 사적은 3줄에 걸쳐 기본적인 것을 서술한 것이 전부이고, 그가 번역한 15종의 번역서를 소개하는 데 중점을 두었다.

기 제조 기업 크루프사Krupp社에서 제조한 대포로 프로이센군이 유럽 최강의 군대로 군림하는 데 기여했다. 서양 열강의 침략 속에서 조선의 지배계층은 무엇보다도 서양의 최신 무기에 대한 지식이 필요했을 것이다. 이들 서적의 국내 유입은 군사적으로 위기에 처해 있던 조선 지식인들의 선진 군사 지식에 대한 갈구를 잘 보여준다.

애초에 강남제조국에서 출간한 서적들 중에는 서양의 군사학을 소개한 서적들이 다수 포함되어 있었다. 옌쥔샤閆俊俠에 따르면 1871년부터 1895년까지 강남제조국 번역관에서 번역한 서양 군사학 저서는 모두 44종으로,[50] 당시 서양 군사학 도입에 강남제조국의 역할이 매우 컸다.[51] 국내에서도 군사 방면에 있어서 강남제조국의 출간 사업의 성과를 최대한 활용하고자 했던 것이다.

『영성게요』, 『영루도설』 등은 전쟁 시 성채를 쌓는 방법에 관해 서술한 책이다. 이 중 『영루도설』은 벨기에의 앙리 브리아몽Henri Alexis Brialmont(1821~1903)이 쓴 북양함대보루北洋艦隊堡壘 축조법에 관한 저작 *La fortification improvisée*(야전 축성, 1872)를 번역한 것으로, 실제로 청의 북양함대의 훈련 교재로 활용되었다.[52] 중립국이었던 벨기에의 요

50 閆俊俠, 「晚淸西方兵學譯著在中國的傳播(1860~1895)」, 復旦大學 박사논문, 2007, 99~101쪽. 당시 번역한 병학 서적은 軍制, 전함, 전차, 창포, 화약 등 군사 장비, 군사 관리 및 교육, 군사 건설, 군사 훈련, 군사 작전, 해역 방비, 군사 지리, 전쟁사 등의 영역을 모두 포함했다.

51 1860년부터 1895년까지 중국 전역에서 번역된 서양 군사학 저서는 97종으로, 강남제조국 출간 서적이 전체에서 큰 비중을 차지한다. 위의 글, 55~58쪽 참고.

52 1894년 10월 4일 光緖帝는 李鴻章에게 조령을 내려 『영루도설』을 각 군영에 배부하여 익히도록 했다. 조령은 다음과 같다. "장지동의 전주에 따르면 각국의 육지전은 오로지 전투지의 병영에 의존한다. 상해에 번역서로 『영루도설』 등의 책이 있고, 또한 『炮准心法』, 『炮法求新』, 『攻守炮法』, 『營城揭要』 등의 책을 모두 강남제조국에서 번역 간행하여 통용하고 있다. (…중략…) 이홍장으로 하여금 즉시 이러한 책을 신속히 각 군영에 교부하고 신속히 훈련하여 실제 전투에 활용하는 데 대비할 수 있도록 하라.(據張之洞電奏, 各國陸戰專恃地

새 건설 기술은 유럽에서 앞서 있었다. 아편전쟁을 계기로 서양 열강의 침략에 대비할 방안을 모색하던 청의 상황에서 유럽에서 영향력이 컸던 요새 건축에 관한 서적은 필독서였고, 이러한 실제적 필요에 따라 관련 서적이 번역되었던 것이다.

조선 역시 서양 열강의 침략에 대비해야 할 필요가 커졌다. 고종은 병인양요丙寅洋擾와 신미양요辛未洋擾, 운요호 사건 등 수차례 외세의 침략을 겪으면서 서양의 선진 요새 구축 기술을 배우고자 했고, 규장각에 소장된 『영루도설』, 『영성게요』는 고종의 그러한 열망을 잘 보여준다.[53]

『측지회도』는 중국 최초로 삼각측량과 사진 연판 인쇄Photozincography를 소개한 번역서다. 삼각측량을 통한 지도 제작 기술은 대영 제국의 식민지 측량 사업과 함께 발전했다. 대영제국은 식민지에 대한 효율적 통치와 자원 확보를 위해 정밀한 지도를 제작하는 데 공을 들였다. 측량 감독관이 대부분 장군이었다는 것, 인도와 호주 등 영국 식민지였던 국가의 지명에 측량 사업에 참여한 영국인의 이름이 들어 있는 것은 지리 측량이 곧 침략 및 침탈과 관계되어 있었음을 잘 보여 준다. 특히 대영제국 측량 사업의 대표적 성과인 인도 삼각측량 사업 과정에서 삼각측량의 실례가 축적되고, 경위의經緯儀와 측륜測輪 등 측량 기구들이 정교하게 발전했다. 유럽의 발전한 삼각측량법은 곧 일제에도 전해졌고, 조선 침략과 통치의 기반으로 활용된 일제의 측량 사업에서 그들이 사용한 측량

營. 上海譯有營壘圖說等書, 又有炮准心法, 炮法求新, 攻守炮法, 營城揭要諸書, 皆滬局譯刊通行. (…中略…) 著李鴻章卽將此等書籍迅卽發交各營, 趕緊練習, 以資應用.)"

53 규장각에는 이 밖에 군사 공학 관련서로 粵東 寶林閣에서 1883년 鉛印한 『城堡新義』(波寧(獨), 金楷理 口譯, 李鳳苞 筆述, 청구기호 : 奎中 2833, 印記 : 集玉齋, 帝室圖書之章)가 소장되어 있다.

법이 바로 독일에서 배워 온 삼각측량법이다.[54]

집옥재에 소장된 『지학천석』 등 측량 관련 서적, 『회지법원』, 『측지회도』 등 도학圖學 관련 서적은 일제의 침략이 진행되고 있던 당시 제국주의 열강의 최신 기술에 대해 조선의 지배층이 무지하지만은 않았음을 보여주는 증거다.

광물학 역시 삼각측량법과 마찬가지로 그 발전 과정은 제국주의적 침탈의 정세와 궤를 같이 한다. 근대전환기 서구 열강은 발달한 광물학 및 채굴 기술을 활용해 식민지의 탄광을 개발하고 광물 자원을 최대한 수탈하는 데 총력을 기울였고, 서양의 무역 상사 역시 동아시아의 광물 자원에 큰 관심을 가졌다. 이러한 배경에서 중국의 입장에서 서양의 발달한 광물학 지식을 습득하는 것은 국가의 부와 연관된 중대한 일이었다. 이에 강남제조국 번역관에서 활동하던 부란아는 영국의 철강 공장을 직접 답사하고 『광석도설礦石圖說』, 『보장흥언』, 『정광공정』, 『야금록』, 「광학론鑛學論」, 「철광론鐵鑛論」 등 수많은 광물학 관련 서적 및 기고문을 번역·집필할 만큼 탄광 개발과 철강 제조에 지대한 관심을 가졌다.

지하자원을 탐내는 서구 열강의 압박은 조선에도 미쳤다.[55] 이러한 상황에서 고종은 국토의 광물을 보호하고 연구할 수 있는 방법을 알

---

54 일본 해군은 1878년에 군함을 동원해 부산 연안을, 1879년에는 서해안 일대와 강화도를 측량했다. 또한, 일제는 1889년부터 陸地測量部의 주관으로 해안선과 토지를 측량했고, 1894년부터 臨時測圖部에서 조선지도 제작에 착수하여 같은 해 조선 연안의 항만, 항로, 부속 島嶼를 측량한 『朝鮮水路誌』를 간행했다. 일제는 1899년부터 1910년까지 본격적으로 조선 연안을 측량했고, 1911년에는 조선 전역을 담은 1 : 50000 축척의 지형도 〈朝鮮略圖〉를 간행했다.

55 조미수호통상조약이 체결된 지 1년 후인 1883년 조선에 온 영국의 자딘매디슨사(Jardine, Matheson & Co., 중문명 : 怡和洋行)는 조선의 금광 개발을 위해 각지를 탐사했고, 독일의 世昌洋行은 조선 정부로부터 개발권을 위탁받았다. 강진아, 『이주와 유통으로 본 근대 동아시아 경제사』, 아연출판부, 2018, 106쪽 참고.

고자 했을 것이다. 1895년 을미개혁을 통한 관제개편으로 농상공부農商工部 산하에 광산국鑛山局(광무국鑛務局의 전신)을 두고, 광산 조사 및 개발, 채굴권 허가 심사, 채굴 기술 개발, 지질 조사, 지형 측량, 지형도 제작 등의 업무를 관할하도록 한 것은 조선의 자원을 탐내는 외세로부터 위기를 느낀 결과다.[56] 이러한 상황에서 『야금록』, 『정광공정』, 『보장흥언』, 『금석식별』, 『개매요법』 등 광물학 관련 서적들이 집옥재에 소장되었다는 것은 광물과 채굴 기술에 대한 지식을 높이고자 했던 고종과 지배계층의 노력이 있었음을 보여준다.

4. 나가며

우리 사회의 근대 형성 과정에서 중국의 영향을 축소하여 보는 경향이 있다. 새로운 사상과 지식이 물밀 듯이 들어왔던 시기에 국내의 지식인들이 구습의 병폐로부터 벗어나고자 했던 것은 맞다. 그런데 그러한 노력을 조선 시대 내내 이어졌던 중국의 학문과 문화로부터의 영향을 끊어버리려는 노력과 동일시하는 것은 잘못이다. 근대전환기 일본 및 서구의 영향이 필연적이고 압도적이었던 것에 비해, 중국의 영향은 이전 시기에 비해 크게 감소되었거나 거의 단절되었다고 보는 것은 관련 연구 부족이 불러온 그릇된 인식이다. 근대전환기

---

56 1882년 이조참판 金昌熙가 조선의 개혁방안을 논한 「六八補」 중 「開礦井以裕財用」에서 광산 개발을 조선의 부강정책으로 제시하기도 했으나 조정의 치국 정책에 즉각 반영되지는 않았다.

내내 국내 지식인들은 중국 책들을 읽었다. 국내에 소장된 이 시기 서적들과 당시 지식인들이 남긴 글이 그러한 상황을 짐작할 수 있게 한다. 최근에는 한국 근대 소설 형성의 중요한 동인을 중국 소설에서 찾는 연구가 이루어졌다.[57] 그동안 한국의 근대 소설의 형성이 일본과 서양 소설로부터 영향을 받은 것이라는 인식이 일반적이었으나, 이는 잘못된 편견임이 밝혀진 것이다.

19세기 말 중국 서적을 통한 근대 지식 유입과 관련한 연구가 그간 활발하게 이루어지지 못한 원인을 연구자들의 심리에서 찾을 수도 있을 것이다. 결과적으로 중국 서적에 담긴 근대 학문이 국내에서 살아 있는 지식으로 활용되고 실현되지 못했다는 역사적 사실에서 비롯된 자조적 심리와 허탈감은 클 수밖에 없다. 중국 서적을 통해 다양한 분야의 근대 지식이 유입되었음에도 이를 현실에서 구현하고 활용할 수 있는 지적 기반과 물질적 토대가 구축되어 있지 않았고, 우세를 선점한 서구 열강과 일본의 무력 침략에 대항할 수 있는 정치적·군사적 실력을 기르기에는 그러한 지식의 유입 시점이 너무 늦

---

57 강현조(2016)는 "신소설 작품 중 적지 않은 수가 商務印書館에서 발행한 서양소설의 번역 선집인 『說部叢書』와, 『三言二拍』 및 『今古奇觀』으로 대표되는 明代白話短篇小說의 번역·번안물에 해당한다는 사실이 확인되고 있다. 이를 토대로 필자는 근대초기 한국 대중서사의 형성 및 발전 과정에 대해 再考할 필요가 있다는 생각을 갖게 되었다. 지금까지는 식민 지배를 당했던 한국의 역사적 경험으로 인해 흔히 '서양→일본→한국' 또는 '일본→한국'이라는 경로가 주로 고찰되어 왔고 또 重視되어 왔지만, '서양→중국→한국' 및 '중국→한국'이라고 하는 경로 또한 前者에 못지않은 간과할 수 없는 비중을 차지하고 있다고 볼 수 있기 때문이다"라고 하였다. 강현조, 「한국 근대초기 대중서사의 韓譯과 重譯, 그리고 鹹案의 역사」, 『한중인문학포럼 발표논문집』 11, 한중인문학포럼, 2016, 94~95쪽. 구체적인 사례 연구는 다음을 참조할 수 있다. 강현조, 「한국 근대초기 번역·번안소설의 중국·일본문학 수용 양상 연구-1908년 및 1912~1913년의 단행본 출판 작품을 중심으로」, 『현대문학의 연구』 46, 한국문학연구학회, 2012; 「한국 근대소설 형성 동인으로서의 번역·번안-근대초기 번역·번안소설의 전개 양상을 중심으로」, 『한국근대문학연구』 26, 한국근대문학회, 2012.

었다는 한계는 자명하다. 그러나 패인을 정확하게 분석하기 위해서라도 실패한 노력의 면면을 구체적으로 밝히는 작업 역시 중요하다.

　본 연구에서는 당시 국내에 유입된 중국 서적들 중 강남제조국 출간 서적에 주목함으로써 중국을 경유한 서구 지식 유입의 실제 면모를 부분적으로나마 추적해 보았다. 앞으로 국내에 서구 지식이 유입된 중요한 경로로서 중국 서적의 국내 유입에 대한 실증적이고 구체적인 고찰이 다각도로 이루어지기를 기대한다.

참고문헌

논문 및 단행본

강미정·김경남, 「근대 계몽기 한국에서의 중국 번역 서학서 수용 양상과 의의」, 『동악어문학』 71, 동악어문학회, 2017.

강재언, 「近代의 起點에서 본 韓國과 日本-比較思想史的 考察」, 『민족문화논총』 7, 영남대 민족 문화연구소, 1986.

강진아, 『이주와 유통으로 본 근대 동아시아 경제사』, 아연출판부, 2018.

강현조, 「한국 근대소설 형성 동인으로서의 번역·번안-근대초기 번역·번안소설의 전개 양상 을 중심으로」, 『한국근대문학연구』 26, 한국근대문학회, 2012.

_____, 「한국 근대초기 대중서사의 韓譯과 重譯, 그리고 飜案의 역사」, 『한중인문학포럼 발표논 문집』 11, 한중인문학포럼, 2016.

_____, 「한국 근대초기 번역·번안소설의 중국·일본문학 수용 양상 연구-1908년 및 1912~ 1913년의 단행본 출판 작품을 중심으로」, 『현대문학의 연구』 46, 한국문학연구학회, 2012.

노관범, 『기억의 역전-전환기 조선사상사의 새로운 이해』, 소명출판, 2016.

문정진 외, 『중국 근대의 풍경-화보와 사진으로 읽는 중국 근대의 기원』, 그린비, 2008.

민회수, 「규장각 소장본으로 본 개항기 서양 국제법 서적의 수입과 간행」, 『규장각』 47, 서울대 규장각 한국학연구원, 2015.

서울대 규장각한국학연구원 편, 『규장각, 세계의 지식을 품다-2015 서울대 규장각한국학연구원 특별전』, 서울대 규장각한국학연구원, 2015.

양일모, 「근대 중국의 서양 학문 수용과 번역」, 『시대와 철학』 15, 한국철학사상연구회, 2004.

윤영도, 「19세기 중엽 관립 번역기구와 근대 언어 공간의 형성」, 『중국어문학논집』 29, 2004.

윤지양, 『고종, 근대 지식을 읽다』, 산지니, 2020.

_____, 「淸末 上海에서 출판된 西洋畵法 교재 『論畵淺說』과 『畵形圖說』 연구」, 『중국어문논총』 89, 중국어문연구회, 2018.

이태진, 『고종시대의 재조명』, 태학사, 2000.

_____, 「奎章閣 中國本圖書와 集玉齋圖書」, 『민족문화논총』 16, 영남대 민족문화연구소, 1996.

장영숙, 『고종의 정치사상과 정치개혁론』, 선인, 2010.

_____, 「개화관련 서적의 수집실상과 영향」, 『고종의 정치사상과 정치개혁론』, 선인, 2010.

_____, 「『內下冊子目錄』을 통해 본 고종의 개화관련 서적 수집 실상과 영향」, 『한국민족운동사 연구』 58, 한국민족운동사학회, 2009.

_____, 「『集玉齋書目』 분석을 통해 본 고종의 개화서적 수집 실상과 활용」, 『한국 근현대사 연 구』, 한국근현대사학회, 2012.

장효현, 『한국고전소설사연구』, 고려대 출판부, 2002.

조셉 니덤(Joseph Needham), 콜린 로넌(Colin Ronan) 축약, 이면우 역, 『중국의 과학과 문명

　　　―수학, 하늘과 땅의 과학, 물리학」, 까치글방, 2000.

허재영, 「근대 계몽기 지식유통의 특징과 역술문헌에 대하여」, 『어문논집』 63, 중앙어문학회, 2015.

_____, 「근대 중국의 서양서 번역・보급과 한국 근대 학문에 미친 영향 연구」, 『한민족어문학』 76, 한민족어문학회, 2017.

劉新慧・王亞華, 「金楷理與西學傳播」, 『泉州師專學報』 3, 泉州師範學院, 1997.

閆書芳, 「江南制造局譯印圖書種數再考―對『江南制造局翻譯書目新考』的補證」, 『大學圖書情報學刊』 6, 西安交通大學, 2015.

戴吉禮 編, 『傅蘭雅檔案(The John Fryer Papers)』, 桂林 : 廣西師範大學出版社, 2010.

王揚宗, 「江南制造局翻譯書目新考」, 『中國科技史料』 2, 中國科學院自然科學史研究所, 1995.

_____, 「江南製造局飜譯館史略」, 『中國科技史雜志』 3, 中國科學技術史學會・中國科學院自然科學史研究所, 1988.

王紅霞, 「傅蘭雅的西書中譯事業」, 復旦大學 博士논문, 2006.

鄒振環, 『晩淸西方地理學在中國』, 上海 : 上海古籍出版社, 2000.

_____, 「傅蘭雅與江南製造局的譯書」, 『歷史教學』 10, 歷史教學社, 1986.

閆俊俠, 「晩淸西方兵學譯著在中國的傳播(1860~1895)」, 復旦大學 博士논문, 2007.

高田時雄, 「金楷理傳略」, 『日本東方學』 1, 日本京都大学人文科学研究所 編, 『日本東方學』, 北京 : 中華書局, 2007.

기타

傅蘭雅 편, 『格致彙編』 光緒六年(1880년) 卷5~卷8, 규장각 소장.

飜譯館 편, 『江南製造局譯書提要』, 宣統元年(1909년)刊 木版本, 上海 復旦大學 소장.

근대 일본제 신한자어 유입을 통한 동북아해역의 지식교류 연구

공미희

1. 들어가기

한국, 중국, 일본은 한자문화권에 속한 나라로서 오래전부터 한일 모두 중국의 한자문화를 많이 수용해왔다. 근대 이전에는 중국의 문화가 한국 및 일본에 전파되었으나, 근대 이후는 일본이 한국 및 중국에 앞서 서양문화 및 문명을 접하므로 인해 서양서적에 대한 번역작업이 활성화되었다. 그 당시 일본에 새롭게 유입된 문화 및 문물에 대한 번역 및 기록을 위한 어휘는 일본인이 고안한 일본제 신한자어 日本製新漢字語가 사용되었다. 일본인이 생각해낸 일본식 신한자어는 한자구조를 이용해 서양어를 번역, 일본인이 중국고전에 기록된 어휘로 서양어를 번역한 것, 일본인이 독자적으로 한자를 만든 것 등 3가지 방법으로 일본제신한자어를 만들어서 사용하고 있었다.

근대 이후 한국어에 유입된 일본어 어휘를 살펴보면 한자어가 많았으며 이것은 양뿐만이 아니라 조어법에 있어서도 한국어에 영향을 주었다. 개항기 일본에 파견된 지식인은 일본인과의 접촉으로 이문화 경험과 아울러 지식을 상호 이식하게 되고 또한, 이런 지식인 간의 교류는 그들의 사상과 사유방식에 영향을 미치면서 동북아해역 지식네트워크의 형성에 일익을 담당해왔다. 따라서 근대 한국어로 유입된 일본제신한자어에 대한 어휘조사는 한일 양국에서의 지식교류에 대한 양상 및 특징을 알 수 있을 것으로 판단된다.

본고에서는 근대 한국과 일본의 어휘접촉에 따른 지식교류가 어느 정도 있었는지에 대한 현황을 알아보기 위해 선행연구를 분석했다. 그 결과, 개항 이후 가장 먼저 일본에 정식으로 파견된 외교사절단의 대표인 김기수가 귀국 후 보고한 견문록인『일동기유日東記游』에 대한 선행연구가 미흡하고 부분적인 분석에 그쳤음을 알게 되었다. 이에 필자는『일동기유』4권 전체에 대해 구체적이고 체계적으로 일본제신한자어를 분석하고자 한다. 이것은 지식교류를 바탕으로 향후 양국 간에 어떤 문화 및 문물교류가 이루어졌으며 또한 이것이 근대화에 어떤 영향을 미쳤는지 그 파급효과에 대해서도 고찰의 대상이 될 수 있을 것이다.

연구방법으로는 한자어로 구성된『일동기유』총 4권에 대해서 먼저 일본한자어를 발췌한다. 그리고 발췌된 일본한자어를 바탕으로 일본제신한자어 여부를『일본국어대사전』[1] 및『메이지 언어사전明治のことば辞典』[2]을 근거로 해서 분석한다. 마지막으로 삼국사기, 삼국유사 등 각종 고전원문과 조선왕조실록 등이 데이터베이스화된 한국고전종합DB[3]를

---

1 北原保雄,『日本國語大辭典』第2版, 小學館, 2003.
2 惣郷正明・飛田良文,『明治のことば辞典』, 東京堂出版, 1986, 3~609쪽.
3 김기수의 경우 전통적으로 한학(漢學)에 충실했던 인물이며, 그가『日東記游』내에서 구사한 것은 기본적으로 한문이다. 따라서 일본 측 사전만을 판단 근거로 삼아서 신조어라고 단

근거로 발췌된 일본제신한자어가 전근대 조선, 혹은 그 이전 시기부터 사용되었는지 분석한다.

2. 선행연구 분석

제1차수신사 김기수의『일동기유』에 대한 일본제신한자어 분석에 들어가기 전에 개항 이후 한국과 일본이 어휘접촉에 따른 지식교류가 어느 정도 있었는지에 대한 현황을 알아보기 위해 선행연구를 분석하고자 한다.

어떤 언어가 다른 나라로 유입되는 경우 전달하는 매개체가 있으며 또한 유입경로의 문제에 대해서 생각해 볼 필요가 있다. 한자문화권의 어휘교류나 교류실태를 명확하게 하는 것은 중요하며 이것은 어휘의 역사적 연구에도 큰 영향을 끼친다.

먼저, 양 언어 간의 매개로서 외교사절단에 의한 보고서와 유학생들에 의해서 만들어진 서적 및 신문 등에 기록된 일본제신한자어의 유입현황에 대해서 살펴보고자 한다.

李漢燮(1985)은 유길준이 쓴『서유견문西遊見聞』을 조사해서 19세기 말 이후 일한의 어휘교류에 대해서 분석했다.『서유견문』에 쓰인 일본어는 290어로서 후쿠자와 유키치의 저서인『서양사정西洋事情』의

정해서는 곤란하므로 같은 용어가 전근대 조선, 혹은 그 이전 시기부터 사용된 경우도 확인할 필요성이 있으므로 교차 검토를 실시했음. 한국고전종합DB에는 고전번역서, 조선왕조실록, 일성록, 승정원일기, 고전원문, 한국문집총간, 해제, 경서성독, 서지정보, 각주정보, 편목색인, 시소러스, 이체자가 해당되었으며, 본고에서는 이하 한국고전종합DB로 표기함.

번역부분에서 나오는 예는 116어이고 유길준 자신의 저술부분에서 나온 예는 174어라고 설명했다. 이 중에는 '機關車', '電信機', '野戰砲' 등과 같은 구체적인 물건을 나타내는 어휘(69어)보다는 '藝術', '政體', '社會' 등의 추상적인 개념을 나타내는 어휘가 많아 한국어로의 번역 및 교체가 어려워서 이것을 유길준이 이미 이해하고 있던 일본어로 나타내었음을 설명했다.

李漢燮(1998)은 박영효가 쓴 『건백서建白書』를 대상으로 일본어와 한국어가 본격적인 접촉이나 교류를 시작한 19세기 말 양언어의 교류에 대해서 살펴보았다. 『건백서』에 유입된 일본어는 총 71개[4]의 일본한자어로서, 한자어의 유입처를 중국어에서 일본어로 바꾸었다는 점에서 박영효의 『건백서』는 근대 한국어의 어휘성립을 생각할 때 중요한 의미를 가진다고 기술했다.

李漢燮(2003)은 19세기 말 한일 양 언어 접촉의 주된 주체를 외교사절, 일본 망명자, 일본에의 유학생이라는 3개의 그룹으로 분류[5]해서 근대 일본 한자어는 이 사람들에 의해서 한국에 유입되었다고 제시했다. 그러나 『일동기유』에 수록된 근대 일본제신한자어는 '人力車', '蒸気船', '汽車' 예문 3개 제시에 불과했으며 또한, 신한자어 출자어에 대한 근거자료를 제시하고 있지 않았다.

李漢燮(2004a)은 19세기 말 한일의 어휘교류에 있어서, 신문발간을 위해 초빙된 이노우에 가쿠고로井上角五郎가 『한성순보』(1호~36호),

---

4 후쿠자와 저작의 인용 부분에 나오는 어는 24개, 후쿠자와 저작과 직접관계가 없는 부분에 나오는 말이 25개, 학문장르는 총 9개, 『文明論之槪略』에서 총 5개, 그 외 총 8개임.
5 ①외교사절 기록으로서 김기수의 『日東記游』, 이헌영의 『日槎集略』, 박영효의 『使和記略』 ②망명자의 기록 ③일본 유학 경험자의 기록.

『한성주보』(1~3)에서 근대 일본어한자어를 색출해 분류한 것에 대해서도 언급했다.

李漢燮(2006)은 대한제국『관보官報』에 '汽車', '工業', '工場', '社會', '人力車', '建築', '理學', '企業', '自主', '電話', '統計', '美術', '曜日' 등 문명개화와 관련된 근대일본어가 다수 출현했음을 보고했다. 이들 중 특히 '電話'와 '曜日' 이름은 중국식 용어로부터 일본식 용어로 바뀌어 가는 당시의 어휘 사정을 잘 반영했음을 기술했다.

宋 敏(1988)은 수신사들의 기록류에 나타난 신조문명어휘를 정리함으로써 일본에서 만들어진 이들 한자어가 국어에 수용되는 초기적 과정의 일단을 살피고 있다. 김기수가 주로 신문명을 나타내는 어휘 경험을 하였다면, 이헌영은 신문화를 나타내는 어휘경험을 했다고 할 수 있다. 그리고 김기수의『일동기유』에 수록된 일본제신한자어 '蒸氣船', '汽車', '新聞紙', '人力車', '寫眞', '電線'·'電信', '西洋式時間指稱法' 예문 7개에 대해서 히로타 에이타로(広田栄太郎, 1969)의 어휘 변천사에 대한 설명을 참조로 해서 제시했으며 또한, 신한자어 중에는 일본식 신조문명어휘도 있으나 전통적 어휘에 새로운 의미가 부가되어 만들어진 한자도 있다는 것을 설명 및 예로서 제시했다.[6] 그러나 신한자어 출자어에 대한 근거자료를 역시 제시하고 있지 않았으며 일부분의 분석에 지나지 않았다.

---

6 宋敏의『日東記游』1권~4권까지의 분석에는 원문에 없는 한자도 있었으며(琉璃窓), 신한자어라고 기술(地方官, 會社, 敎場, 機關, 機輪, 船長, 馬車, 艦長, 器械, 議事堂, 議官, 議長, 議事, 會議, 握手, 中將, 軍醫, 大佐, 地球, 自立, 外交, 斷髮, 自由, 巡警, 健康, 監督員, 火藥, 學問, 公使, 貨幣, 獨立)했지만, 한국고전종합DB(조선왕조실록, 승정원일기, 일성록, 고려사절요, 한국문집 등)로 검색한 결과 전근대 역사기록에 수록되어 있음을 확인했음.

張元哉(2003)는 메이지 이후 일본어와 한국어의 한자어 형성과정을 어휘교류와 관련시켰으며, 조사 자료로서 『대역신문対訳新聞』(조선일보의 한국어판과 일본어판)을 선택해 한일의 공통한어와 비공통한어의 변화를 파악해 공통한어가 늘어나는 모습을 고찰했다.

白南德(2013)은 동경에서 한국인 일본유학생이 간행한 잡지 『대한류학생회학보大韓留学生会学報』(1907)[7]를 자료로, 선행연구 및 사전류를 사용해 출처 및 용례조사를 실시한 결과, 일본 메이지 신한어의 343어가 다수 포함돼 있는 것으로 확인됐다.

白南德(2015)은 19세기 말 조선말기 정부에 의해 파견된 한국인 일본유학생에 의해 간행된 출판물 『친목회회보』(1896~1898) 『만국사보』에 나타난 일본한자어의 유입에 대하여 고찰했다. 조사대상어 1,320어 가운데 선행연구 조사를 통해 알게 된 1,118어를 제외한 202어를 『한어대사전』과 『일본국어대사전』과의 비교분석을 통해 한자어의 소재를 규명한 결과, 53어가 일본한자어의 가능성이 높은 것으로 판명되었다고 설명했다.

白南德(2016)은 최남선이 남긴 유학 작품에 출현하는 일본한자어의 규명을 위해 선정된 한자어는 총 1,074어이며, 선행연구를 바탕으로 비교분석한 결과, 361어가 중복해서 나타난 것을 확인했고 그의 작품 속에 나타나는 일본한자어를 대상으로 어떠한 특징이 있는지 구체적으로 분석했다.

두 번째는 전문분야별 번역서적에 있어서 일본한자어 유입 연구로

---

7 이 잡지의 본문기사를 호별로 보면 1호는 「文苑, 雜纂, 學海, 彙報, 會報」, 2호는 「演壇, 學海, 文苑, 彙報, 會報」, 3호는 「演壇, 學海, 史伝, 文苑, 雜纂, 彙報, 會錄」임.

서, 金敬鎬(2004)「韓国の近代医学書における医学用語について」를 들 수 있다.

金敬鎬(2004)는 일본어계 차용어의 특징을 5가지로 분류[8]했으며 서양의학 관계 서적 중 가장 먼저 일본에서 간행된『실용해부학実用解剖学』을 번역한『해부학권일解剖学巻一』(1906)에 나타난 의학용어를 채택하여 일본어와의 관련성과 그 영향을 명확히 했다.

그리고 어휘사語彙史에 관한 연구로서는, 일본에서 번역된 어휘가 한국에 유입된 경우로서 한국에서의 어휘사에 관한 연구는 아직 미진한 상태이다.

文慶喆(2002)은 신조어로는 '化学', '自由', '銀行', '社会', '哲学' 등이 있고, 재생언어로는 '経済', '大学', '文学', '形而上学' 등을 들 수 있다고 기술했다. '경제経済'는 중국에서 '경세제민経世済民'의 정치적 개념이었으나 'economy'의 번역어로 자리 잡았고, 중국으로 다시 돌아가 지금은 정치와 대립하는 개념으로 자리 잡았다. 그리고 幾何学(Geometry)처럼, 번역어 전부가 일본에서 만들어진 것이 아니라 근대 중국에서 만들어져 일본에 건너온 경우도 있다는 것을 강조했다.

김지연(2012)은 일본 한자어의 수용연구의 일환으로 '大統領'을 통하여 일본 한자어의 성립과 정착에 대하여 고찰했다. 한국에서의 '大統領'은 1881년『일사집략日使集略』에 나타나기 시작하여 실록, 교과서, 사전, 신문류, 관보 등에 걸쳐 출현되었다고 기술했다.

---

8 ① 文語가 아니라 口語와 俗語에 수많은 일본어계 차용어가 사용된다. ② 전문 용어(학술 용어), 특수 분야의 용어로는 일본어계 차용어가 매우 많다. ③ 和語系 한자어에는 한국 전통적인 한자조어법과 다른 한자표기어가 있다. ④ 混種語 중에는 일본어 요소가 많이 들어 있다. ⑤ 근대에 새롭게 차용된 역어가 많이 나타난다.

李漢燮(2013)은 근대 한국어 코퍼스를 이용하여 근대 동아시아의 어휘교류, 전파의 문제, 근대 한국어의 새로운 단어와 신개념의 성립 및 정착 과정에 대해서 살펴보았다. 民主는 중국에서 번역된 개념이며 共和는 일본에서 성립한 단어이지만, 한국은 서양의 개념을 중국과 일본 각각의 번역을 통해 거의 같은 시기에 받아들였다. 生產은 중국 유래의 개념이며 근대 이후 신 개념으로서의 일본어의 의미를 담고 있다고 서술했다.

세 번째는 일본제 한자어의 실태에 대해서 사전류에 있어서의 어휘연구를 들 수 있다.

李漢燮(1993)은 일본제 한자어의 실태에 대해서 『일본어교육기본어휘日本語教育基本語彙』(1978)에 포함되어 있는 일본제 한자어를 조사했다. 여기에는 786어의 일본제 한자어가 포함되어 있으며, 그중에 현대한국어와 어형語形이 일치하고 있는 언어는 '印刷', '引上', '運轉' 등 687어라고 설명했다. 일본제 한자어의 유입방법으로는 階段처럼, 일본의 한자어 형태와 의미를 그대로 받아들여 읽기만 한국어글자음으로 음독해서 받아들이는 방법을 취했다고 설명했다.

宋敏(1989)은 1890년대를 대상으로 신문명어휘의 성립과정을 개별어휘사적 방법과 종합어휘사적 방법으로 분류해서 분석했으며 그 결과, 이 시기에 이미 상당량의 신문명어휘가 국어에 수용되어 있음을 확인할 수 있었다. 개별어휘사적 방법으로, '大統領'이라는 일본식 번역어가 국어에 정착되는 과정을 살펴보았고, 종합어휘사적 방법으로는, 일본어 학습서인 이풍운李風雲・사카이 에키타로우境益太郎의 『단어연어일화조준單語連語日話朝隽』(1895)과 Gale, J.S.의 『한영사전韓英辭典』(1897)에 나타나는 신문명어휘를 조사했으며 그 결과, 이 시기에 이미 일본식 신문명어로서의 번역어, 신조어가 적지 않게 국어에 정착되었음을 알게 되었다고 기술했다.[9]

李 晶(2002)은 일본에서 들어온 한자어라고 해도 중국과 한국은 사정이 다르기 때문에 그 영향도 차이가 있다고 서술했으며, 중국어와 한국어 각각에 수용된 화제한어和製漢語의 양상과 함께 중국어와 일본어가 한국어에 미친 영향에 대해서 설명했다. 근거자료로서 4개의 사전『한어외래어사전漢語外来語辞典』『한조의동음근사어대조수책漢朝義同音近詞語対照手冊』『일본어교육기본어업日本語教育基本語業』『조선어한자어사전朝鮮語漢字語辞典』으로 중국어와 한국어의 어휘를 비교검토 했다.

마지막으로 일본어와 한국어의 어휘체계에 대한 연구이다.

張元哉(2000)는 근대 한일어휘교류의 사정에 초점을 맞추어 한국에 일본제 한어가 들어옴에 의해서 근대에 있어서 한일 이형異形·이의異義였던 말이 동형同形·동의어同義語로 변화한 양상에 대해서 고찰했다. '社会', '社長', '分析', '文明', '理学'[10] 등은 일본에서 중국고전의 의미로 사용된 말로 근대 이후 일본에서 새로운 의미를 부가한 단어이며 일본제한어를 받아들인 한국어에 있어서도 같다. 또한 한일 이형異形·이의異義였던 '曜日の名', '発明', '発行'·'出発'의 경우

---

9 학습서인『單語連語日話朝雋』과『韓英辭典』에 나타나는 일부 한자어휘의 의미를 조사한 결과, 학습서에 나타나는 어휘 수에는 한정이 있었으며, 실례도 당시에 이미 널리 통용되던 신문명어휘의 일부에 지나지 않았다. 그리고『韓英辭典』에서 신문명어휘들은 당시의 새로운 문물제도를 잘 대변하고 있으며 그 내용은 政治, 經濟, 社會, 教育, 學術, 制度, 天文, 地理, 新式文物 등에 해당되었다.

10 「理學」은『明治のことば辭典』(1986)에 의하면, 원래 宋學·朱子學을 가리키지만, 막말에서 영어 philosophy의 번역어가 되어 곧 physics의 번역어가 되었다. 오늘날은 「理學部」「理學博士」 등과 같이 복합어로 사용되어 자연과학의 의미임

가 동형·동의어로 된 경우에 대해서도 설명했다.[11]

金光林(2005)은 근현대의 중국어와 한국어에서의 일본어의 영향에 대해 보다 종합적으로 고찰하고, 특히 근대 일본에서 생성된 한자어의 기능에 대해 규명하고자 했다. 한국어가 문법의 구조, 어휘 조어법이 일본어와 많이 닮아 있기 때문에 중국인이 사용에 위화감을 느끼는 일본한자어도 조선인에게는 거의 위화감을 느끼지 않는 것에 있다고 서술하였다.

구마타니 아키야스熊谷明泰(2014)는 개화기 이후 조선어의 근대화 과정에서 일본어로부터의 언어간섭이 끼친 영향에 대해서 어휘간섭을 중심으로 고찰했다. 개화기인 1870년대부터 근대 일본어 어휘야말로 한국어 어휘체계를 근대화하는 데 결정적인 역할을 해 왔으며, 이 외에 널리 구문, 콜로케이션, 다양한 관용표현 등 광범위하게 미치는 측면에서도 일본어로부터의 축어역, 번역차용을 매개로 하여 진전되었다고 강조했다.

이상으로 개항 이후 일본어와 한국어와의 어휘접촉에 따른 지식교류 현황에 대해 분석한 결과, 일본에서 번역된 어휘가 한국에 유입되었기 때문에 어휘사에 관한 연구는 거의 찾아볼 수 없었다. 그리고 개항 이후 일본에 파견된 사절단에 의해서 보고된 보고서 및 유학생

---

11 한국의 '요일' 이름은 일본제 한어가 들어오기 이전에 중국제 한어인 「礼拜~」나 「主日」을 사용하다가 일본제 한어유입으로 일본제 한어로 바뀜. '출발'의 의미로서 한국에는 일본제 한자어 「出發」이 들어오기 전에 「發行」, 「發程」이 있었다. 일본에서는 에도말기에 「發程」 예를 볼 수 있고, 「發行」은 일본제 한자어인 issue, publish의 의미를 받아들인 사례가 『獨』의 5월 16일에 적혀져 있다.

에 의해서 만들어진 서적 및 신문 등에 기록된 일본제 신한자어 분석을, 그 당시 신문명어휘에 해당하는 일부분의 어휘만을 발췌해서 서술한 부분 또한 적지 않았다.

특히 김기수의 『일동기유』에 대한 분석으로, 宋敏과 李漢燮의 분석이 있었지만, 일본제 신한자어 분석에 중요한 기준이 되는 사전 등의 근거자료를 바탕으로 분석을 실시하지 않았으며 또한, 『일동기유』 전체에 대해 체계적으로 일본제 신한자어를 추출한 사례는 없었던 것으로 추정된다.

따라서 제3장에서는 개항 이후 가장 먼저 일본에 정식으로 파견된 외교사절단의 대표인 김기수가 귀국 후 보고한 견문록인 『일동기유』를 바탕으로 근대 일본제 신한자어에 대해서 분석하고자 한다.

3. 『일동기유』의 일본제 신한자어 분석

『일동기유』는 1876년 2월 강화도조약 이후 일본정부의 조선에 대한 사절파견요청으로, 1876년 양력 5월 22일~6월 28일까지 1차 수신사로 방문한 김기수가 일본의 고위관료들과 접촉해 정사 및 신문화와 신문물에 대해 상호 담화를 나누고 이문화에 관한 체험내용을 1877년 2월에 황해도 상산象山, 즉 곡산군수로 있을 때 작성한 견문록이다.

『일동기유』는 총 4권으로 구성되어 있으며 김기수가 도쿄에서 20일간 머무르면서 일본인의 문명개화를 세밀하게 기록하고 있다.[12]

『일동기유』제1권에는 일본에 도착하기까지의 과정이 사회事會 · 차견差遣 · 수솔隨率 · 행구行具 · 상략商略 · 별리別離 · 음청陰晴 · 헐숙歇宿 · 승선乘船 · 정박停泊 · 유관留館 · 행례行禮 등 12항목으로 정리되어 있다. 『일동기유』제2, 3권에서는 일본에서 여러 인물들과 교류하고 문물을 견문한 내용을 완상玩賞 · 결식結識 · 연음燕飮 · 문답問答 · 궁실宮室 · 성곽城郭 · 인물人物 · 속상俗尙 · 정법政法 · 규조規條 · 학술學術 · 기예技藝 · 물산物山 등 13항목으로 분류하여 상세히 정리해 놓고 있다. 『일동기유』4권은 귀국하여 별단을 올리기까지의 내용으로 문사文事 · 창수시唱酬詩 · 귀기歸期 · 환조還朝 등 4항목으로 되어 있다.

이 장에서는 한자어로 구성된 『일동기유』총 4권(페이지 91~202)에 대해서 먼저 일본한자어를 발췌하고 그것을 바탕으로 일본제 신한자어 여부를 『일본국어대사전』 및 『메이지 언어사전』을 근거로 분석한다. 그러나 일본 측 사전만을 판단 근거로 삼아 신한자어라고 단정해서는 곤란하므로 같은 용어가 전근대 조선, 혹은 그 이전 시기부터 사용되었는지 확인할 필요성이 있어서 한국고전종합DB를 이용하여 재차 교차 검토를 실시한다.

먼저, 『일동기유』제1권에 대한 분석으로, 원문내용은 91~113쪽에 수록되어 있으며 일본한자어를 발췌한 결과 아래와 같이 총 204개 어휘가 해당되었다.

---

12 김기수, 이재호 역, 민족문화추진회 편, 『日東記游』, 『국역 해행총재』 10, 민족문화문고, 343~519 · 91~202쪽.

『일동기유』 제1권 : 원문 91~113쪽, 일본한자어 204개

感想, 官人, 工學寮, 構造, 檢查, 牽制, 公然, 軍官, 婦女, 歸路, 金, 南門, 鹿角, 大水, 大洋, 大雨, 大風, 銅, 萬里, 目的, 物品, 父子, 白色, 百尺, 別離, 使命, 書記, 石炭, 船, 船上, 船底, 船窓, 修好, 信義, 雨晴, 雨具, 女, 倭人, 銀, 耳, 以來, 以上, 誘惑, 飴, 日本, 酒, 前期, 政府, 朝廷, 造幣局, 中國, 差遣, 冊子, 妻, 天下, 熊, 孝子, 歡喜, 行具, 行裝, 胸, 淚, 嗚咽, 平生, 陰晴, 行人, 始終, 小雨, 中庭, 馬車, 便利, 海軍省, 今年, 朝日, 撤去, 先生, 乘船, 一夜, 夜行, 小舟, 下船, 地方官, 指揮, 前進, 延遼館, 夜宿, 外務省, 博物院, 陸軍省, 工部省, 兵學寮, 太學, 開成學校, 女子師範學校, 告別, 上船, 以前, 一泊, 夜行, 由來, 壬辰, 一宿, 路程, 祭文, 翌月, 鐵路, 大船, 行船, 速度, 沈水, 臨水, 割物, 無風, 順風, 上層, 下層, 過半, 浸水, 必須, 石炭, 炭, 不足, 雨水, 輪船, 半月形, 往來, 汽笛, 大砲, 船頭, 艦長, 停泊, 水面, 棧橋, 密林, 市民, 密柑, 枇杷, 水面, 人物, 停泊, 地名, 翌日, 眼前, 器物, 船長, 洋人, 日本船, 護送官, 出入, 動作, 島主, 館, 窓, 花瓶, 貯水, 洗淨, 四輪, 琉璃, 左右, 上下, 車中, 前後, 人力車, 車兩, 外務卿, 日記, 寫眞機, 鏡面, 要請, 守門, 一切, 恣意, 火輪車, 馬軍, 特命, 道路, 喫煙, 有言, 洋服, 帽子, 制度, 衣服, 削髮, 衣裳, 頭髮, 斷髮, 首飾, 婦人, 上衣, 下袴, 紅黃, 綠色, 首飾, 元老院, 機關, 甲板, 燈明臺, 沈着, 煙筒, 機輪, 子午盤, 雙馬車, 鐵路關, 浮木標

다음은 발췌한 일본한자어 204개 어휘를 바탕으로 『일본국어대사전』 및 『메이지 언어사전』을 근거로 근대 이후 용례만 수록된 일본제 신한자어에 대한 여부를 분석한 결과 아래와 같이 62개가 해당되었다.

『일동기유』제1권 :『일본국어대사전』,『메이지 언어사전』분석 결과 일본제 신한자어 62개

工學寮, 人力車, 火輪車, 車兩, 四輪, 外務卿, 寫眞機, 檢查, 船底, 輪船, 煙筒, 修好, 誘惑, 前期, 造幣局, 差遣, 馬車, 海軍省, 外務省, 陸軍省, 工部省, 兵學寮, 博物院, 元老院, 撤去, 上船, 下船, 汽笛, 艦長, 停泊, 船長, 甲板, 前進, 燈明臺, 延遼館, 開成學校, 女子師範學校, 一泊, 翌月, 臨水, 無風, 下層, 浸水, 半月形, 護送官, 島主, 貯水, 鏡面, 要請, 馬軍, 特命, 喫煙, 洋服, 首飾, 沈着, 感想, 牽制, 鹿角, 子午盤, 雙馬車, 鐵路關, 浮木標

　　그러나 앞에서도 언급했듯이, 일본 측 사전만을 판단 근거로 삼아 신한자어라고 단정해서는 곤란하므로 같은 용어가 전근대 조선, 혹은 그 이전 시기부터 사용되었는지에 대한 여부도 확인할 필요성이 있으므로 교차 검토를 실시했다. 즉, 한국고전종합DB에서 위의 62개 신한자어를 검색한 결과, 다음과 같이 26개의 신한자어가 근대 이후에 수록된 것을 확인했다.

『일동기유』제1권 : 한국고전종합DB 검색 결과 근대 이후 수록된 일본제 신한자어 26개

工學寮, 人力車, 火輪車, 外務卿, 寫眞機, 造幣局, 海軍省, 外務省, 陸軍省, 工部省, 鐵路, 兵學寮, 博物院, 元老院, 汽笛, 甲板, 燈明臺, 延遼館, 開成學校, 女子師範學校, 喫煙, 洋服, 子午盤, 雙馬車, 鐵路關, 浮木標

　　이처럼, 일본어사전에 수록된 신한자어라 할지라도 전근대 조선

및 그 이전 시기부터 사용된 한자어는 한중일 3국이 같이 사용한 한자어로서, 중국고전의 어휘에 새로운 의미가 부가되어 일본어사전에 신한자어로서 수록되어 있을 가능성도 있을 것이다.

다음은 『일동기유』 제2권～4권까지의 분석결과로, 분석방법은 제1권과 같은 방법으로 실시했다.

『일동기유』 제2권 : 원문 115～146쪽, 일본한자어 229개

兩國, 山川, 風景, 出沒, 黃色, 女子, 異常, 男女, 舟, 草木, 路面, 一時, 停車, 以下, 諸官, 皇上, 朝鮮, 古物, 瓦, 樽, 石, 眞珠, 珊瑚, 天之, 所生, 所産, 動植, 死人, 骸骨, 陸軍卿, 騎兵, 一番, 海岸, 一面, 手旗, 右指, 不動, 電線, 製造, 兵器, 農器, 各樣, 器械, 古今, 書籍, 壁掛, 議事, 議事堂, 二品, 親王, 坐處, 議長, 椅子, 平民, 太政大臣, 美人, 長身, 一流人, 外務, 面白, 軍醫, 海軍, 護送官, 秀才, 始終, 停泊, 法卿, 儒生, 文字, 大審院, 判事, 海軍大佐, 祕書官, 工部, 攝理, 書記官, 文部, 料理, 外國, 足跡, 幕府, 兩氏, 皆, 家, 酒食, 議官, 工部卿, 陸軍, 遠遼館, 西洋樂, 菓子, 餅, 製作, 西洋, 打毬, 天皇, 父母, 原本, 通信, 一卷, 當時, 皇帝, 島, 命酒, 一回, 紅白, 入口, 飯, 魚肉, 酒類, 葡萄酒, 琉球酒, 日本酒, 梨, 入口, 訪問, 椅子, 大海, 拜見, 休養, 幾日, 可能, 幾月, 遊覽, 大可, 心理, 接見, 特有, 十里, 拜見, 明日, 國法, 貴國, 午後, 入京, 接見, 感激, 殿上, 言語, 國法, 通信, 近年, 各部, 各省, 各國, 所見, 所聞, 衣服, 上衣, 下裳, 人心, 器具, 始祖, 衣服, 五百年, 利器, 一新, 感謝, 今日, 急務, 終日, 無才, 大臣, 大名, 一任放縱, 露國, 兵器, 無知, 感謝, 警戒, 婦女, 苦心, 發行, 日時, 電信, 石炭, 計算, 昨日, 多少, 石炭, 行李, 文部省, 元老院, 議長, 親王, 閣下, 大小, 貴國, 學則, 我國, 朱子, 父子, 兄弟, 夫婦, 親切, 上官, 大臣, 諸臣, 明記, 婦女, 光景, 婦

女, 一日, 離散, 二日, 元來, 親戚, 外國人, 海上, 異船, 禁止, 天皇, 自立, 相關, 終始, 講修, 辭命, 客室, 火輪, 電信, 電線, 機構, 法制長官, 開拓長官, 司法卿, 法制官, 判事, 文學寮, 外交

『일동기유』 제2권 : 『일본국어대사전』, 『메이지 언어사전』 분석 결과 일본제 신한자어 60개

陸軍, 異常, 鐵路, 路面, 停車, 陸軍卿, 海軍省, 火輪船, 蒸氣船, 異船, 客室, 海岸, 電線, 電信, 器械, 書籍, 議事堂, 議長, 外務, 軍醫, 海軍, 文字, 大審院, 海軍大佐, 祕書官, 文部, 足跡, 議官, 工部卿, 火輪, 電信機, 電信線, 機械, 機構, 文部省, 學則, 外國人, 西洋樂, 標旗, 手旗, 壁掛, 原本, 酒類, 日本酒, 休養, 可能, 特有, 各部, 各省, 所聞, 親王, 相關, 講修, 辭命, 法制長官, 開拓長官, 司法卿, 法制官, 書記官, 文學寮

『일동기유』 제2권 : 한국고전종합DB 검색 결과 근대 이후 수록된 일본제 신한자어 17개

陸軍卿, 蒸氣船, 電線, 電信, 大審院, 海軍大佐, 祕書官, 文部省, 電信機, 電信線, 西洋樂, 法制長官, 開拓長官, 司法卿, 法制官, 書記官, 文學寮

『일동기유』 제3권 : 원문 147~172쪽, 일본한자어 368개

宮室, 家屋, 公私, 貴賤, 大同, 小異, 木片, 山水, 魚鳥, 洋瓦, 一頭, 村野, 屋中, 不用, 瓦屋, 白黑, 中空, 流入, 植木, 木下, 城郭, 城下, 外城, 無門, 中間, 不破, 不壞, 橋梁, 橫長, 木橋, 懸橋, 皇宮, 上空, 小石, 排水, 掃除, 天然, 造成, 燈火, 習慣, 千人, 氏族, 文章, 千里, 婚姻, 娼妓, 少年, 妓女, 公卿, 大夫, 經驗, 無

數, 呑氣, 風俗, 熊野, 日光, 工篆, 儒者, 儒家, 神堂, 神佛, 國文, 漢字, 農書, 兵書, 種樹, 茶飯, 何人, 學校, 所謂, 英語, 國語, 師範, 大道, 神, 公家, 成婚, 王公, 宰相, 人車, 一人, 步行, 時間, 觀念, 相違, 宴會, 明示, 條約, 節食, 節用, 富國, 本國, 新聞紙, 四方, 潔癖, 飮食, 忌避, 凡事, 祕密, 性愛, 常事, 事物, 牛馬, 凡人, 牛肉, 不變, 左邊, 山上, 首座, 弘法, 僧徒, 公子, 閨秀, 大書, 特書, 大字, 大家, 徒步, 事業, 磁器, 筋力, 政法, 政治, 制度, 關白, 建國, 攝政, 政令, 先祖, 春秋, 斷, 西人, 以後, 聖人, 古語, 政務, 人生, 世襲, 封建, 姓, 族, 本姓, 官制, 洋制, 公服, 私服, 一方, 一字, 提燈, 職務, 規則, 時刻, 舟車, 兵農, 火災, 操作, 火, 敎育院, 幼兒, 貧人, 成就, 産業, 立法, 有罪, 死罪, 罪, 國家, 利益, 君臣, 人民, 車, 稅, 無人, 公事, 私行, 萬國公法, 金錢, 紙幣, 三家, 三軍, 下官, 階級, 嚴重, 供給, 大輔, 留置, 汽艦, 使節, 艦中, 人國, 主人, 便者, 書信, 陳書, 本館, 官員, 數名, 到達, 港, 信使, 敬具, 公館, 代理, 書記生, 條例, 第一, 一路, 航行, 事務, 本省, 接待, 旅館, 所在, 炊事, 自我, 費用, 軍醫, 兵庫, 碇泊, 上陸, 旅舍, 準備, 汽車, 等級, 指示, 注意, 吸煙, 嚴禁, 號令, 乘客, 所帶, 行李, 監督, 收藏, 爆發, 腐敗, 性質, 特殊, 朝夕, 小籠, 會食, 飮酒, 違反, 罰目, 小路, 乘車, 夜中, 無提燈, 乘馬, 車馬, 妨害, 牛馬, 沐浴, 汚水, 大小便, 生業, 宿人, 爭論, 自由, 驚愕, 汚穢, 通行, 田園, 放尿, 便所, 通行者, 人家, 顔面, 嘲弄, 三尺, 馬, 路傍, 花木, 植物, 失火, 日夜, 巡警, 各自, 火氣, 接遇, 誘導, 施療, 貴客, 一時, 感冒, 溫熱, 不潔, 健康, 入室, 唐突, 任意, 夜間, 市街, 本意, 木牌, 失路, 懇切, 巡視, 黑色, 服, 共同便所, 白粉, 言行, 四書, 四庫全書, 禁令, 講習, 學問, 典型, 印刷, 書法, 一國, 近日, 一種, 名筆, 拙劣, 畵家, 細密, 精緻, 金碧, 花鳥, 古木, 手法, 精工, 水墨, 快適, 所長, 無法, 不精, 黃金, 白銀, 劍, 米, 布, 紙, 墨, 筆, 雪花, 水田, 農夫, 蝦夷, 錦, 舊主, 濃厚, 木材, 絶壁, 白銅, 精巧, 鏡, 眼鏡, 綿布, 茶,

北海, 明太, 活潑, 竹, 千金, 黃鳥, 蠟燭, 油, 功利, 外國語學校, 萬國公法, 專權大臣, 火藥, 石炭油, 專權公使

『일동기유』 제3권 : 『일본국어대사전』, 『메이지 언어사전』 분석 결과 일본제 신한자어 62개

印刷, 新聞紙, 汽車, 敎育院, 人車, 外國語學校, 立法, 利益, 警察官, 紙幣, 供給, 汽艦, 艦中, 航行, 乘客, 功利, 橫長, 木橋, 排水, 造成, 成婚, 外城, 時間, 明示, 中空, 潔癖, 性愛, 特書, 洋制, 私服, 提燈, 操作, 流入, 無人, 私行, 陳書, 公館, 代理, 書記生, 事務, 本省, 炊事, 吸煙, 監督, 爆發, 特殊, 無提燈, 便所, 通行者, 施療, 溫熱, 健康, 共同便所, 典型, 木片, 快適, 濃厚, 眼鏡, 萬國公法, 專權大臣, 石炭油, 專權公使

『일동기유』 제3권 : 한국고전종합DB 검색 결과 근대 이후 수록된 일본제 신한자어 13개

新聞紙, 汽車, 敎育院, 外國語學校, 汽艦, 乘客, 書記生, 無提燈, 萬國公法, 專權大臣, 警察官, 石炭油, 專權公使

『일동기유』 제4권 : 원문 173~202쪽, 일본한자어 148개

往復, 閣下, 貴國, 大臣, 航海, 快活, 特派, 不備, 虎皮, 豹皮, 白木綿, 色筆, 星霜, 派遣, 斡旋, 帝陛下, 福祉, 陶器, 乖離, 本年, 交際, 幸福, 開發, 煙管, 目錄, 漆器, 紅白, 麻布, 滿足, 特別, 漂流, 數日, 救助, 領事官, 送達, 照會, 別紙, 航海者, 危難, 愛護, 救護, 感激, 救出, 海洋, 公使館, 公使, 漂泊, 保護, 死者, 赤子, 欲望, 漢文, 理事官, 揭載, 約束, 決定, 禮曹判書, 書簡, 造幣, 貨幣, 鑄造, 媒妁,

目的, 獨立, 比較, 通知, 出張, 貴下, 積載, 需用, 造幣寮, 交際者, 有無, 長短, 應
用, 行路, 風土, 議論, 親切, 風雨, 百度, 和詩, 同一視, 後人, 天地, 唱和, 平安,
風采, 國勢, 草野, 天意, 觀光, 日月, 見學, 女史, 寄贈, 急務, 國事, 家事, 古人,
衣冠, 名士, 憂國, 書生, 君子, 序文, 著作, 等身, 年代, 海山, 海水, 偉力, 散步,
利用, 厚生, 料理, 茫然, 書狀, 施設, 目擊, 水陸, 土山, 雲間, 木造, 自然, 外堂,
前面, 石垣, 勇斷, 學書, 習字, 天文, 地理, 軍器, 機器, 都市, 發展, 兵力, 車上,
物價, 造化, 觀美, 風裁, 大勢, 彼方, 忠信, 道德, 無事

『일동기유』제4권 : 『일본국어대사전』, 『메이지 언어사전』 분석 결과 일본
제 신한자어 25개

機器, 領事官, 送達, 照會, 施設, 特派, 派遣, 造幣, 造幣寮, 乖離, 特別, 救助,
欲望, 理事官, 揭載, 交際者, 同一視, 寄贈, 偉力, 學書, 習字, 都市, 發展, 觀美,
厚待

『일동기유』제4권 : 한국고전종합DB 검색 결과 근대 이후 수록된 일본제
신한자어 4개

特派, 造幣, 造幣寮, 領事官

〈표 1〉『日東記游』의 일본제 신한자어 분석

종류	쪽수	일본 한자어	『일본국어대사전』, 『메이지 언어사전』 분석결과	한국고전종합 DB 검색결과
1권	91~113	204개	62개	26개
2권	115~146	229개	60개	17개
3권	147~172	368개	62개	13개
4권	173~202	148개	25개	4개

이상과 같이,『일동기유』제1권~4권까지의 일본제 신한자어에 대한 분석을 표로서 정리하면 〈표 1〉과 같다.

　다음은『일동기유』제1권~4권까지의 일본제 신한자어에 대한 분석을 기능별로 분류하여 나타낸 것이며 아래와 같이 요약할 수 있다.

기능별 분류

군사관계	海軍省, 陸軍省, 兵學寮, 陸軍卿, 海軍大佐
교통관계	汽笛, 人力車, 火輪車, 甲板, 鐵路, 蒸氣船, 乘客, 雙馬車, 汽車, 汽艦, 石炭油
통신관계	電線, 電信機, 電信線, 電信, 新聞紙
기계	子午盤
경제관계	造幣, 造幣寮
교육관계	工學寮, 開成學校, 女子師範學校, 敎育院, 外國語學校, 文學寮, 書記生
행정기관	外務省, 外務卿, 文部省, 警察官, 領事官, 工部省, 專權大臣
법률	元老院, 大審院, 法制長官, 開拓長官, 司法卿, 法制官, 書記官, 萬國公法
제도	祕書官, 特派, 延遼館, 喫煙
관공서	博物院, 造幣局
품물	寫眞機, 燈明臺, 無提燈, 西洋樂, 洋服

　이상으로, 한자어로 구성된『일동기유』총 4권(91~202쪽)을 분석

한 결과, 일본제 신한자어는 주로 군사, 교통, 통신, 기계, 선박, 기차, 전신, 조폐 등의 경제관련, 학교, 법률과 제도, 경찰관, 인쇄, 사회생활 관련, 관공서 및 신문물 등과 같은 근대화와 관련된 일본제 신한자어가 기록되어 있음을 확인하였다.

『일동기유』 제2권 문답問答편에서도 설명하고 있듯이, 일본대신 등의 지식인들은 조선이 하루라도 빨리 근대화해서 일본과 힘을 합쳐 청나라와 러시아의 남하정책에 견제하기를 원했기 때문에 사절단에게 주로 근대화된 문물을 견학하도록 일정에 넣었다고 볼 수 있다. 이런 인적 및 지식교류의 과정에서 작성된 보고서 『일동기유』는 자연스럽게 신문화 및 신문물에 대한 어휘가 수록되어 있었을 것이다. 그리고 이런 어휘들을 일본어사전을 바탕으로 분석한 결과, 신한자어라 할지라도 전근대 조선 및 그 이전 시기부터 사용된 한자어는 한중일 3국이 같이 사용한 한자어로서 중국고전의 어휘에 새로운 의미가 부가되어 일본어사전에 신한자어로서 수록되어 있을 가능성도 있었을 것이다. 이처럼, 일본제 신한자어는 서론에서 기술했듯이 크게는 3가지로 분류할 수 있으나 정확하게 구분 짓기는 어렵다는 것을 선행연구자들도 언급했으며 필자 또한 그렇게 생각한다.

4. 결론

본고는 근대 한국과 일본의 어휘접촉에 따른 지식교류 현황에 대한 선행연구의 분석 위에, 개항 이후 가장 먼저 일본에 정식으로 파견된 외교사절단이 귀국 후 보고한 견문록인 김기수의 『日東記游』를 바탕으로 근대 일본제 신한자어에 대해서 분석한 것이다.

분석방법으로서는 한자어로 구성된 『일동기유』 총 4권에 대해서 먼저 일본한자어를 발췌했다. 그리고 발췌된 한자를 바탕으로 『일본국어대사전』 및 『메이지 언어사전』을 근거로 근대 이후 수록된 용례를 대상으로 일본제 신한자어에 대한 여부를 조사 및 분석했다. 그 결과 1권(62개), 2권(60개), 3권(62개), 4권(25개)이 수록되었음을 확인했다. 그러나 일본 측 사전만을 판단 근거로 삼아 신한자어라고 단정 짓는 것은 문제가 있음으로, 같은 용어가 전근대 조선, 혹은 그 이전 시기부터 사용된 경우도 확인할 필요성이 있어 한국고전종합DB를 이용하여 재차 교차 검토를 실시했다. 그 결과, 1권(26개), 2권(17개), 3권(13개), 4권(4개)이 수록되어 있었다. 이처럼, 전근대 조선 및 그 이전 시기부터 사용된 한자어는 한중일 3국이 같이 사용한 한자어로서 중국고전의 어휘에 새로운 의미가 부가되어 일본어사전에 신한자어로서 수록되어 있을 가능성도 있을 것으로 사료되며 향후 어휘사적인 측면에서 구체적인 분석이 더 필요하다.

그리고 『일동기유』에 수록된 일본제 신한자어를 기능적으로 분류해본 결과, 주로 군사, 교통, 통신, 기계, 선박, 기차, 전신, 조폐 등의 경제 관련, 학교, 법률과 제도, 경찰관, 인쇄, 사회생활 관련, 관공서 및 신문물 등과 같은 근대화와 관련된 일본제 신한자어가 기록되어 있음을 확인하였다. 이런 어휘적인 접촉을 통한 지식교류에 의해 김기수는 견문과정에서 일본인으로부터 문화 및 근대문명을 체험하였을 것이라고 사료되며 또한, 이것은 조선의 근대화에 영향을 미쳤을 것이다. 근대화에 어떤 영향을 미쳤는지 그 파급효과에 대해서는 향후 과제로 남기고자 한다.

참고문헌

김기수, 이재호 역, 『日東記游』, 『국역 해행총재』 10, 민족문화추진회, 민족문화문고, 1989.

金光林, 「近現代の中国語、韓国・朝鮮語における日本語の影響－日本の漢字語の移入を中心に」, 『新潟産業大学人文学部紀要』 17, 新潟産業大学, 2005.

金敬鎬, 「韓国の近代医学書における医学用語について」, 『第4回 漢字文化圏近代語研究会』, 日本 大阪関西大学, 2004.

김지연, 「일본 한자어의 수용과정으로 고찰한 大統領의 성립」, 『언어정보』 15, 언어정보연구소, 2012.

文慶喆, 「日本語・韓国語・中国語の漢語語彙について」, 『総合政策論集』 2-1, 東北文化学園大 学, 2002.

白南德, 「『親睦會會報』에 출현하는 일본한자어 연구－「萬國事報」를 대상으로」, 『日本語文學』 65, 한국일본어문학회, 2015.

_____, 「『大韓留学生会学報』に出現する日本漢字語の研究－明治新漢語を中心に」, 『日本語文學』 59, 한국일본어문학회, 2013.

_____, 「최남선의 유학 작품에 출현하는 일본한자어의 제상」, 『日本文化學報』 71, 한국일본어문학회, 2016.

宋 敏, 「日本修信使의 新文明語彙 接觸」, 『語文學論叢』, 國民大7, 1988.

_____, 「開化期 新文明語彙의 成立過程」, 『語文學論叢』, 國民大8, 1989.

李漢燮, 「西遊見聞の漢字語について－日本から入った語を中心に」, 『國語學』 141, 国語学会, 1985.

_____, 「現代韓國語における日本製漢語」, 『日本語學』 12-8, 明治書院, 1993.

_____, 「朴泳孝の建白書に現れる日本漢語について」, 『國語語彙史の研究』 17, 國語語彙史研究會, 1998.

_____, 「近代における日韓両語の接触と受容について」, 『国語学』 54-3, 日本語学会, 2003.

_____, 「近代以降の日韓語彙交流 : 日本人が直接傳えた日本の漢語」, 『日本研究』 3, 高大日本研究會, 2004a.

_____, 「19世紀末以後の日韓両語の接触と交流について；李헌永の『日槎集略』に出ている語を 中心に」, 『アジアにおける異文化交流』, 明治書院, 2004b.

_____, 「근대 국어 어휘와 중국어 일본어 어휘와의 관련성; 19세기말 자료를 중심으로」, 『日本近代學研究』 13, 韓國日本近代學會, 2006.

_____, 「近代韓国語コーパスに現れた新概念の様相と定着過程」, 『東アジアにおける知的交流－ キイ・コンセプトの再検討』 44, 国際日本文化研究センター, 2013.

張元哉, 「19世紀末の韓国語における日本製漢語―日韓同形漢詩の視点から―」, 『日本語科学』 8, 国立国語研究所, 2000.

_____, 「現代日韓両国語における漢語の形成と語彙交流」, 『国語学』 54(3), 国語学会, 2003.

北原保雄,『日本国語大辞典』第2版, 小学館, 2003.

熊谷明泰,「朝鮮語の近代化と日本語語彙」,『関西大学人権問題研究室紀要』67, 関西大学学術リ
　　　ポジトリ, 2014.

惣郷正明・飛田良文,『明治のことば辞典』, 東京堂出版, 1986.

李晶,「日本語と中国語の韓国語に与える影響―二字「漢語」を中心に」,『留学生教育』7, 留学生教
　　　育学会, 2002.

규슈 지역 재일한인 커뮤니티의 형성과 전개
후쿠오카를 중심으로

최민경 · 양민호

1. 들어가며

2018년 6월 말 현재 일본 규슈九州 지역에 거주하는 재일한인在日韓
人은 약 15,000명으로, 이 중 약 78%인 12,029명이 후쿠오카福岡에
거주한다. 일본 최대 도시인 도쿄東京(43,470명)나 재일한인 최대集住
지역을 포함하는 오사카大阪(84,366명)와 비교하면 후쿠오카에 거주하
는 재일한인의 수는 결코 많다고 할 수 없다.[1] 그러나 후쿠오카는 재
일한인을 탄생시킨 국제적인 인구 이동, 즉, 1900년대 초반부터 시
작된 한반도로부터 일본으로의 인구 이동에 있어서 매우 중요한 지
역이다. 후쿠오카는 한반도와 일본을 이은 다양한 항로의 출발·도
착지이자 경유지였던 시모노세키下関항과 인접하는데 그중에서도 물
자가 아닌 사람의 이동에서는 부관연락선釜関連絡船의 역할이 컸다. 부
관연락선은 1905년부터 1945년까지 부산과 시모노세키를 이어 운

---

1   일본 법무성(法務省)의 통계 홈페이지.(인용 2019.8.6)

항하였는데, 강제동원에 의한 이동이 일어나기 전이자 한반도로부터 일본으로의 '자발적인' 이주가 가장 활발하게 이루어졌던 시기인 1910년부터 1935년까지 부산에서 시모노세키로 건너간 승객의 총수는 6,320,987명에 이른다.[2] 이 중에는 일본인과 반복적인 이용자도 포함되어 있지만, 부관연락선을 통한 인구 이동의 규모가 작지 않았음을 짐작할 수는 있을 것이다.

그리고 이렇게 시모노세키항을 통해 일본으로 건너온 한인들은 일자리를 찾아 대도시로 향하였는데 그중 한 곳이 후쿠오카였다. 물론 게이힌京浜과 한신阪神과 같은 대규모 공업지대[3]가 있는 도쿄, 오사카로의 유입에 비하면 적은 수지만 일제강점기 내내 한인이 많이 거주하는 상위 5개 지역 중 하나였다. 후쿠오카의 경우, 도쿄, 오사카와 비교했을 때 시모노세키항과 인접한다는 강점을 가진 도시였다. 즉, 더 이상의 이동 경비를 들이지 않고 일자리를 구할 수 있는 지역이 바로 후쿠오카였던 것이다. 일반적으로 이주 단계가 진행되어 친인척이나 지인 네트워크가 만들어지면 처음 도착한 지역보다 좋은 기회를 찾아 이동할 가능성이 크다. 그러나 그 이전 단계, 특히 이주가 발생하고 얼마 지나지 않은 시점에서는 이러한 '사회적 자본Social Capital'[4]이 취약하기 때문에 처음 도착한 지역에 그대로 체류하며 일

---

2 朝鮮總督府, 『朝鮮總督府統計年報』朝鮮總督府, 各年度版.

3 일본의 4대 공업지대에 포함된다. 게이힌은 도쿄와 요코하마(橫浜)를 중심으로 하는 지역이며, 한신은 오사카와 고베(神戶)를 중심으로 하는 지역이다.

4 사회자본이라고도 한다. 기존의 물적자본, 인적자본과 달리 개인이 소유하거나 내재되어 있는 것이 아니라 사회적 관계를 통해 이용 가능한 자본을 말한다. 1990년대 이후 관련 논의가 활발하게 진행 중이며 다음과 같은 대표적인 연구가 있다. Coleman, James S., *Foundations of Social Theory*, Cambridge, MA : Harvard University Press, 1990; Putnam, Robert D., *Bowling Alone*, New York : Simon&Schuster, 2000.

자리를 구하는 경향이 강하다. 이러한 경향은 특히 한인의 일본 이주 초기 단계에서도 나타나며, 결과적으로 1920년대 후쿠오카에는 오사카나 도쿄보다 많은 수의 한인이 거주하였다. 1920년에는 오사카를 제치고 가장 많은 한인이 거주하는 지역이었으며, 1925년이 되면 오사카보다는 적지만 도쿄보다는 많은 한인이 거주하는 상태였다.

그렇다면 후쿠오카에서 재일한인의 커뮤니티는 구체적으로 어떻게 형성, 전개되었을까? 본 연구에서는 20세기 초반부터 해방 이후에 걸쳐 일어난 후쿠오카로의 재일한인 유입, 체류 과정의 특징을 검토함으로써 위의 질문에 답하고자 한다. 우선 제2장에서는 기존에 국내에서 재일한인의 지역 커뮤니티에 주목하여 이루어진 연구를 비판적으로 검토하고 본 연구의 필요성을 논하도록 한다. 다음으로 제3장과 제4장에서는 각각 전전과 전후로 나누어 후쿠오카의 재일한인 커뮤니티의 형성 및 전개 양상을 분석한다. 마지막으로 제5장에서는 본 연구를 정리하고 의의를 검토한 후, 한계와 추후 과제를 제시하겠다.

2. 선행연구 검토[5]

국내 재일한인 연구의 발전 속에서 1980년대 이후, 지역을 중심으로 이들의 삶의 모습을 분석하려는 시도도 시작되었는데, 이는 재일한인의 삶의 다양성을 이해하는 한 방법으로서 지역의 중요성이 부상하였음을 의미한다. 1980년대 이전 재일한인 연구의 대부분은 역사학적인 관점에서 이루어졌으며 재일한인 사회 자체가 혼란스러운 가운데 법적 지위를 다져가는 과정에 있었기 때문에 이러한 흐름이 반영된 연구성과들이 대부분이었다.[6] 결과적으로 재일한인을 둘러싼 거시적인 구조에 관한 논의가 중심을 이룰 수밖에 없었다. 그러나 이와 같은 연구 경향은 재일한인이라는 사회 집단이 가지는 다양성을 간과하고 이들을 '하나의 균질적인 덩어리'로 자리매김한다는 한계가 있었다. 특히 1980년대에 들어서면 재일한인의 세대교체가 진행되는 가운데 이들 내부의 연령, 성별, 교육 정도에 따른 다양성에 주목할 필요성이 대두되었다. 이에 재일한인 연구에서도 이들 내부의 다양성이라는 측면을 고려한 논의들이 등장하기 시작하였으며, 지역도 그중 하나였다.

한편, 이 시기 일본에서는 재일한인과의 공생을 위해 독자적인 움

---

5 본 연구에서는 분량상 국내의 재일한인 연구만을 비판적으로 재검토한다. 이는 일본에서 이루어진 재일한인 연구의 대부분도 본문에서 언급한 국내의 재일한인 연구의 한계점(＝대상 지역 편중)을 공유하기 때문에 논의의 전개상 큰 문제가 없다고 판단하였기 때문이다. 물론 일본을 비롯한 국제적인 연구성과의 세밀한 검토는 반드시 필요하며 앞으로의 과제로 삼고자 한다.

6 임영언·김태영, 「재일코리안 디아스포라 문화자원으로서 연구사 고찰—1945년 이후 재일코리안 관련 연구성과를 중심으로」, 『일어일문학』 50, 대한일어일문학회, 2011, 366쪽.

직임을 보이는 지방 정부가 등장하기 시작한다. 전후 일본 정부는 일관되게 '사실상의 이민'인 재일한인의 존재를 '무시'해 왔다. 그러나 이들을 지역 주민으로 끌어안고 있는 지방 정부의 입장은 달랐다. 이들을 '무시'하는 것은 현실적이지 않았으며 지역 사회의 실질적 구성원인 재일한인과 더불어 살아가기 위한 노력을 하지 않을 수 없는 상황이었다. 이에 재일한인이 집주하는 지역을 중심으로 지방 정부 차원의 사회 통합을 위한 다양한 정책이 제시, 시행되었고 이와 같은 지역에서는 재일한인이 주체가 되는 사회 활동도 활발하게 이루어졌으며, 그 과정에서 재일한인의 삶의 역동성이 더해져 갔다. 그리고 이러한 움직임은 앞에서 언급한 재일한인 연구의 변화와 맞물리며 거주 지역에 따라 재일한인의 삶의 양상은 어떻게 다를까라는 질문의 답을 모색하는 작업이 시작된 것이다.

그리고 이와 같은 연구 경향은 디아스포라 연구 전체의 흐름과도 궤를 같이한다. 글로벌화의 진행과 더불어 디아스포라 개념은 재발견, 확장되었고, 관련 연구도 많이 늘어났다. 최근의 디아스포라 연구는 기존의 관련 연구가 "자민족(국가)중심주의, 지나친 추상화, 그리고 체제유지의 경향이 강했다는 점"에 대하여 성찰하며, 디아스포라를 근대 국민국가의 틀을 넘어서는 해방된 주체로서 자리매김하는데,[7] 바로 여기에서 지역이라는 분석 단위가 등장한다. 이는 "기존의 디아스포라 연구가 국민국가로 경계 지워진 단위를 전제로 삼고 있다는 점에 대한 비판이자 차별화"로, "지역에 주목함으로써 디아스포

---

7 이상봉, 「디아스포라와 로컬리티 연구-재일코리안을 보는 새로운 시각」, 『한일민족문제연구』 18, 한일민족문제학회, 2010, 116쪽.

라 담론이 민족 중심의 본질주의적, 추상적, 이론적, 제도적 측면에서 벗어"날 수 있으며, "디아스포라가 지닌 구체성, 역사성, 실천성"을 발견할 수 있다고 지적한다.[8] 그리고 물론 동북아지역의 대표적 디아스포라인 재일한인 관련 연구의 경향도 이러한 디아스포라 연구 전반의 변화와 무관하지 않다고 할 수 있다.

그렇다면 지역에 주목하여 이루어진 국내 재일한인 연구는 구체적으로 어떠한 내용일까? 이와 관련해서는 크게 특정 지역의 재일한인 커뮤니티 자체를 살펴본 연구와 재일한인과 관련된 지방 정부의 움직임을 검토한 연구로 나눌 검토할 수 있다. 우선, 특정 지역의 재일한인 커뮤니티 자체를 살펴본 연구는 다시 커뮤니티의 경제 활동과 기타 사회문화 활동을 다룬 것으로 분류할 수 있다. 전자와 관련해서 해방 이전을 분석 대상으로 하는 연구는 극히 드물며,[9] 오사카 지역 재일한인의 협동조합이 결성, 전개되는 과정을 분석한 연구를 제외하고는[10] 해방 이후를 다룬 연구가 대부분이다. 그중에서도 눈에 띄는 연구는 해방 직후 재일한인의 암시장 형성과 기능, 그리고 발전 양상을 분석한 연구인데,[11] 이는 재일한인 집주 지역의 탄생 및 발전

---

8 위의 글, 119쪽.
9 이는 해방 이전의 경우, 재일한인이 독자적인 경제 활동을 하기보다는 하층 노동자로서 자리매김하는 경우가 대부분이었기 때문이다. 특히, 1930년대 중반 이후가 되면 강제동원에 의한 재일한인의 일본 유입이 확대되면서 이들의 경제 활동을 논하는 것 자체가 어려워진다.
10 정혜경, 「1930년대 초기 오사카 지역 협동조합과 조선인 운동」, 『한일민족문제연구』 1, 한일민족문제학회, 2001, 71~112쪽.
11 이상봉, 「오사카 조선시장의 공간정치」, 『한국민족문화』 41, 한국민족문화연구소, 2011, 231~261쪽; 박미아, 「해방 직후 재일조선인과 암시장-1945~1950년 암시장 가쓰기야(担ぎ屋)를 중심으로」, 『한국근현대사연구』 76, 한국근현대사학회, 2016, 251~286쪽; 박미아, 「재일조선인과 해방 직후 암시장-도쿄 우에노의 사례를 중심으로」, 『역사연구』 33, 역사학연구소, 2017, 59~94쪽; 박미아, 「해방 직후 재일조선인의 암시장 활동-오사카시(大阪市) 우메다(梅田) 지역의 사례를 중심으로」, 『한일민족문제연구』 34, 한일민족

과정과 밀접하게 관련이 있기 때문이다. 후자, 즉, 지역에 초점을 맞춰 재일한인의 사회문화 활동을 살펴본 대표적인 작업으로는 최근 활발하게 이루어지고 있는 민족축제에 관한 연구를 들 수 있다. 오사카 원 코리아 페스티벌 등을 분석한 이들 연구는 지역에서 이루어지는 재일한인의 민족축제를 통해 이들의 민족 정체성 표출 방법의 특징 및 변화에 대하여 논한다.[12] 그 밖에도 특정 지역을 중심으로 재일한인의 식문화나 종교 생활에 관해 분석한 연구들도 눈에 띈다.[13] 다음으로 재일한인과 관련된 지방 정부의 움직임을 검토한 연구로는 가장 초기의 이시재의 연구[14]를 시작으로 재일한인의 지방 정치 참가 유도와 실질적인 사회권 확보를 위한 지방 정부의 독자적인 제도 운용에 대한 분석이 활발하게 이루어져 왔다.[15]

문제학회, 2018, 125~160쪽.

12 박수경, 「재일코리안축제와 마당극의 의의—生野民族文化祭를 중심으로」, 『일본문화학보』 45, 한국일본문화학회, 2010, 269~288쪽; 유기준, 「시텐노지왓소와 재일코리안 문화의 역할 연구」, 『일본문화학보』 44, 한국일본문화학회, 2010, 403~423쪽; 황혜경, 「재일코리안에 있어서 민족축제 의미와 호스트사회와의 관계—오사카시와 가와사키시를 중심으로」, 『일본문화학보』 46, 한국일본문화학회, 2010, 471~492쪽; 김현선, 「재일 밀집지역과 축제, 아이덴티티—오사카 '통일마당 이쿠노'를 중심으로」, 『국제지역연구』 20-1, 서울대 국제학연구소, 2011, 1~30쪽; 손미경, 「오사카 원코리아 페스티벌—통일운동에서 다문화공생의 장으로」, 『재외한인연구』 23, 재외한인학회, 2011, 309~348쪽; 전진호, 「원코리아 운동과 한인 디아스포라」, 『일본연구』 30, 고려대 글로벌일본연구원, 2018, 151~174쪽.

13 김인덕, 「일제강점기 오사카 조선촌의 식문화」, 『동방학지』 163, 연세대 국학연구원, 2013, 35~55쪽; 이현철・조현미, 「재일한인 디아스포라의 삶의 공간으로서 교회에 대한 질적 사례연구—가와사키시 교회를 중심으로」, 『다문화와 평화』 7-2, 성결대 다문화평화연구소, 2013, 228~253쪽.

14 이시재, 「일본 가와사키(川崎)시의 '내부국제화' 정책연구—'공무원임용자격에 있어서 국적조항' 철폐를 중심으로」, 『한국사회학』 36-6, 한국사회학회, 2002, 7~26쪽.

15 이시재, 「일본의 외국인 지방자치 참가문제의 연구—가와사키시의 외국인시민 대표자회의의 성립 및 운영과정을 중심으로」, 『국제지역연구』 12-1, 서울대 국제학연구소, 2003, 21~44쪽; 한승미, 「국제화 시대의 국가, 지방자치체 그리고 "이민족시민(ethnic citizen)"—동경도 정부의 "다문화주의" 실험과 재일 한국/조선인에의 함의」, 『한국문화인류학』 43-1, 한국문화인류학회, 2010, 263~304쪽; 이상봉, 「일본 가와사키시 〈외국인시민 대표자회의〉

이렇게 기존에 지역에 주목한 국내 재일한인 연구를 살펴보면 이들 연구에는 매우 큰 공통점이자 한계가 존재함을 알 수 있다. 바로 도쿄와 가와사키를 중심으로 한 수도권과 오사카 이외의 지역을 검토 대상으로 한 연구가 거의 존재하지 않는다는 것이다. 예를 들어, 이와쿠니의 재일한인 여성의 역사를 다룬 양동숙의 연구는 예외에 가깝다고 할 수 있다.[16] 특히 가와사키와 오사카를 분석한 연구가 대부분을 차지하는데 이 두 지역은 재일한인의 집주 지역이자 지방 정부의 선진적인 정책이 두드러지는 곳이다. 집주 지역의 경우, 재일한인의 삶의 모습이 응축되어 나타날 뿐 아니라 연구자가 비교적 조사를 위해 접근하기 쉽다는 측면이 있다. 한편, 재일한인과 관련된 지방 정부의 움직임은 2000년대 이후 한국 사회의 다문화화와 더불어 비교사회학적인 측면에서 많은 주목을 받았다. 그리고 이와 같은 점들을 고려하였을 때 기존 연구가 가와사키와 오사카를 중심으로 지역과 재일한인에 대하여 논해 온 사실은 자연스럽다고도 할 수 있겠다.

하지만 이처럼 일부 지역에 편중하는 경향은 지역에 주목한 재일한인 연구가 당초에 지향하던 바와 괴리된다. 앞에서 살펴본 바와 같이 재일한인 연구에 있어서 지역이 등장한 이유는 이들의 삶이 지니는 다양성을 살펴보고 근대 국민국가의 틀을 넘어서는 존재로서의 가능성을 엿보기 위함이었다. 이와 같은 측면을 고려한다면 특정 지역만을 중심으로 하여 지역 속의 재일한인을 검토하는 작업은 그것

20년의 성과와 한계」, 『한국민족문화』 65, 한국민족문화연구소, 2017, 63~95쪽.

16 양동숙, 「이와쿠니 재일조선인 여성의 역사」, 『동아시아문화연구』 63, 한양대 동아시아문화연구소, 2015, 283~315쪽.

이 가지는 의의를 크게 퇴색시켜 버린다. 이에 본 연구에서는 지역에 주목한 재일한인 연구의 확장과 발전을 위해 기존에는 주목받지 못했던 새로운 지역에서의 재일한인 커뮤니티의 형성과 전개 과정을 검토하고자 한다. 그리고 본 연구에서 구체적으로 주목하는 지역은 후쿠오카이다. 왜 후쿠오카인가? 후쿠오카는 재일한인의 과거와 현재가 길항하고, 시간적 연속성을 찾을 수 있는 공간이다. 서론에서도 언급한 바와 같이 후쿠오카는 한반도와 일본을 이은 항로의 출발·도착지이자 경유지였던 시모노세키항과 인접하며, 시모노세키항에서 큰 비용을 들이지 않고 이동하여 일자리를 구할 수 있는 지역으로 특히 한반도에서 일본으로의 이주 초기 단계에 있어서 한인의 유입이 두드러졌던 곳이다. 이후, 일제강점기를 거치며 도쿄나 오사카와 비교해서 작은 규모이기는 하지만 일본 전국으로 봤을 때는 재일한인의 분포가 두드러지는 지역 중 하나였다. 그리고 일본이 제2차 세계대전에서 패한 후, 한반도로의 귀환을 바라는 많은 조선인이 배를 타기 위해 후쿠오카 인근 항구로 몰려들었는데, 이 패전 직후 시점에 있어서 귀환과 체류가 착종하는 가운데 후쿠오카는 독자적인 재일한인 커뮤니티를 이루게 된다.

본 연구에서는 이와 같은 후쿠오카의 인구 이동과 관련된 역사적 특성에 대한 이해를 바탕으로 이 지역의 재일한인 커뮤니티가 전전과 전후에 걸쳐 어떻게 형성, 전개됐는지를 검토하도록 한다. 이는 지역에 주목하는 재일한인 연구의 외연을 확장하고 내용을 심화하는 시도로서 의미가 있다고 할 수 있겠다.

3. 후쿠오카 재일한인 커뮤니티의 형성 – 해방 이전

후쿠오카가 속한 규슈 지역은 한반도와의 지리적 인접성 때문에 일제강점기 이전부터 한인의 이동과 취업이 이루어졌다.[17] 이후 1905년 부관연락선이 취항하면서 한인의 유입은 본격화되었고, 결과적으로 규슈 지역의 재일한인 수는 1910년 839명에서 1920년 10,918명, 1930년 37,223명으로 급격하게 늘어난다.[18] 특히 규슈 지역은 앞에서 언급한 바와 같이 부관연락선이 도착하는 시모노세키 항에서 큰 비용을 들이지 않고 이동하여 일을 시작할 수 있는 곳이었기 때문에 1910년대부터 1920년대 초반에 걸친 한인 유입이 다른 지역에 비교해 두드러지게 나타났다. 그렇다면 규슈 지역 내부에서 재일한인의 분포는 어떠하였을까?[19]

〈그림 1〉처럼 규슈 지역 재일한인의 지역적 분포는 매우 편중되어 있음을 알 수 있다. 전체 재일한인 수 자체가 적었던 1910년을 제외하고는 항상 60~70퍼센트 이상이 후쿠오카에 거주하며 그 뒤를 나가사키長崎가 이음에도 불구하고 차이가 크다. 그 밖의 지역의 경우는 1930년대 후반 이후 강제동원이 시작되면서 인구가 늘어나지만, 전반적으로 비중이 작다. 그리고 이와 같은 측면에서 볼 때 규슈 지역 재일한인 커뮤니티의 형성과 전개에 있어서 후쿠오카는 중심이 되는 중요한 공

---

17 坂本悠一, 「福岡縣における朝鮮人移民社會の成立 – 戰間期の北九州工業地帶を中心として」, 『青丘學術論集』 13, 韓國文化硏究振興財団, 1998, 134쪽.

18 田村紀之, 「內務省警保局調査による朝鮮人人口」, 『經濟と經濟學』 46, 東京都立大學經濟學會, 1982, 51~93쪽.

19 이하 그래프는 주18)의 논문을 재구성하여 작성하였다.

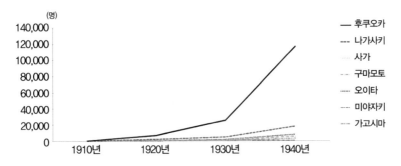

〈그림 1〉 규슈 지역 내 재일한인 분포

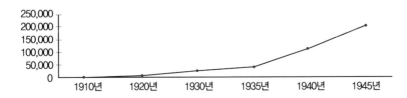

〈그림 2〉 후쿠오카 거주 재일한인 인구 추이

간이라고 할 수 있다.

후쿠오카 거주 재일한인의 인구 추이를 상세하게 살펴보면 〈그림 2〉와 같다. 1910년 335명에 불과하던 후쿠오카의 재일한인은 이후 급증하여 1920년에는 6,798명, 1930년에는 25,838명에 이른다. 이후 1930년대 후반이 되면 강제동원의 영향으로 그 수는 더욱 급격하게 늘어나, 1945년에는 205,452명의 재일한인이 후쿠오카에 거주하게 된다.

이처럼 후쿠오카가 재일한인 유입의 중심 지역이 된 단순하지만 결정적인 이유는 한인 노동자의 수요가 높은 산업이 발달했기 때문이었

<표 1> 1927년 후쿠오카 거주 재일한인의 직업 구성

직업	수 (명)	비율 (%)	직업	수 (명)	비율 (%)
광부	5,183	49.1	일용직 인부	1,767	16.7
짐꾼	891	8.4	토목 인부	840	7.9
채석 인부	476	4.5	농사 인부	392	3.7
제철소 직공	223	2.1	기와 직공	128	1.2
행상	138	1.3	점원	114	1.0
작부	87	0.8	기타	302	3.3
합계 : 10,541					

다. 특히 한인 노동자를 많이 필요로 했던 산업은 광업과 공업이었다. 후쿠오카는 메이지 유신明治維新 이후 일본 산업화에 필수 불가결했던 석탄의 주요 산지로서 기능해 왔다. 후쿠오카현 북부에 있는 치쿠호筑豊 탄광이 대표적으로, 1950년대 후반 일본의 주요 소비 에너지가 급격하게 석유로 바뀌어 폐광에 이르는 시기까지 최대 생산량을 기록하였다. 치쿠호 탄광은 1901년 관영 야하타八幡 제철소가 설립되면서 개발과 생산이 활발하게 이루어지기 시작하였는데, 이 야하타 제철소를 중심으로 기타규슈 공업지대 또한 형성되어 제철업 나아가 시멘트 제조업 등 공업이 발달하게 된다. 그리고 이 과정에서 단순 노동자에 대한 수요가 늘어났고 바로 이 부분에 한인 노동자의 유입이 두드러지게 나타나게 된 것이다. 1927년 시점의 후쿠오카 거주 재일한인의 상세한 직업 구성은 〈표 1〉[20]과 같다. 표에서 가장 눈에 띄는 것은 광부가 전체의 반수 이상을 차지하고 있다는 것인데 이는 비슷한 시기 다른

---

20 福岡地方職業紹介事務局, 『管內在住朝鮮人勞働事情』, 福岡地方職業紹介事務局, 1929, 35 ~39쪽.

지역에 거주하는 재일한인의 직업 구성과 큰 차이를 보인다. 예를 들어, 1929년 오사카시의 조사에 따르면, 이 지역의 재일한인의 경우 공장 노동자가 대부분이며 특히 여성은 섬유, 남성은 유리·금속·고무 관련 제품 생산자가 많은 반면, 광업 종사자는 없다.[21] 한편 후쿠오카 같은 경우, 제철소 노동자를 제외하고는 공장 노동자는 매우 적으며 광부가 차지하는 비중이 매우 크다. 그리고 짐꾼(나카시仲仕)[22] 또한 생산된 석탄을 선박에 싣는 석탄 짐꾼石炭仲仕이 중심이라는 점에서 넓은 의미의 광업 관련 직업 종사자의 비율은 압도적이라고 할 수 있다. 그리고 이와 같은 후쿠오카 재일한인의 직업 분포는 이들의 거주 지역에도 영향을 미쳤다. 1920년대 이미 야하타시를 중심으로 하는 기타규슈 공업지대와 가호군嘉穂郡 및 구라테군鞍手郡 등 치쿠호 탄광 일대에 재일한인의 거주가 두드러졌으며 후쿠오카 시내나 농촌 지대인 치쿠고筑後 지역에는 거의 거주하지 않는다.[23]

이처럼 후쿠오카의 재일한인은 직접적, 간접적으로 이 지역의 기간산업인 광업에 포섭되는 형태로 존재하였던 것이며, 이러한 양상은 1930년대 후반 강제동원이 시작되면서 더욱 두드러진다. 그렇다면 이들의 생활 모습은 구체적으로 어떠한 것이었을까? 강제동원으로 이동해 온 재일한인의 경우, 관련 연구, 보고서 등을 통해 오히려 생활상이 밝혀진 부분이 많다. 하지만 강제동원 이전에 후쿠오카에

---

21 大阪市社會部, 『本市に於ける朝鮮人の生活概況』, 大阪市, 1929.
22 오키나카시(沖仲仕)라고도 한다. 항만 시설이 현대화되기 이전 배와 육지 사이의 화물 선적, 하역을 담당했던 노동자(＝부두, 항만 노동자)를 가리키며, 현대 일본 사회에 있어서는 차별적인 뉘앙스를 지니는 측면이 있다.
23 坂本悠一, 앞의 글, 137쪽.

건너온 재일한인의 경우는 논의가 부족하며, 여기에서는 이 부분을 1929년 후쿠오카 지방 직업 소개 사무국에서 출판한 『관내 재주 조선인 노동 사정管內在住朝鮮人勞働事情』(이하, 『노동 사정』)을 통해 부분적으로나마 보완하도록 한다. 1928년 시점에서 후쿠오카 32개 탄광에 6,511명의 한인이 광부로서 고용되어 있으며, 성별로 보면 남성이 6,298명, 여성이 213명으로 직업 특성상 남성 인구의 비중이 현저하게 높다. 그리고 이러한 경향은 후쿠오카 거주 재일한인 전체의 성별 구성에도 그대로 나타나는데,[24] 이는 다른 지역에 비교해 두드러지는 점으로 오사카 등 지역에서는 재일한인 여성이 방직 여공 등의 형태로 고용되는 사례가 많았다.

후쿠오카 재일한인의 노동 상 특징은 강도가 세고 유동성이 높았다는 것이다. 우선 전자와 관련해서는 재일한인이 담당했던 작업은 대부분이 갱내 작업이라는 사실로부터 알 수 있다. 채탄으로 대표되는 갱내 작업은 쉽게 상상할 수 있듯이 노동 환경이 열악하고 사고에 빈번하게 노출되는데 위에서 소개한 『노동 사정』에 따르면 1928년 현재 후쿠오카 탄광에서 일하는 재일한인의 약 86%가 갱내 작업에 투입되었다.[25] 후자의 유동성은 근속 기간을 통해 엿볼 수 있는데 많은 경우 6개월에서 1년 사이에 그만두고 이동하였다.[26] 물론 이는 노동 강도와도 연관된다고 보이며, 탄광 노동 종사자를 포함한 후쿠오카 재일한인 전반의 노동 불안정성은 매우 높았다. 한편, 이들의 생활에 직접 큰 영향을 주었

---

24 福岡地方職業紹介事務局, 앞의 책, 83~92쪽.
25 위의 책, 83~92쪽.
26 위의 책, 110~114쪽.

을 임금을 살펴보면 탄광 대부분이 성과급 제도를 도입하고 있으며 광산마다 차이가 커, 다양하지만 평균적인 임금 수준은 결코 높다고 할 수 없는 상황이었다. 후쿠오카 광산 감독국에서 1928년 7월부터 12월에 걸쳐 광부의 임금을 조사한 결과에 따르면 갱내 작업 기준으로 36.23엔에서 41.73엔까지의 범위에서 월급을 받았다.[27] 이는 1920년대 후반부터 1930년대에 걸쳐 일본 도시 거주 노동자 세대의 평균 월수입은 80~110엔 정도였다는 사실에 비추어 볼 때 매우 낮은 수준이며, 기타 지역에 거주하는 재일한인과 비교해서도 적었다. 예를 들어, 1928년 도쿄에 거주하는 재일한인의 평균 월수입인 63.71엔이었는데,[28] 이로부터 후쿠오카 재일한인의 삶이 전체 재일한인 내부에서도 상당히 궁핍했음을 알 수 있다.

4. 후쿠오카 재일한인 커뮤니티의 전개 – 해방 이후

1945년 8월 일본의 패전 당시 후쿠오카 지역에는 약 20만 명의 재일한인이 거주하고 있었다. 일본 전체로는 약 200만 명의 재일한인이 있었다고 하니 10분의 1정도에 해당하며 도쿄나 오사카 등 지역과 비교하면 결코 많은 수는 아니었다. 앞에서도 언급하였듯이 후쿠오카의 경우, 한반도로부터 일본으로의 이동이 시작된 초기 단계에 있어서 재일한인이 유입이 활발했기 때문에 1920년대 중반부터

---

27 위의 책, 105~110쪽.
28 東京府學務部社會課, 『在京朝鮮人勞働者の現狀』, 東京府, 1929, 108쪽.

1930년대 중반까지는 재일한인 인구 증가는 소강상태였다. 다만 1930년대 후반부터 시작된 강제동원에 의한 인구 유입으로 인해 다시금 거주하는 재일한인 수가 일정 정도 늘어났다고 할 수 있다. 흥미로운 사실은 일본의 패전이 다른 지역에 비교해 후쿠오카의 이동성을 극단적으로 높였으며 그 중심에는 재일한인이 있었다는 것이다. 그 이유는 무엇일까. 바로 재일한인의 한반도 귀환이 후쿠오카를 중심으로 이뤄졌기 때문이었다.

패전 직후인 1945년 9월 1일 일본 정부는 지방 정부를 대상으로 「조선인 집단 이입 노무자 등의 긴급 조치에 관한 건朝鮮人集団移入労務者等ノ緊急措置ニ関スル件」이라는 통달通達, notification을 내린다. 이 통달의 주요 내용은 다음과 같다.[29]

 (1) 부관연락선이 가까운 시일 내에 운행할 예정에 있다. 조선인 집단 이입 노무자는 다음과 같이 우선적으로 계획 수송한다. 석탄산 등의 숙련노동자로서 [일본] 체류 희망자는 체류를 허용할 것. 단, 사업주가 강제로 권장하지 않을 것

 (…중략…)

 (4) 이미 거주하고 있는 일반 조선인의 한반도 귀환에 관해서는 귀환 가능한 시기가 되면 상세한 지시가 내려올 것이므로 그 전까지는 현재 거주지에서 평정하게 업무에 종사하며 대기하도록 지도할 것.

---

29 厚生省勤労局長・厚生省健民局長・內務省管理局長, 「朝鮮人集団移入勞務者等ノ緊急措置ニ關スル件」, 『內鮮關係通牒書類編冊』(アジア歷史資料センター所藏), 1945, 2~8쪽.

이 통달의 내용을 정리하자면 일본 정부는 강제동원으로 건너온 재일한인부터 한반도 귀환을 계획적으로 진행하는 한편, 그 이전 시기 일본에 건너와 생활 기반을 닦아 정착한 재일한인의 경우 당분간 '동요 없이' 현상을 유지할 것을 원했던 것이다. 하지만 이러한 일본 정부의 바람은 실현되기 어려운 것이었다. '대기' 대상이라고 분류된 '일반 조선인' 중에도 하루빨리 고향으로 돌아가기를 희망하는 사람들이 적지 않았기 때문이었다. 앞의 통달에도 언급되어 있듯이 과거 한반도에서 일본으로 조선인을 실어 날랐던 부관연락선이 이번에는 거꾸로 일본에서 한반도로 조선인을 데려다주는 역할을 하게 되었는데, 이러한 선박 운항 재개 소식은 고향 귀환의 기대감을 높일 뿐이었다. 여기서 자연스럽게 시모노세키가 재일한인 귀환의 중심이 되었음은 쉽게 예상할 수 있다. 그러나 시모노세키에 버금가게 많은 재일한인이 몰려든 항구가 있었음에 주목해야 한다. 바로 후쿠오카 시내에 있는 하카타博多항이다.

하카타항은 패전 직후부터 한반도에서 일본인 인양자引揚者[30]를 태운 화물선이 도착했던 곳으로 이 화물선은 다시 조선으로 돌아갈 때 재일한인의 일부를 태우기도 하였다. 즉, 앞에서 언급한 통달을 통해 일본 정부의 문제 인식이 공식화되기 이전부터 하카타항은 '비공식적'으로 조선인 귀환의 창구 기능을 하였던 것이다. 그리고 하카타항은 1945년 9월 이후 일본 정부 차원에서 조선인 귀환 문제에 대응하

---

30 일본어로는 '히키아게샤'라고 읽는다. 영어로 하자면 repatiates에 해당하는 존재로, 동북아지역을 중심으로 한 일본의 세력권에 거주하던 일본인 중 일본 본토로 철수, 귀환한 사람들을 말한다.

기 시작하면서 시모노세키항과 더불어 조선인 귀환의 중심지가 된다. 예를 들어, 1945년 9월 12일에는 철도총국 업무 국장의 이름으로 「관부 및 박부 항로 경유 여객 운송関釜並ニ博釜航路経由旅客輸送ノ件」이라는 통달이 내려져 시모노세키와 부산 그리고 하카타와 부산 사이의 연락선[31]은 조선인의 '계획 수송'을 우선적으로 담당하게 된다.[32] 특히 시모노세키 측이 규슈 지역에 거주하는 재일한인의 경우 하카타항에서 귀환해 달라고 요청하면서 하카타항은 귀환을 원하는 규슈 지역 재일한인의 집결지가 된다.[33] 하지만 일본 정부는 '일반 조선인'의 귀환은 제외하고 '계획 수송'과 관련된 지침만을 내놓았고 그마저도 운행 선박의 한계 상 충분하게 이뤄지지 않았기 때문에 하카타항에는 귀환을 희망하는 조선인이 적체될 수밖에 없었다. 특히 '대기' 대상이라고 여겨졌던 '일반 조선인' 중에도 하루빨리 고향으로 돌아가기를 희망하는 사람들이 '계획 수송' 대상들과 함께 한반도로 돌아가는 배를 타기 위해 하카타항으로 몰려들었으며, 그 결과 1945년 12월이 되면 약 2만 명 이상의 조선인이 하카타항에 적체된다.[34]

그렇다면 하카타항에 몰려든 규슈 지역 재일한인의 생활은 어떠했을까? 1945년 8월 말에는 이미 하카타항 근처의 공원에서 귀환을 희망하는 조선인이 노숙하고 있으며, 이들의 식량 사정이 매우 좋지

---

31 부박연락선(釜博連絡船)은 1943년부터 시모노세키항의 과밀을 해결하고 수송능력을 높이기 위해 운항이 시작되었다.

32 鐵道總局業務局長, 「關釜並ニ博釜航路経由旅客輸送ノ件」, 『內鮮關係通牒書類編冊』(アジア歴史資料センター所藏), 1945, 12~14쪽.

33 出水薫, 「敗戰後の博多港における朝鮮人歸國について―博多引揚援護局『局史』を中心とした檢討」, 『法政研究』 60-1, 九州大學法政學會, 1993, 81쪽.

34 위의 글, 81쪽.

않다는 기록이 있다.[35] 즉, 이들은 매우 궁핍한 생활을 하며 한반도에 돌아가는 것을 기다리고 있었던 것인데, 주목할 만한 사실은 하카타항에 적체되어 있던 재일한인이 자신의 궁핍을 극복하려는 활동으로써 암시장을 만들었다는 것이다. 일본인 인양자와 달리 식량과 의류 배급이 이뤄지지 않았던 재일한인은 고향으로 돌아가는 배를 기다리며 돼지를 키우거나 술을 만들어 팔면서 생계를 이어갔다. 재일한인에 의한 암시장이 형성되었던 지역은 하카타만으로 흘러 들어가는 미카사御笠강 하류 인근으로 1946년 12월 GHQGeneral Headquarters(연합군 최고사령부)가 일본으로부터의 집단 계획 수송 종료를 선언하기까지 크게 번성했다. 물론 암시장 주변에는 판잣집이 다수 세워져 재일한인의 생활 공간으로서 기능하기도 했다.

그런데 계획 수송이 끝난 후, 드디어 고향에 돌아갈 차례라고 생각했던 재일한인은 자의 반 타의 반 이를 실현하지 못한다. 급변하는 한반도 정세와 남부 지역의 콜레라 유행 등으로 인해 귀환 연기를 선택하는 재일한인이 많아졌고, 실제 이들을 실어 나를 선박의 운항이 자주 중단되기도 했다. 물론 일본 정부가 일본을 떠날 때 가지고 갈 수 있는 재산을 한정한 것도 큰 영향을 미쳤다. 그리고 이렇게 귀환을 '미루는' 과정에서 판잣집 임시 거처는 정착지가 되어 갔다. 문제는 고향에 '언젠가' 돌아가기 위해 '임시로' 지은 판잣집은 행정의 입장에서 보면 어디까지나 불법 건축물이었다는 것이다. 1940년대 후반에는 이미 재일한인이 모여 살던 지역이 지니는 문제점과 이들의

---

35 위의 글, 77쪽.

강제 퇴거 문제가 수면 위로 떠올랐으며, 특히 국도 3호선이 이 지역을 지나가도록 계획되면서 상황은 크게 진전되는데[36] 1956년 후쿠오카현 의회 의장이 중앙 정부의 장관들을 대상으로 제출한 의견서를 살펴보면 다음과 같다.

후쿠오카시를 관통하여 하카다만으로 흘러 들어가는 미카사강의 하류 양안 및 하카타역 앞 일대에는 조선인 가옥을 중심으로 4백여 채의 불량 건축물이 육지 및 수상에 혼잡스럽게 집단 부락을 이루고 이것이 국도 3호선 및 하카타항 쪽의 후쿠오카시 입구를 막고 있으며 시의 미관, 교통, 환경위생, 교육 등 각 방면에 좋지 않은 모습을 보여 (중략) 이 문제는 한일 양국에 관련되는 것으로 책임은 물론 국가에 있으며, 거주자의 퇴거 후 이전 장소의 건축비 등에 대하여 적극적으로 국가의 책임 하에 자금 원조를 하는 것을 강하게 요망합니다.[37]

즉, 한 가구당 구성원 수가 많고 영세 판매업자(주로 음식), 일용직, 무직의 비율이 굉장히 높았던 미카사강 일대 조선인 거주 지역의 열악한 생활환경은 후쿠오카 전체의 문제로 받아들여졌던 것인데, 이는 각종 도시 문제와 직결되기 때문이었으며, 특히, 치안, 위생에 대한 우려가 컸다.

---

36 이후 재일한인 '단지'로의 이주가 완료되기까지 이에 대응하는 형태로 주택 조합을 만들어 행정과의 교섭에 나서게 된다. 稻月正, 「福岡市における在日韓國・朝鮮人集住地の形成」, 『エスニック・コミュニティの比較都市社會學(平成14年度〜17年度科學硏究費補助金(基盤硏究A), 硏究代表者 : 西村雄郞)』, 2006, 367쪽.
37 福岡市, 『福岡市史 昭和編資料集・後編』, 福岡市, 1984, 332〜333쪽.

결론적으로 1959년[38] 후쿠오카현과 시가 국가의 보조를 받고 스스로도 비용을 분담하여 인근 지역에 '단지団地'[39]를 세우고 미카사강 일대에 거주하던 재일한인을 이주시키는 것이 결정되었으며, 1962년 실행에 옮겨졌다. 그리고 바로 이 시점에서 오늘날로 이어지는 후쿠오카 재일한인 커뮤니티가 전개되기 시작한 것이다. 재일한인이 가장 먼저 이주하게 된 곳은 하마마쓰浜松 단지이며 이후 인근의 다카마쓰高松 단지에도 다수 거주하게 되었다. 이들 단지는 모두 미카사강에 인접한 지역으로, 행정구역상 후쿠오카시 히가시구東区에 속한다. 하마마쓰 단지에 거주하는 재일한인 1세를 대상으로 한 인터뷰 조사에 따르면 이들은 '단지'로 옮긴 후에도 암시장에서 했던 것과 같이 행상에 가까운 판매업에 종사하는 경우가 대부분이었다.[40] 다른 지역과 비교했을 때 해방 이후 후쿠오카의 재일한인 커뮤니티가 전개되는 과정이 지녔던 특징은 한반도로의 귀환과 일본에서의 체류가 착종하는 가운데 만들어진 자생적 집주 지역이 이후 도시 문제가 되면서 행정에 의해 재일한인 커뮤니티로 '만들어졌다'는 것이다. 특히, 오사카나 가와사키 등 잘 알려진 지역과 달리 후쿠오카의 경우는 '단지'라는 특수한 공간에 매우 밀도 높은 형태로 재일한인이 모여 살았다는 점이 흥미롭다. 앞에서 언급한 하마마쓰 단지에 거주하는 재일

---

38 당시 후쿠오카현에 거주하는 재일한인의 수는 33,661명이었다.

39 고도경제성장기 도시 인구의 증가와 더불어 심각해진 주택 부족 문제를 해결하기 위해 교외 지역에 만들어진 집단 주거 지구를 말한다. 당시에는 서구적, 선진적인 설비를 갖춘 주거로써 인기가 많았으나, 고도경제성장기가 끝나면서 쇠퇴, 인구감소기에 접어든 현시점에서는 고령화 문제 등이 심각하다.

40 柳井美枝, 「浜松団地のコミュニティ状況」, 『エスニック・コミュニティの比較都市社會學(平成14年度~17年度科學硏究費補助金(基盤硏究A), 研究代表者 : 西村雄郎)』, 2006, 398쪽.

한인 1세의 인터뷰 조사 전반을 살펴보면 '단지'는 이중적인 측면이 있었다는 사실을 알 수 있다. 일본인이 '단지'에 대해 가졌던 이미지는 결코 긍정적이라고 할 수 없었으며 택시의 승차 거부 대상 지역이었다는 일화가 있는 등 외부에서는 소수민족이 모여 사는 빈민가, 즉, '겟토Ghetto'에 가깝게 인식했다.[41] 하지만 외부의 차별적인 시선에도 불구하고 단지 '내부'에서는 재일한인 고유의 식문화, 관습 등이 지켜졌으며 유대 관계 또한 강하게 유지되었다. 그곳은 "1세에게 조선 그 자체였으며 가장 편안한 장소"였던 것이다.[42]

5. 나오며

본 연구는 새로운 지역, 구체적으로는 후쿠오카에 주목하여 근대 국민국가의 틀을 넘어 재일한인의 삶의 다양성을 이해하기 위한 탐색적 시도로서 의미를 지닌다. 지역에 주목하는 재일한인 연구는 모국과 정주국을 분석 단위로 하는 연구를 통해서는 이들의 삶을 입체적으로 이해할 수 없다는 한계를 인식하면서 등장하였다. 그러나 지금까지 재일한인의 집주 지역, 그중에서도 오사카나 가와사키 등, 특정 지역만을 고찰 대상으로 삼았다는 또 다른 한계를 지닌다. 이에 본 연구에서는 기존에 주목받지 못했으나 재일한인의 역사에서 중요한 의미가 있는 후쿠오카라는 지역에 초점을 맞추어 이들의 커뮤니

---

41 위의 글, 400쪽.
42 위의 글, 402쪽.

티가 어떻게 형성, 전개되어 왔는지를 살펴보았다.

후쿠오카는 부관연락선의 출발·도착지인 시모노세키와 인접한 대도시로서 재일한인의 일본 유입 초기 단계부터 일자리를 제공하고 생활의 터전이 되었다. 후쿠오카의 재일한인 커뮤니티의 경우, 이 지역 기간산업이었던 광업을 중심으로 노동과 생활 세계가 형성, 전개되었으며, 결과적으로 탄광 지역 중심의 거주, 남성 중심의 인구 구성과 열악한 경제 사정이라는 특징을 지녔다. 한편, 일본이 제2차 세계대전에 패한 후, 후쿠오카는 또 다른 의미에서 특징적인 커뮤니티 형성, 전개 과정을 거친다. 대한해협을 잇는 교통망이 후쿠오카를 중심으로 복구되면서 이 지역은 한반도로의 귀환과 일본에서의 체류가 착종 하는 중심이 된다. 그리고 이러한 가운데 항구로 흘러 들어가는 하천 하류에 자생적인 집주 지역을 형성하는데, 이후 이 지역은 후쿠오카의 도시 문제로 여겨지면서 재일한인은 '단지'라는 특수한 공간에 새롭게 모여 살게 된다.

이와 같은 후쿠오카 재일한인 커뮤니티의 특징적인 형성 및 전개 과정은 이 지역이 근현대에 걸쳐 한반도와 일본 사이의 교통망의 결절 지점이자 인구 이동의 중심으로서 기능했다는 사실에서 비롯되었다고 할 수 있겠다. 그리고 이와 같은 특징은 다른 지역과 명확하게 차별화되는 부분으로서 앞으로 후쿠오카 지역의 재일한인 커뮤니티에 대한 연구를 지속하는 것은 재일한인 연구의 외연을 확장하고 내용을 심화하는 데 있어서 의미가 크다. 구체적으로는 후쿠오카 지역의 특수성을 고려한 재일한인의 노동(탄광, 부두·항만 노동)의 실태, 해방 이후 모국과의 네트워크, '단지'를 중심으로 한 지역 사회와의 관계, 언어문화 생활 등에 관한 후속 연구가 필요할 것이며, 앞으로의 과제로 삼고자 한다.

참고문헌

논문 및 단행본

김인덕, 「일제강점기 오사카 조선촌의 식문화」, 『동방학지』 163, 연세대 국학연구원, 2013.

김현선, 「재일 밀집지역과 축제, 아이덴티티-오사카 '통일마당 이쿠노'를 중심으로」, 『국제지역연구』 20-1, 서울대 국제학연구소, 2011.

박미아, 「해방 직후 재일조선인과 암시장-1945~1950년 암시장 가쓰기야(担ぎ屋)를 중심으로」, 『한국근현대사연구』 76, 한국근현대사학회, 2016.

_____, 「재일조선인과 해방 직후 암시장-도쿄 우에노의 사례를 중심으로」, 『역사연구』 33, 역사학연구소, 2017.

_____, 「해방 직후 재일조선인의 암시장 활동-오사카시(大阪市) 우메다(梅田) 지역의 사례를 중심으로」, 『한일민족문제연구』 34, 한일민족문제학회, 2018.

박수경, 「재일코리안축제와 마당극의 의의-生野民族文化祭를 중심으로」, 『일본문화학보』 45, 한국일본문학학회, 2010.

손미경, 「오사카 원코리아 페스티벌-통일운동에서 다문화공생의 장으로」, 『재외한인연구』 23, 재외한인학회, 2011.

양동숙, 「이와쿠니 재일조선인 여성의 역사」, 『동아시아문화연구』 63, 한양대 동아시아문화연구소, 2015.

유기준, 「시텐노지왓소와 재일코리안 문화의 역할 연구」, 『일본문화학보』 44, 한국일본문화학회, 2010.

이상봉, 「디아스포라와 로컬리티 연구-재일코리안을 보는 새로운 시각」, 『한일민족문제연구』 18, 한일민족문제학회, 2010.

_____, 「오사카 조선시장의 공간정치」, 『한국민족문화』 41, 한국민족문화연구소, 2011.

_____, 「일본 가와사키시 〈외국인시민 대표자회의〉 20년의 성과와 한계」, 『한국민족문화』 65, 한국민족문화연구소, 2017.

이시재, 「일본 가와사키(川崎)시의 '내부국제화' 정책연구-'공무원임용자격에 있어서 국적조항' 철폐를 중심으로」, 『한국사회학』 36-6, 한국사회학회, 2002.

_____, 「일본의 외국인 지방자치 참가문제의 연구-가와사키시의 외국인시민 대표자회의의 성립 및 운영과정을 중심으로」, 『국제지역연구』 12-1, 서울대 국제학연구소, 2003.

이현철·조현미, 「재일한인 디아스포라의 삶의 공간으로서 교회에 대한 질적 사례연구-가와사키시 교회를 중심으로」, 『다문화와 평화』 7-2, 성결대 다문화평화연구소, 2013.

임영언·김태영, 「재일코리안 디아스포라 문화자원으로서 연구사 고찰-1945년 이후 재일코리안 관련 연구성과를 중심으로」, 『일어일문학』 50, 대한일어일문학회, 2011.

전진호, 「원코리아 운동과 한인 디아스포라」, 『일본연구』 30, 고려대 글로벌일본연구원, 2018.

정혜경, 「1930년대 초기 오사카 지역 협동조합과 조선인 운동」, 『한일민족문제연구』 1, 한일민족문제학회, 2001.

한승미, 「국제화 시대의 국가, 지방자치체 그리고 "이민족시민(ethnic citizen)"－동경도 정부의 "다문화주의" 실험과 재일 한국/조선인에의 함의」, 『한국문화인류학』 43-1, 한국문화인류학회, 2010.

황혜경, 「재일코리안에 있어서 민족축제 의미와 호스트사회와의 관계－오사카시와 가와사키시를 중심으로」, 『일본문화학보』 46, 한국일본문화학회, 2010.

出水薫, 「敗戦後の博多港における朝鮮人帰国について－博多引揚援護局『局史』を中心とした検討」, 『法政研究』 60-1, 九州大学法政学会, 1993.

稲月正, 「福岡市における在日韓国・朝鮮人集住地の形成」, 『エスニック・コミュニティの比較都市社会学(平成14年度～17年度科学研究費補助金(基盤研究A), 研究代表者：西村雄郎)』, 2006.

大阪市社会部, 『本市に於ける朝鮮人の生活概況』, 大阪市, 1929.

厚生省勤労局長・厚生省健民局長・内務省管理局長, 「朝鮮人集団移入労務者等ノ緊急措置ニ関スル件」, 『内鮮関係通牒書類編冊』, アジア歴史資料センター, 1945.

坂本悠一, 「福岡県における朝鮮人移民社会の成立─戦間期の北九州工業地帯を中心として」, 『青丘学術論集』 13, 韓国文化研究振興財団, 1998.

田村紀之, 「内務省警保局調査による朝鮮人人口」, 『経済と経済学』 46, 東京都立大学経済学会, 1982.

朝鮮総督府, 『朝鮮総督府統計年報』 朝鮮総督府, 各年度版.

鉄道総局業務局長, 「関釜並ニ博釜航路経由旅客輸送ノ件」, 『内鮮関係通牒書類編冊』, アジア歴史資料センター, 1945.

東京府学務部社会課, 『在京朝鮮人労働者の現状』, 東京府, 1929.

福岡市, 『福岡市史　昭和編資料集・後編』, 福岡市, 1984.

福岡地方職業紹介事務局, 『管内在住朝鮮人労働事情』, 福岡地方職業紹介事務局, 1929.

柳井美枝, 「浜松団地のコミュニティ状況」, 『エスニック・コミュニティの比較都市社会学(平成14年度～17年度科学研究費補助金(基盤研究A), 研究代表者：西村雄郎)』, 2006.

Coleman, James S., *Foundations of Social Theory*. Cambridge, MA : Harvard University Press, 1990.

Putnam, Robert D., *Bowling Alone*, New York : Simon&Schuster, 2000.

2. 그 외
일본 법무성(法務省)의 통계 홈페이지. (인용 2019.8.6)

현해탄을 건넌 사람과 사물

'쇼와 30년대', 붐Boom에서 장르Genre로

나미가타 츠요시波潟剛

1. 문제 제기

2000년대 전반부터 중반에 걸쳐 일본에서는 '쇼와昭和 30년대 붐'이라 불리는 현상이 일어났다. '쇼와 30년대(1955~1964)'라는 것은 '고도경제성장기'의 시작과 그 후 활황을 떠올리는 역사적 대상이며, 이 시대에 대한 주목은 '쇼와'에서 '헤이세이平成'로의 변화에 따라 생겨난 구시대에의 회상, 그리고 버블 붕괴 후 경제 불황 하에서 영화榮華에의 향수鄕愁와 밀접하게 연관된 심성으로 보인다. 한편 그 시대를 경험한 적이 없는 젊은 세대에게는 부모 세대의 생활을 추체험하는 기회를 제공하고, '그리움'을 공유하는 장場이 되어 더욱더 향유층이 확대되어 가는 것을 보여주었다. 초기에는 박물관과 테마파크의 기획전시를 통해 평판을 얻었고 그 호평에 주목한 여러 출판물에서 소개된 후 영화와 TV 드라마의 성황으로 이어진 것에서 그 경위를 살펴볼 수 있다. 그중 가장 적절한 것은 2005년 공개된 영화 〈올웨이즈 3번가의 석양ALWAYS 三丁目の夕日〉이며 이 영화의 시리즈화와 함께 유사작품이 항간에 넘쳐나게 되었다.

　이상의 언급을 보더라도 '쇼와 30년대 붐'이 '일본'에서의 '일본적' 문화 현상이라는 것은 틀림없다. 이 문화 현상에 대한 분석은 2000년대 중반 붐이 한창일 때 시작되어, 현대 일본에서의 '노스텔지어'를 둘러싼 논의가 왕성하게 일어났다.[1] 그러나 '조선 특수'가 '고도경제성장'의 한 요인이었음이 단적으로 보여주듯 '쇼와 30년대'에 대해 검토할 경우 동아시아의 이웃 나라, 특히 한국과의 관계가 여기저기서 보인다. 그러므로 동아시아라는 시점에서 이 시대의 역사와 표상을 분석하는 것이 가능하다. 이러한 시도는 지금까지 적극적으로 이루어지지 않았다. 이런 의미에서 매우 흥미로운 것은 현해탄을 사이에 두고 부산 맞은편에 있는 후쿠오카福岡를 무대로 한 영화 〈신씨 탄광마을의 세레나데信さん 炭坑町のセレナーデ〉(2010)와 〈명란젓 매콤めんたいぴりり〉(2019)이 제작되었는데, 각각 재일코리안과 '조선' 출신 일본인이 큰 역할을 맡았다는 점이다.

　그렇다면 '쇼와 30년대'를 무대로 한 영화에서 현해탄을 왕래하는 사람과 사물의 존재감이 늘어나는 것은 후쿠오카라는 지역의 특성으로 인한 것일까? 또 대략 2000년대 이래 일본의 '쇼와 30년대' '표상'에서 한국과의 관계 혹은 현해탄을 왕래하는 사람들의 모습은 어떻게 기술되어 온 것일까? 이와 같은 의문에서 출발하여 본고는 〈올

1　이하 본문에서도 수시로 선행연구에 대해서 언급하지만 이 외에도 다음과 같은 문헌이 있다. 片桐新自, 「'昭和ブーム'を解剖する」, 『關西大學社會學部紀要』 38-3, 關西大學社會學部, 2007; 寺尾久美子, 「'昭和30年代'の語られ方の変容」, 『哲學』 117, 慶応義塾大學三田哲學會, 2007; 市川孝一, 「昭和30年代はどう語られたか―'昭和30年代ブーム'についての覺書」, 『マス・コミュニケーション研究』 76, 日本マス・コミュニケーション學會, 2010; 淺岡孝裕, 『メディア表象の文化社會學 '昭和'イメージの生成と定着の研究』, ハーベスト社, 2012.

웨이즈 3번가의 석양〉 전후에 제작된 '쇼와 30년대'에 관한 영화 '붐'의 시기적 특징과 그 후의 '장르'에 보이는 변화를 한국과의 관계 속에서 고찰한다.

2. '쇼와 30년대'의 '그리움'

쇼와에의 회고, 쇼와 레트로昭和レトロ의 시초가 된 것은 1994년 3월에 개업한 '요코하마신라멘박물관横浜新ラーメン博物館'이다. 관내의 플로어에 닛신치킨라멘이 발매된 해인 쇼와 33년(1958)의 상점가를 재현하고 그 재현된 통로에 늘어선 점포에서 전국의 인기 라멘 가게가 실제로 영업을 하는, 그때까지 없었던 스타일로 푸드테마파크의 선구적 존재가 되었다. 이 성공은 타 시설이나 지역에 파급되어 테마파크뿐만 아니라 각지에서 쇼와 30년대에 특화된 시설이 등장하였고 더 나아가 박물관 등도 쇼와 30년대에 관한 기획전시를 하게 되었다. 그 양상은 예를 들면, 기타노 노부지의 「쇼와 30년대를 테마로 한 집객시설이 유행하는 이유」,[2] 비주얼 리포트 「재현된 쇼와 30년대」,[3] 등 업계 잡지에서 다루어진 것 외, 2000년대에 들어서는 학술적 차원에서의 검토도 시작되어 아오키 토시야, 「쇼와 30년대 생활 재현 전시와 노스텔지어로 보는 포크로리즘적 상황」,[4] 아사오카 다카히로, 「쇼

2   貴多野乃武次, 「'昭和30年代'をテーマにした集客施設が流行る理由」, 『月刊レジャー産業』, 綜合ユニコム, 1997.
3   ビジュアルレポート, 「再現された昭和30年代」, 『月刊レジャー産業』, 綜合ユニコム, 1998.
4   青木俊也, 「昭和30年代生活再現展示とノスタルジアにみるフォークロリズム的状況」, 『日本

와 30년대로의 시선—어느 전시회의 표상과 수용의 사회학적 고찰」[5]이라는 논고가 나오기 시작했다.

같은 시기 잡지 미디어에서도 50년 정도의 과거를 되돌아보는 경향에 대한 논의가 일어나 '회고', '노스탤지어'의 대상으로서 '쇼와 30년대'가 특별히 다루어지게 되었다. 「이즈미 아사토의 사라진 일본(10) '쇼와 30년대 신앙'을 생각한다」,[6] 「회고—세대를 넘어 '쇼와 30년대'가 팔리는 이유」,[7] 「회고—쇼와 30년대, 일본인의 원풍경」[8] 등이 그 예이다. 쇼와를 회고하고 소비하는 경향은 한층 더 확대되어 출판물로서도 아오키 토시야, 『재현·쇼와 30년대 단카이 2DK의 생활』,[9] 이치하시 요시노리, 『카라멜의 가격—쇼와 30년대 10엔짜리로 살 수 있던 것』[10]이라는 책이 서점의 한 구석이나 특설 코너를 차지하게 되었고, 실제 관광지에서도 오이타현大分縣 분고타카다시豊後高田市와 같이 '쇼와 마을'을 내걸어 정겨운 옛 거리 산책을 즐기는 여행이 인기를 끌게 되었다.

이러한 시대 풍조 속에서 공개된 것이 영화 〈올웨이즈 3번가의 석양〉이다. 영화 제작 과정에서 그 세계관을 구축하면서 동시대의 체험자도 상당히 배려하여 세부적인 묘사에 집중하였다. 영화 첫머리부터 도쿄의 번화가下町를 전망하는 거리의 부감도가 관객에게 제시되

民俗學』236, 日本民俗學會, 2003.

5　淺岡隆裕, 「昭和30年代へのまなざし—ある展示會の表象と受容の社會學的考察」, 『応用社會學研究』46, 立教大學社會學部, 2004.

6　「泉麻人の消えた日本(10) '昭和30年代信仰'を考える」, 『新潮』45, 新潮社, 2000.

7　「懷古 世代を超え '昭和30年代'が賣れる理由」, 『エコノミスト』, 2003.1.28.

8　「懷古 昭和30年代—日本人の原風景」, 『アエラ』, 2003.4.14.

9　靑木俊也, 『再現·昭和30年代 団塊2DKの暮らし』, 河出書房新社, 2001.

10　市橋芳則, 『キャラメルの値段 昭和30年代, 10円玉で買えたもの』, 河出書房新社, 2002.

어 '쇼와 30년대'의 '도쿄'가 모습을 드러내었다. 그때 상징적인 것은 도쿄타워가 아직 건설 중이었던 것으로, 이야기의 진행과 함께 서서히 그 모습이 완성에 가까워짐으로써 '쇼와 33년'의 리얼리티를 멋지게 연출하고 있다. 또 라디오, 증기기관차, 집단취직, 미제트(경자동차), 노면전차, 텔레비전, 좌탁, 냉장고 등 구세대에게 있어 그리운 물건들, 홀라후프, 야구판 등 쇼와 30년대의 유행 상품, 나가시마 시게오長嶋茂雄, 이시하라 신타로石原愼太郎, 오에 겐자부로大江健三郎라는 그 시대의 저명 인물, '최고다イカす', '싫은 느낌いやな感じ' 따위의 유행어를 섞은 등장인물들의 대사 등 섬세한 배치에 이르기까지 화면 속은 '쇼와'의 분위기로 가득 차 있었다.

물론 거기에는 현재 지점에서 생각해 낸 '쇼와'의 풍경이라는 조건이 더해져 있다. 이 때문에 쇼와 33년(1958)에는 아직 출시되지 않은 자동차인 미제트를 굳이 낡아빠진 것처럼 더럽히기도 하면서 '그리운 과거'로 자연스럽게 받아들이도록 하는 세계를 펼쳤다. 근저에 있는 것은 아사바 미치아키의 『쇼와 30년대 주의』(淺羽通明, 『昭和三十年代主義』, 幻冬舍, 2008)에서 마치다 시노부町田忍의 아래 발언을 인용하면서 지적했듯이, '전전戰前의 대인 교제나 인정스러움을 확실히 계승하면서 물질적으로도 풍족하게 된 것이 쇼와 30년대', '현재는 물질이 풍부해졌어도 사람의 마음이 따라잡지 못한다'[11]라고 하는 '마음=인정', '꿈=활기'에 의해서 성립되는 세계관이며,[12] 동시대 경험이 없는 세대가 '쇼와 30년대'에 매력을 느끼는 이유도 거기에 있다.

---

11 「昭和レトロを究める(上)」, 『讀賣ウィークリー』, 2005.10.10.
12 淺羽通明, 『昭和三十年代主義もう成長しない日本』, 幻冬舍, 2008, 40~41쪽.

'쇼와 30년대 붐'을 견인한 〈올웨이즈 3번가의 석양〉에서 '마음＝인정'과 '꿈＝활기'의 테마는 당연히 매우 중요한 요소가 된다. 영화의 스토리는 도쿄타워 건축 과정과 함께 진행된다. 그것은 등장하는 각각의 '가족 유대'가 깊어지는 과정과 연동하고 있다. 2005년 11월에 개봉한 이 영화는 흥행 성적이 3주 연속 1위를 차지하였고 2006년 봄까지 상영하였으며 2007년에는 속편, 2012년에는 완결편인 세 번째 영화가 개봉되었다. 이렇게 해서 이른바 국민영화로 인정받게 되기에 이른다.

〈올웨이즈 3번가의 석양〉이 '국민영화'로서 명성을 획득한 조건에 대해 히다카 가쓰유키日高勝之는 다음과 같이 말하고 있다.

　이들 21세기 초두의 '국민 텔레비전 프로그램' '국민영화'는 모두 전후(戰後)의 클라이막스인 고도경제성장기 전후(前後), '기업이익 우선' '일본형 기업 시스템'으로 대표되는 모습에 대하여 현대 시각에서의 무언가 불만이나 비판임과 동시에, 그러한 '현실'이 가까운 과거 기억에 대한 수정 욕망으로의 의미 개입으로 생각된다.[13]

여기서 지적된 '가까운 과거 기억에 대한 수정 욕망'은 '기업이익 우선' '일본형 기업 시스템'에 의해 경제적 성장을 이룬 '현실'에 대한 '불만'이나 '비판'을 수반하는 것으로, 앞에서 서술한 '마음＝인정' '꿈＝활기'의 세계관에 대한 희구와 연결되는 문제이다. 그렇다

13　日高勝之, 『昭和ノスタルジアとは何か, 記憶とラディカル・デモクラシーのメディア學』, 世界思想社, 2014, 284쪽.

면 왜 그토록 과거에 대한 집착을 보였을까? 당시 일본은 '잃어버린 10년'을 경험했고 나아가 '잃어버린 20년'이라고 불릴 정도로 경제적 정체를 겪고 있었다. 그 때문에 경제성장 끝에 버블 붕괴를 경험한 단카이세대団塊の世代에게나 젊은 세대에게나 매우 괴로운 시대가 도래하였다. 그러한 가운데 "가슴 떨리는 듯한 그리움. 종교학자 미르체아 엘리아데Mircea Eliade는 그것을 '노스탤지어'라고 부릅니다. 그런 특별한 존재에 대해서만 우리들은 자신이 체험해 온 과거를, 자신의 모든 것을 드러내버리고 싶은 마음에 사로잡히는 것입니다"[14]라고 하는 것처럼, 마음의 근거지로서 '노스탤지어'가 기능할 여지가 있었다. 또 프레드릭 제임슨Fredric Jameson의 아래와 같은 지적처럼 '노스탤지어 영화'에는 세대를 초월하여 그 세계관을 즐길 수 있는 장치가 갖추어져 있었다.

〈스타워즈〉(조지 루카스, 1977)도 역시 노스탤지어 영화라고 상정해 보자. (…중략…) 그것은 복합한 작품이어서 청소년은 우선 모험을 직접적으로 받아들일 뿐이지만, 어른들은 과거로 돌아가는 것과 동시에 이 기묘하고 낡은 미학적 작품을 재생시키고 싶다는 심층에서 더 들어가 노스텔직한 욕망을 충족시킬 수 있다.[15]

세대를 초월하여 공감대를 불러일으킬 수 있는 노스탤지어 영화는 나아가 '쇼와 30년대'라는 역사적 과거에 관한 학습의 기회도 제공한

---

14 磯前順一, 『喪失とノスタルジア』, みすず書房, 2007, 14~15쪽.
15 フレデリック・ジェイムスン, 『カルチュラル・ターン』, 作品社, 2006, 20~21쪽.

다. 그때까지 부모 세대로부터 '쇼와 30년대' 이야기를 들어 온 사람들은 영상으로 그 시대를 접했겠지만, 그 경우 대부분은 '흑백' 화면으로밖에 볼 수 없었다. 그에 반해 〈올웨이즈 3번가의 석양〉을 통해 젊은 관객 또한 도쿄타워가 건설 중인 풍경을 컬러 영상으로 추체험하며 당시 번화가의 분위기를 맛볼 수 있게 되었다. 그로 인해 젊은 세대는 영화를 보면서 무의식중에 가까운 과거의 역사를 배워 가는 과정을 밟는다. 조너선 컬러의 『문학과 문학 이론』[16]에서는 필리핀 국민문학의 케이스를 거론하며 '묘사된 공동체가 국민국가 혹은 국민국가인지 아닌지가 문제가 될 수 있는 공동체라고 인식할 수 있는 사람들이 상정되는 독자'(85쪽)라고 하면서, '국민적 문학'을 읽음으로써 자신이 '국민'이 될 수 있는지 확인하는 프로세스를 보여준다. 〈올웨이즈 3번가의 석양〉에서도 마찬가지로 단카이세대가 과거 좋았던 노스탤지어의 시대로 상정하는 '쇼와 30년대'를 젊은 세대가 일종의 이상향으로서 공감·공유할 수 있는지를 시험받는다는 의미에서 '국민영화'가 되었다고 생각된다.

'국민'의 '이상향'으로서 '쇼와 30년대'가 정착할 때, 그 세계관에 맞지 않는 노이즈가 혼입되기는 어렵다. 〈올웨이즈 3번가의 석양〉의 중요한 장면으로 텔레비전에 역도산이 등장하자 이 영화에서 유일하게 슬로모션으로 번화가 사람들의 열광과 일체화하는 모습을 비춰준다. 역도산은 당연히 '일본'의 영웅이며 한반도 출신이라는 경력은 거론되지 않는다. 물론 이러한 방식은 동시대의 일반적 인식을 답습

---

16 ジョナサン・カラー, 『文學と文學理論』, 岩波書店, 2011.

하는 것이라 할 수 있다. 한편 '역도산의 내력이 공식적으로 드러나는 것은 70년대 말 이후(…중략…)지만, 50년대 당시부터 그의 출신이 재일교포(민단·조총련)는 물론 일반인에게도 소문으로 꽤 알려져 있었던 것 같다'라는 지적도 있다.[17] 나아가 이야기의 상징적 존재인 도쿄타워에 관해서도 "미군 전차의 스크랩에서 채취된 철은 도쿄제철에서 형강形鋼되었고 무역회사를 경유하여 도쿄타워를 건설한 건설업체인 '다케나카 공무점'에 납품되었다. 기록을 보면 타워 전체(약 3,600톤)의 3분의 1에 전차로부터 만든 형강이 사용되고 있다"라고 한다.[18] '쇼와 30년대'가 '붐'의 절정에 이른 가운데 이러한 요소가 전면에는 나올 수는 없다. 다만 이 영화 직후부터 속편이나 유사작품이 등장하면서, 혹은 동시대를 전후한 형태로 얼터너티브의 가능성이 모색되고 있었다.

3. 얼터너티브한 이야기

'쇼와 30년대'를 '이상향'으로 하는 세계관에 대한 비판은 처음부터 존재했으며 또한 속편에서도 충분히 의식되었다. 앞 절에서 본 현상 한편으로 "현대의 붐으로 '그때는 활기찼다', '그땐 마음이 넉넉했다'라고 자주 말하지만 그런 이미지는 착각이 아닐까요?"라는 반응도 있었다.[19] 이러한 비판에 호응하듯 하나의 세계에 집약한 결과 거

---

17 吉見俊哉, 『視覺都市の政治學―まなざしとしての近代』, 岩波書店, 2016, 208쪽.
18 讀賣新聞社會部, 『東京今昔物語　古寫眞は語る』, 中公新書クラレ, 2001, 26쪽.

기서 그려내지 못한 것이 속편의 소재가 되고 또 변주되어 '쇼와 30년대 물' 영화에서 주요한 테마가 되었다.

〈올웨이즈 3번가의 석양〉의 경우에는 유히쵸夕日町 3쵸메에 사는 사람들이 등장한다. 거기에서는 자동차 정비 공장을 경영하는 '스즈키 노리후미鈴木則文'의 일가족과 그 집에 입주해 일하게 되는 무츠코六子와의 인연, 그리고 스즈키 집 맞은편에 사는 '차가와 류노스케茶川龍之介', 류노스케의 집에 얹혀살게 되는 소학생 '준노스케淳之介', 준노스케를 맡는 계기를 만든 '히로미ヒロミ'와의 인연이 교대로 그려진다. 2개 그룹의 가족관계가 구축되는 모습이 제1편의 골자였다면, 제2편 〈올웨이즈 3번가의 석양(속)〉(2007)에서는 일단 구축된 인간관계에 더하여, 아무 불편이 없는 세이죠成城의 집에서 살고 있었기 때문에 스즈키 오토鈴木オート에서의 생활을 견딜 수 없어 짜증을 내면서도 조금씩 심경이 변화해 가는 소학생 '스즈키 미카鈴木美加', 요리사가 되기 위해서 아오모리青森에서 상경했지만 도쿄 생활에 적응하지 못하고 어느새 사기꾼의 일단에 참가해 버리는 '나카야마 타케오中山武雄'라는 인물이 새롭게 등장한다.

아사바 미치아키의 『쇼와 30년대 주의』에서는 새로운 등장인물들에 관해, '그들이 있었던 지점은 1964년에서 봤을 때 과거가 아니라 미래가 아닙니까? 즉, 그들의 모습은 헤이세이의 풍요를 당연시하며 살아가는 우리와 겹치지 않을까요?'(349쪽)라는 지적을 하고 있다. 이런 설정이 젊은 세대의 공감을 불러일으키는 계기가 될 가능성은

---

19 「昭和ブーム: 出版界、30年代に焦点復刻版、ムック次々と一串間努さんに聞く」, 『毎日新聞』, 2006.2.3(夕刊).

있다. 단, 여기서의 '미래'는 '쇼와 34년'이라는 과거, '쇼와 30년대'라는 '과거'를 비판적으로 묻는 차원이 아니라, 외부에서 온 방문객이라는 의미가 되어 '쇼와 30년대'의 세계관까지 흔들리지는 않는다.

반면 애니메이션 영화 작품으로 크레용신짱 영화 시리즈 중 하나인 〈크레용신짱─폭풍을 부르는 모레츠! 어른 제국의 역습クレヨンしんちゃん─嵐を呼ぶモーレツ！オトナ帝国の逆襲〉(2001)은 '과거'와 '미래'의 대결이 이야기의 주안점이며 '그리움'의 의의가 의문시된다는 점에서 다양한 형태로 일찍부터 〈올웨이즈 3번가의 석양〉과 비교가 되어 왔다. 어른들이 끌리듯 들어가거나 아이들을 두고 가버리는 수수께끼의 테마파크인 '20세기 박물관'은 1970년대 만화 캐릭터 등이 다양하게 갖춰진 체험형 시설인 반면, 지하에는 옛 냄새가 가득한 '유히쵸'가 건설되어 이곳에서 생활하는 사람들이 다수 존재하는 이중구조를 이루고 있다. 이 시설을 기획한 것은 비밀결사 '예스터데이 원스 모어'이며 어른들이 '현재'의 생활에 싫증이 나서 '과거'를 강하게 동경하고 있는 것에 착안해 만든 세계였다. 이러한 이야기인 이상 '과거'와 '현재', 그리고 '미래'라는 구도가 문제가 되는데, 유토피아로서의 '과거'에 물음표를 찍는 것이 주인공 '신노스케しんのすけ'다.

다시 아사바 미치아키의 『쇼와 30년대 주의』에서 인용한다.

아이의 미래를 부정해서는 안 된다는 하라(原) 감독의 생각은 영화 속에서 '과거 냄새' 살포를 막기 위해 20세기 박물관 옥상 거대타워 정상까지 기진맥진하며 뛰어오른 신짱이 "왜, 도대체 왜? 현실의 미래는 추한 모습일 뿐인데"라고 어이없어하는 차코를 향해 "나는 아빠하고 엄마하고 히마와리

(동생)하고 시로(강아지)하고 좀 더 함께 있고 싶으니까…싸우더라도 화가 나거나 해도 함께가 좋으니까…나중에는, 나는 어른이 되고 싶으니까…어른이 돼서 누나처럼 예쁜 누나와 엄청 많이 사귀고 싶으니까"라고 내지르듯 외치는 이 대사로 결정되었다고 할 수 있을 것이다.(66~67쪽)

이 애니메이션 영화가 주목받는 것은 〈올웨이즈 3번가의 석양〉과 분명 유사한 장면이 있기 때문이다. '유히쵸'와 '유히쵸 3쵸메'는 이름이 비슷할 뿐 아니라 다카노 고헤이高野光平가 보여주듯이 거리의 담배가게, 나자빠지는 소바가게 배달, 석식 카레, 삼륜자동차에 뛰어 타는 장면 등 공통점을 볼 수 있다.[20] 〈올웨이즈 3번가의 석양〉에 선행하는 작품인데도 비슷하다는 것은 오히려 〈올웨이즈 3번가의 석양〉이 참고했기 때문이라는 추측도 가능하지만, 그 이상으로 둘 다 만화 『3번가의 석양』이나 쇼와 시대의 애니메이션 또는 코미디 드라마를 공통 기반으로 하고 있는 점을 고려할 필요가 있을 것이다. 그러나 쇼와의 '그리움', 그 '그리움'을 유인하는 '냄새'에 대한 대응에는 상당한 차이가 있다.

〈올웨이즈 3번가의 석양(속)〉으로 이야기를 되돌리면, 새로운 등장인물이 설정되는 것은 아이뿐만이 아니다. 스즈키 가문의 어머니 '토모에トモヱ'의 옛 친구인 '야마모토 노부오山本信夫'나 스즈키 노리후미의 전시戰時 동료였던 '우시지마牛島'가 있다. 두 사람은 첫 작품에서는 크게 다뤄지지 않았던 어른들의 '과거'가 문제가 됐음을 보여준

---

20 高野光平, 『昭和ノスタルジー解体'懐かしさ'はどう作られたのか』, 晶文社, 2019, 304~304쪽.

다. 토모에의 지인인 야마모토는 오랜만에 만난 토모에에게 전후 시베리아에서 억류됐던 경험을 이야기한다. 또 우시지마는 전우들과의 동창회에서 오랜만에 스즈키 노리후미와 만나 의기투합해 그의 집까지 함께 온다. 사실 이미 우시지마는 전쟁터에서 죽었고 귀신이었다는 전말이 있는데, 살아남은 노리후미를 격려하는 역할을 하고 있다.

속편에서는 이렇게 아이들의 새로운 문제와 더불어 어른들의 '과거'도 회자되고 있다. 그러나 역시 '쇼와 30년대' 붐의 견인 역할인 '이상향'을 스스로 해체하는 방향으로 이야기를 진행시키는 것은 아니다. 이것은 어찌 보면 당연하다. 그렇기에 오히려 동시대의 다른 작품들이 새로운 가능성을 모색하고 있는 것에 눈을 돌리고 싶다.

영화〈저녁의 거리・벚꽃의 나라夕凪の街・桜の国〉는 2007년에 개봉한 것으로〈올웨이즈 3번가의 석양(속)〉과 같은 해의 작품이다. 영화는 전반 '저녁의 거리'와 후반 '벚꽃의 나라'의 2부로 구성되어 있으며 시대설정도 1958년과 2007년으로 나뉘어 있다. 무대는 히로시마이며, 고노 후미요こうの史代의 원작 만화를 바탕으로 원폭의 참극에서 헤어나지 못하고 있는 히로시마와 그곳에 사는 여성들의 모습, 그리고 현대까지 이르는 피폭 문제가 그려졌다. 원작 만화에서는 전반 설정이 1955년인데 반해 영화에서 1958년으로 되어 있는 것은 역시〈올웨이즈 3번가의 석양〉을 의식하고 있었기 때문일 것이다. 영화 첫머리에 1958년 히로시마임을 밝힐 때 거기에는 사사키 사다코佐々木禎子의 '원폭 어린이상原爆の子の像'이 크게 등장한다. 1945년 8월로부터 13년이 지난 히로시마에서는 더 이상 사람들의 화제거리가 되지는 않지만, 원폭의 상처가 거리에도 사람들의 신체와 기억에도 강

하게 남아 있다. 이러한 요소가 전경화前景化하고 있다는 점에서 〈올웨이즈 3번가의 석양〉 시리즈와는 정취가 꽤 다르다. 그것은 후반의 시대설정이 2007년 현재로 되어 있는 것에서도 분명하며 '이상향'으로서의 '쇼와 30년대'라는 틀은 여기에는 없다. 오히려 이야기 전개에 허구가 아니라 체험자들이 그린 '원폭 그림'을 개입시켜서라도 현재 '전쟁' 그리고 '원폭'의 의미를 묻는 자세가 선명하다.

히가시 타쿠마東琢磨는 다음과 같이 지적하고 있다.

> 영화 〈저녁의 거리·벚꽃의 나라〉에서 미나미(皆実, 일명 히지야마) 피폭 때의 기억에 대한 영상을 만들지 않고 '원폭 그림'을 삽입함으로써 극복하는 수법은 일견 간편해 보이지만 매우 설득력을 가진다. 동시에 기억의 통합(이것은 히로시마 시민의식이 피폭 체험에 의한 통합이라고 하는 논의와도 겹치겠지만)이 아니라 집합적인 접합이라고도 할 수 있는 영상 표현 본연의 자세를 나타내고 있는 것 같다. 치졸해도, 말할 수 없다고 해도, 오히려 그렇기 때문에 '그래도 여전히 이미지화'되어 어쩔 수 없는 히로시마 생존자의 기억이 우리를 다시 새로운 '그럼에도'라고 되묻는 충동에 호소하고, 또 책무를 불러일으킨다. 무수한 개별적인 모든 사실의 기억이 하나가 되지 않은 채 개별 회화로서 타자의 기억과 나누어 가지게 되는 것이다.[21]

2007년의 영화로서 〈올웨이즈 3번가의 석양(속)〉과 〈저녁의 거리·벚꽃의 나라〉를 거론할 때, 전자는 '현재'로부터 '과거'에의 동

---

21 東琢磨, 「髪留めに結われていく記憶」, 『未來』 490, 未來社, 2007, 28쪽.

경과 일체화, 후자는 '과거'로부터 '현재'에의 물음과 개별화라는 매우 대조적인 위치에 있다. 그럼에도 불구하고 '쇼와 30년대'라는 시대설정을 공유함으로써 이 시대가 하나의 영화 시리즈로서의 틀을 넘어 '장르'로 성립하여 여러 시각에서 이야기를 추구하는 장으로 기능하고 있음을 알 수 있다. 주류 이야기가 공고해지면서 그에 대한 안티테제를 보여주려는 얼터너티브 이야기가 탄생하는 것이다.

다만 주류가 되는 이야기 또한 다른 이야기에 대한 안티테제일 가능성이 있다. 왜냐하면 한일합작영화 〈밤을 걸고夜を賭けて〉(2004)는 1958년 오사카에 출현한 '아파치족' 이야기로, 가이코 다케시『일본삼문오페라』(開高健,『日本三文オペラ』, 新潮文庫, 1959), 고마쓰 사쿄『일본 앗파치족』(小松左京,『日本アッパチ族』, 光文社, 1964), 양석일『밤을 걸고』(梁石日,『夜を賭けて』, 幻冬舎文庫, 1994, 영화의 원작) 등 세 번에 걸쳐 소설의 소재가 되어 '쇼와 30년대'에 대한 하나의 관점이 이미 제시되었기 때문이다.

가이코 다케시의『일본삼문오페라』는 잡지『문학계文學界』에 1959년 1월부터 7월까지 연재된 것이다. 오사카 신세카이新世界 일대를 배회하던 한 부랑자 '후쿠스케フクスケ'가 어느 날 어떤 여자에게 스카우트 되어 국철 죠토센城東線 쿄바시역京橋駅 근처의 빈민굴에 끌려 들어간다. 후쿠스케는 패전을 앞두고 미군기의 폭격으로 거대한 폐허가 된 육군 포병공창터 '스기야마 광산杉山鉱山'에 출몰하는 '아파치'의 일원이 되었는데, 그들의 일이란 거기에 매장된 많은 금속 덩어리를 야음을 틈타 훔쳐내는 것이었다. 동료들은 체력, 능력에 따라 전원이 여러 가지 개성적인 놀라운 역할을 하고 있다. 그러나 이 아파치 집

단도 경찰에 쫓기고 사고가 빈발하여 붕괴될 수밖에 없게 된다. 동료들이 훔쳐온 트럭에 탄 후쿠스케 등은 아파치 부락 밖을 향해 전속력으로 질주했다.

이것이 기조를 이루는 설정인데, SF 작가 고마츠 사쿄는 '식철인간食鐵人間'의 세계로서, 양석일은 그 자신이 '아파치'였던 당사자의 입장에서 각각의 이야기를 그려냈다. 가와무라 미나토의 『태어나면 그곳이 고향-재일조선인문학론』(川村湊, 『生まれたらそこがふるさと-在日朝鮮人文学論』, 平凡社, 1999)은 "카이코 다케시가 『일본삼문오페라』를 쓴 것은 아마 이 '먹기 위해 먹는다(살기 위해 산다)'는 것의 빛을 기록해 두고 싶었기 때문일 것이다"(215쪽), "비유가 아니라 '철을 먹는 사람들'. 아마 고마쓰 사쿄의 눈앞에 있었던 것은 신칸센新幹線 개통, 도쿄올림픽 개최를 정점으로 일본의 도시가 엄청난 기세로 재개발되면서 그 명목 하에 파헤쳐진 거리 풍경인 것이다"(215쪽)라고 지적한 후, 가이코 다케시와 고마쓰 사쿄의 소설에서는 "'아파치족'이라고 주인공들의 민족과 국적을 명시하지 않고 애매하게 얼버무리지 않을 수 없었던"(215쪽) 점을 양석일의 소설과 차이라고 서술하고 있다. 양석일의 소설 『밤을 걸고』에 대해서 가와무라는 다음과 같이 지적한다.

신대기(申大起) 요도기 할머니(ヨドギ婆さん) 가네무라(金村) 마쓰다(松田) 히라야마(平山) 등 등장인물들의 국적·민족성은 분명하며 '반도인', '고려인' 혹은 '여보', '선인', '제3국인'과 같은 차별어까지 포함하여 '조선인'이라는 민족명을 오로지 기피하기 위해 일본인이 고안해 낸 대체어들은 이 소설에서는 아무런 의미도 가치도 갖지 않는 것이다. (217쪽)

〈올웨이즈 3번가의 석양〉에 등장하는 역도산의 묘사 방법을 '아파치족' 이야기가 전개되는 추이와 비교하여 논하는 것도 흥미로운 시도라고 생각된다. 그러나 영화 〈밤을 걸고〉와의 접점을 분명히 할 수 있을 정도의 근거는 없으며 논의는 어디까지나 추측의 영역을 벗어나지 않는다. 여기서 확인해 두고 싶은 것은 '쇼와 33년' '쇼와 30년대'를 무대로 한 2000년대 영화에서는 무대가 도쿄에서 이동하여 지역성이 현저해짐에 따라 '이상향'이라는 주제에서 멀어지는 경향을 볼 수 있다는 점이다. 또 테마가 다름에도 굳이 '쇼와 30년대'를 무대로 한 영화가 양산되어 어떤 일정한 장면의 약속이 성립된 점이다. 취급하는 테마가 다르더라도 패션이나 가구, 세간품, 완구, 전기기기 등의 역사적 소재는 물론 '번화가'의 운치나 '인정'이 역시 이야기의 기조를 이루어 가는 점에서는 '쇼와 30년대'라는 붐 속에서의 영상 작품이라는 '장르'적 특성도 생성되고 있었다고 생각된다.

4. 드러나지 않는 '메시지'

영화 〈신씨 탄광마을의 세레나데〉의 기획은 2006년 시작되었고 각본 집필은 2007년, 촬영은 2008년, 개봉은 2010년이었다. 가히 영화 〈올웨이즈 3번가의 석양〉의 붐, 여운 속에서 제작·개봉한 영화라고 할 수 있다.

히타카 가쓰유키의 『쇼와 노스탤지어란 무엇인가昭和ノスタルジアとは何か』에서는 일본의 탄광영화사에 대해 알아보면서 〈훌라걸스フラガー

ル〉(2006)의 감독, 제작·배급에 재일교포 이상일과 이봉우가 각각 관여하고 있는 점에 주목하였다. 이 영화에 재일교포 등장인물은 없다. "그러나 李는 탄광 지역의 '이물異物'이었던 홀라댄스, '이인異人'이었던 홀라걸을 통해"(338쪽) '티 나지 않는 '독毒'을 도처에 담아' '시크릿 메시지'를 발신하고 있다고 하였다.(339쪽) 여기서 말하는 '시크릿 메시지'는 요모타 이누히코四方田犬彦의 『아시아 속의 일본 영화』(『アジアのなかの日本映画』, 岩波書店, 2001)를 전거로 다음과 같은 것을 가리키고 있다.

즉 자이니치(在日) 문제를 정면으로 다루는 것이 아니고, 더구나 본 줄거리와 꼭 관계있는 것은 아니며, 그 등장인물이 자이니치이든 아니든 스토리가 성립하는 형태로 나타난다. 아는 사람은 알고 의미화하려면 의미화할 수 있지만 그러지 않아도 영화 감상에는 지장이 없는, 내포된 형태로 나타나는 것이다.(337쪽)

영화 〈신씨 탄광마을의 세레나데〉에는 재일교포들이 등장하고 그런 의미에서 '자이니치'임은 숨겨진 메시지가 아니다. 그러나 〈올웨이즈 3번가의 석양〉과의 관계에서는 역시 '시크릿 메시지'라고 부르고 싶은 몇 개의 설정이 있다.

원작은 즈지우치 토모키辻内智貴가 쓴 2편의 소설, 『신씨信さん』와 『아득한 마을遥い町』이다. 영화화에 있어서 각본을 담당한 것은 재일교포 정의신이다. 그는 극작가, 각본가, 연출가이며, 〈달은 어디에 떠 있는가月はどっちに出ている〉로 제67회(1993) 키네마순보キネマ旬報 베스트10 각본상을 수

상한 뒤, 〈사랑을 바라는 사람愛を乞うひと〉、〈피와 뼈血と骨〉 등의 각본을 맡는 한편, 극작가로서 『용길이네 곱창집焼肉ドラゴン』으로 제12회(2008) 쓰루야난보쿠희곡상鶴屋南北戱曲賞을 수상하는 등 활약을 하고 있다.

영화 〈신씨 탄광마을의 세레나데〉는 전반이 쇼와 38년(1963), 후반이 쇼와 45년(1970)으로 되어 있다. 모두 도쿄에서 후쿠오카로 귀성하는 모자가 등장한다. 어머니 역을 연기한 이는 〈올웨이즈 3번가의 석양〉에서 히로미 역을 연기한 여배우인 고유키小雪이다. 만화를 읽는 소년과 여배우 고유키의 조합은 각본 집필, 영화 제작, 공개시기에서부터 『3번가의 석양』의 '히로미'와 '준노스케'의 조합을 방불케 했기에 관객에게 그 이미지를 상기시키는 것이 목적이라고 할 수 있다.

탄광이 중심산업인 섬에 도쿄에서 온 전학생으로 나오는 소년 '마모루守'는 주위의 호기심을 일으키는 존재에 지나지 않았다. 하지만 그를 궁지에서 구해 준 소년 '신이치信一'와 만나면서 탄광마을 사람들과 그 생활에 순응해 간다. 마모루의 어머니 '미치요美智代'에게 '신씨'로 불리게 되는 그는 친척집에 맡겨져 불우한 처지에 살고 있다. 뿐만 아니라 양부와 같은 존재이던 숙부가 갑자기 죽어 버려 일가의 생계가 어려워지자 어려서부터 취업을 강요당하게 된다. 〈올웨이즈 3번가의 석양〉에서의 준노스케도 가족과 떨어져 류노스케의 집에 얹혀산다는 설정은 비슷하지만 이야기가 진행되는 동안 유복한 아버지의 존재가 판명되고 또 류노스케나 히로미라는 옹호자를 얻게 된다는 구도는 신이치의 몸을 덮치는 불행과 대조적이다.

또 신이치의 숙부가 탄광에서 오랜 세월 일한 탓에 폐병을 앓고 있던 것이나 후반인 1970년이 되면 탄광도 사양길을 걷고 있는 것 등

'쇼와 30년대'의 화려한 일면과는 다른 장면이 계속된다. 이런 설정 가운데 역시 눈길을 끄는 것은 마모루의 동급생 영남이다. 영남은 마모루가 전학 올 때 우연히 옆자리였다. 이후 수차례 주위로부터 폭행을 당하고 이지메를 당하는데도 저항하지 않는 조선인 급우를 보고 마모루는 왜 저항하지 않느냐는 의문을 던지며 우연히 영남의 집까지 따라가는 장면이 나온다. 이런 장면은 원작에는 없다. 원작 소설의 하나인 『아득한 마을』에서는 예컨대 다음과 같이 묘사되어 있다.

　　같은 소학교 학생이지만 영군을 교내에서 본 기억은 별로 없다. 영군은 거의 학교에 오지 않았던 것 같다. 그리고 리어카를 끌고 장사하는 어머니를 자주 도와주고 있었다. 리어카에는 고철 따위가 실려 있는 일도 있었고 양돈장에 운반하는 잔반 등이 실려 있는 적도 있었다. 아이의 눈에도 그것은 매우 무거워 보였다. 그것을 뒤에서 밀며 어머니와 가는 영군을 나는 학교에서 돌아오는 길 등에서 자주 보곤 했다.[22]

영화에서 도쿄에서 온 마모루는 '조선인'이라는 말이 의미하는 내용도 몰랐고 왜 그런 이유로 이지메를 당하는지도 이해할 수 없는 소년으로 그려졌다. 그런 만큼 영남의 집에 도착해 마당에서 고추가 널려 있는 광경도 신기했고 닭을 손에 들고 서 있는 아버지를 보고 처음에는 놀라기도 한다. 영남의 아버지가 직접 비틀어 죽였을 닭이 식탁에 오르자 마모루는 상당한 거부감을 느끼지만 한입에 표정이 부

22　辻內智貴, 「遙い町」, 『信さん』, 小學館文庫, 2007, 114쪽.

드러워지고 그 맛에 감동하는 장면이 이어진다. 〈올웨이즈 3번가의 석양〉에 한국에 관한 화제가 갑자기 들어오면 다른 문화에 대한 위화감이 눈에 띄게 될 것임에 틀림없다. 그러나 그에 대한 적절한 대우나 묘사법도 있다는 메시지가 여기에는 어른거린다.

식탁에 둘러앉은 장면은 영화의 독자적인 것이지만, 원작소설과 영화에 공통되는 것으로는 영남이 오사카로 이사하기 직전 괴롭히던 인물들에게 복수하는 장면이다. 이전까지 전혀 저항하는 일이 없었던 영남이 "K나 S 등 여섯 명 정도의 아이가 너덜너덜해져서 거기에 쓰러져 있었다. 쓰러져 배와 얼굴을 움켜잡고 작은 신음소리를 내고 있었다. S 등은 피범벅을 한 채 '팔이 부러졌다, 팔이 부러졌다며' 비명 같은 목소리로 울부짖었다(131~132쪽)"라고 완력으로 복수한다. 이 장면은 거의 같은 형태로 영화에도 등장한다.[23] 〈올웨이즈 3번가의 석양〉에서 '폭력'이 눈에 띄는 장면은 거의 없다. 그에 비하면, 〈신씨 탄광마을의 세레나데〉에는 이러한 장면이나 신이치에 대한 체벌 등 '폭력'이 자주 등장한다. 그러나 다음에 인용하는 것처럼 영화에서의 '폭력' 또한 문학과 마찬가지로 묘사된 '폭력'을 그대로 받아들이기보다는 일종의 비유로 검토해야 한다.

폭력은 인간과 인간 사이에서 일어나는 가장 개인적, 사적인 행위 중 하나이지만 그 의미하는 바는 문화적, 사회적 현상이기도 하다. 심지어는 상

---

23 영화에서는 1970년에 오사카로 간다는 설정으로 되어 있고 같은 시기에 이타미공항(伊丹空港)의 활주로 확장에 종사하는 모습이 묘사된다. 『용길이네 곱창집』의 에피소드와도 겹치는 의미여서 흥미롭다.

징적, 주제적, 성경적, 셰익스피어적, 낭만주의적, 우화적, 초월론적일 수 있다. 실생활에서의 폭력은 단지 폭력이다. 슈퍼마켓 주차장에서 당신이 코앞에서 펀치를 맞는다면 그것은 단순한 공격일 뿐 행위 이외의 의미는 없다. 그렇지만 문학 속의 폭력이라면 이야기가 달라진다. 보통 그것은 뭔가 다른 것을 의미한다. 코끝의 펀치는 아마도 은유일 것이다.[24]

이 영화에서 영남에 관한 에피소드는 신이치의 미치요에 대한 담담한 연정을 그린 본줄기와 연관이 적은 만큼 크게 주목하지 않아도 작품의 대강을 이해할 수 있다. 그러나 영남 역시 주인공 신이치와 마찬가지로 폭력의 희생자이다. 그렇다면 왜 그들이 '폭력' 아래에서 견뎌내는가 하는 점을 고려할 때, '쇼와 30년대'라는 시대와 그 묘사 방식에 대한 물음이 담겨 있다고 할 수 있을 것이다. 이러한 의미에서 〈신씨 탄광마을의 세레나데〉로부터 '시크릿 메시지'를 읽어낼 필요성은 충분히 있다.(종종 '푸른 하늘'이 등장하는 일도 '낙조'와의 대비로 생각할 수 있을 것이다)

---

24 トーマス・C・フォスター, 『大學教授のように小說を讀む方法』, 白水社, 2010, 102쪽.

5. '돌아온' 일본인 – '명란' 이야기

후쿠오카가 무대인 '쇼와 30년대 물' 영화에 대해 앞 절에서는 〈신씨 탄광마을의 세레나데〉를 다루면서 한국과의 접점을 재일교포 등장인물에서 검토했다. 이번 절에서는 최근 작품인 〈명란젓 매콤〉(2019)에 등장하는 '명란'과 '조선'에서 귀향한 일본인 이야기를 다루어 보고자 한다.

〈명란젓 매콤〉은 TV드라마가 먼저 만들어졌다. 2013년 8월 TV 서일본 개국 55주년을 기념해 제작된 TV드라마 시리즈로, 제1부가 특별편으로 8월 3일 방영되었으며 제2부는 16회로 나누어 8월 5일부터 29일까지 방영되었다. 이후 〈명란젓 매콤 2〉가 2015년 방영되면서 연극도 만들어졌다.

영화판 〈명란젓 매콤〉을 포함하여 작품의 근원이 된 것은 가와하라 켄의 『명란젓을 만든 남자, 후쿠야 창업자 가와하라 토시오의 인생과 경영』(川原健, 『明太子をつくった男　ふくや創業者・川原俊夫の人生と経営』, 海鳥社, 2013)이다. 실존 인물이 모델이 되는 픽션으로, 이야기를 이해하는 데 참고가 되는 기술을 이 책에서 몇 군데 열거해 둔다.

후쿠오카현 아사쿠라군 미와무라(朝倉郡三輪村, 현 치쿠젠초(筑前町)) 출신의 카와하라 집안은 메이지 후기에 부산으로 건너가 '가와하라 회조점'을 열었다. 배로 물자를 운송하는 해운업을 하면서 일본인들에게 해산물과 통조림, 식품 등도 팔았다고 한다. (26쪽)

1930년 부산공립중학교를 졸업한 토시오는 진학하지 않고 1932년 만주

대련에 있던 숙부의 소개로 만주전기사업계의 최고 기업인 '남만주전기주식회사'에 입사했다.(30쪽)

토시오가 속한 독립보병제394대대의 배속지는 오키나와 본섬에서 남서쪽으로 약 300km 떨어진 미야코섬(宮古島) 근처의 이라부섬(伊良部島).(35쪽)

어머니 치즈코(千鶴子)는 1948년 4월 후쿠오카시가 착공한 '나카스시장(中洲市場)'에서 외지 귀환자를 대상으로 25세대의 입주자를 모집한다는 신문광고를 발견하고, 자신의 가게를 가질 수 있다는 희망으로 이에 응모할 것을 아버지에게 제안한다. (42쪽)

인기상품은 없을까 생각하고 있던 토시오와 치즈코는 부산에서 먹던 '명태'의 맛을 그립게 떠올렸다. 가게에 두었더니 조선 귀환자들이 기뻐하였기에 두 사람은 소금에 절인 '명란'을 들여왔다. (52쪽)

2013년의 텔레비전 드라마판에서는 제1부에서 '후쿠노야ふくのや'의 전사로서 전전戰前의 반생이 그려진다. 그 첫머리는 제2부 최종 16회 첫머리와 겹치는 장면으로 시작되어 1975년 부산항에서 일본인 부부가 감회에 잠기면서 시작된다.

부산에서 태어난 '토시유키俊之'와 '치요코千代子' 두 사람은 남녀로 나뉘어 학교를 다녔는데, 각각 학내외에서 소문난 유명 인사였다. 그런 두 사람이 초량시장에서 만나 명태를 파는 노인을 만난다. 노인의 어머니는 일본인이지만 아버지가 조선인이고 후쿠오카에 살았던 경력이 있었다. 그 노인으로부터 하카타 기온 야마카사博多祇園山笠의 이야기를 듣고 부산에서 그 재현을 시도한다. 이후 도시유키와 치요코는 결혼해 만주로 건너가고 징병된 토시오는 오키나와로 향하게 된다. 헤어진 두 사람이 마침내 만난 것은 후루다오葫蘆島에서 철수해 온 아내 치즈코와 아이들이 하카타항에 도착했을 때였다.

그 후 제2부는『명란젓을 만든 남자, 후쿠야 창업자 가와하라 토시오의 인생과 경영』에 근거하는 '후쿠노야'의 역사이며, 종업원들과의 희비가 교차하는 에피소드가 코믹터치로 그려진다. 이윽고 시간은 1975년이 되어 무거운 허리를 들고 두 사람은 부산으로 향한다. 마중 나온 것은 관광협회의 담당자이다(동서대의 장제국씨가 연기하였다). 옛 추억을 더듬으며 다니던 학교, 시장을 둘러보지만 그 모습은 많이 변했고 흔적도 거의 없다. 무언가 낙담을 하며 초량시장을 찾아 "당신이 알고 있는 부산은 진짜 부산이 아닙니다. 하지만 당신이 아는 부산도 틀림없는 부산"이라는 말에 어리둥절해 하면서도, 어린시절 자신들의 환영을 본다. 그리고 역시 부산이 자신들의 고향임을 확인하게 된다.

이 드라마는 사실에 근거하기도 했지만 '조선'에서 귀환한 인물이자 전후에야 비로소 일본 땅에서 살게 된 일본인 부부가 중심적으로 그려진다. 또 이들이 만드는 '명란'도 원래 부산에 있던 반찬으로, 후쿠오카 땅에 뿌리내리기를 기대하고 시작한 사업이라는 점이 언급되고 있다. 영화 〈명란젓 매콤〉(2019)에서는 시간적 제약도 있어서 '외지'에서의 삶이 상세하게 그려지지는 않는다. 그러나 명란젓이 부산에서 만든 반찬이라는 점과 현지인들의 입에 처음엔 낯설었던 모습이 담겨 있다.

흥미로운 것은 영화 시간이 '쇼와 30년대' 전반으로 설정됐다는 점이다. '후쿠노야 상점'에 진열한 상품이나 건너편 점포, 길거리의 모습 등 〈올웨이즈 3번가의 석양〉 이래의 '쇼와 30년대 물'의 분위기를 답습하고 있고, 거기에 사는 사람들의 '인정'도 공통의 토대에서 연출되고 있다고 말할 수 있다. 그런가 하면 가족과 직원이 한자리에 모이는 식탁의 중심에는 고로케나 카레가 아니라 시작 단계인 명란젓이 즐비하다. 또 이야기의 중요한 장면에서 바다 건너 세계와의 연결이 연상된다.

이 영화에서 바다가 상징적으로 등장하는 장면이 세 번 있다. 첫 번째는 아내 치요코가 화를 내고 토시유키가 그 행방을 찾으러 나와 이윽고 해안에 이르는 장면이다. 치요코에게 그곳은 바다 건너에 있는 태어난 고향인 부산을 떠올리는 곳이다. 남편의 언동에 짜증을 느끼고 옛날의 그리운 날들을 생각해 보지만 결국 소꿉친구였던 남편 도시유키만 머릿속에 떠오른다. 그때서야 겨우 침착함을 보이고 부부는 함께 귀가한다.

두 번째는 물자와 식량을 제공하고 무언가 도움을 받던 하카타 인형사人形師가 자살했다는 소식을 듣고, 또 조금이라도 도움이 되려고 애쓰던 장남 동급생들이 불행을 면치 못한다고 한탄하는 모습을 보고, 명란젓으로는 사람을 행복하게 할 수 없다고 절망한 결과 토시유키의 발이 자연히 바다로 향하는 장면이다. 그를 기다린 사람은 전사한 친구 세 명이었는데, '그런 상황이라면 함께 헤엄치지 않을래?' 하고 유혹한다. 이때 해안은 고향 부산이 아니라 전쟁터 오키나와와 연결돼 있다. 바다를 건너 고인이 토시유키를 데리러 온 것이다. 그러나 아내 치요코가 열심히 토시유키의 뒤를 쫓아 빠지기 전에 제정신으로 돌아가 두 사람은 해안으로 돌아간다.

세 번째는 장남의 급우인 에이코英子가 퇴거를 강요당한 결과 후쿠오카를 떠나 친척과 새로운 생활을 시작하는 것을 격려를 해주는 장면이다. 토시유키에게는 경제적인 지원을 할 여력이 없다. 그러나 그래도 희망을 잃지 말자며 토시유키가 지붕 위에서 넓게 하카타만을 바라볼 수 있는 위치까지 에이코를 메어 올린다. 그때의 바다 경치는 저녁놀 하늘이지만 해면은 빛나 전체가 매우 밝다. 마지막을 맞는 암전의 광경이 아니라 희망의 빛으로 가득하다.

'쇼와 30년대 물'로서 2010년대 영화 〈신씨〉나 〈명란젓 매콤〉을 생각할 때, 그 장르적 규칙을 따르면서 종종 한국과의 관계가 표현된다는 점이 특징이다. 바꿔 말하면 '쇼와 30년대'의 일본을 그리면서도 사람과 물품에 관한 기원이 은폐되는 일이 없고 한국과의 연계가 명시되고 있다. 그것은 사실의 뒷받침이 근저에 있지만 오히려 사실이 근저에 있다고 해도 한국과의 접점이 강한 이야기가 '쇼와 30년대'라는 장르에 진출해도 문제가 없는 시대가 도래했음을 의미한다. '국민영화'로서의 붐이 가라앉고 향수의 대상이나 이상향으로서의 기능이 시간의 경위와 함께 희미해지는 한편, 장르로서의 문법이 정착됨에 따라 다룰 수 있는 소재는 넓어졌기에 파생물은 오히려 테마가 깊어졌다고 생각해도 무방할 것이다.

두 영화에서 떠오르는 것은 이상향으로서의 '쇼와 30년대'의 모습보다 주변의 존재로 살았던 사람들의 기록이며, 그러한 사람들의 증거가 화면상에 제시됨으로써 '쇼와 30년대'를 '동아시아 속의 일본' 문맥으로 파악하는 역사에의 새로운 입구가 제공되었다는 것이다. 이러한 의미에서 〈올웨이즈 3번가의 석양〉 이후 '쇼와 30년대'의 표상을 축으로 한 많은 파생물이 제작되고 지역 특색이 독자적으로 추가되어 가는 과정에서 다양한 사람들이 공유할 수 있는 '과거'로서 '쇼와 30년대'를 '표상'하는 새로운 의의가 발견되었다고 할 수 있다. 한국이라는 시점에서는 후쿠오카를 무대로 하는 영화에 그 경향이 두드러지게 나타났다. 동아시아 속의 일본을 적절히 인식, 이해하기 위해 이러한 시도가 계속될 것으로 기대된다.

참고문헌

浅岡孝裕, 『メディア表象の文化社会学 '昭和'イメージの生成と定着の研究』, ハーベスト社, 2012

浅羽通明, 『昭和三十年代主義』, 幻冬舎, 2008

磯前順一, 『喪失とノスタルジア』, みすず書房, 2007

市川孝一, 「昭和30年代はどう語られたか―'昭和30年代ブーム'についての覚書」, 『マス・コミュ
　　　ニケーション研究』76, 日本マス・コミュニケーション学会, 2010

片桐新自, 「'昭和ブーム'を解剖する」, 『関西大学社会学部紀要』38-3, 関西大学社会学部, 2007

川原健, 『明太子をつくった男　ふくや創業者・川原俊夫の人生と経営』, 海鳥社, 2013

川村湊, 『生まれたらそこがふるさと　在日朝鮮人文学論』, 平凡社, 1999

辻内智貴, 『信さん』, 小学館文庫, 2007

高野光平, 『昭和ノスタルジー解体　'懐かしさ'はどう作られたのか』, 晶文社, 2019

寺尾久美子, 「'昭和30年代'の語られ方の変容」, 『哲学』117, 慶応義塾大学三田哲学会, 2007

トーマス・C・フォスター, 『大学教授のように小説を読む方法』, 白水社, 2010

日高勝之, 『昭和ノスタルジアとは何か　記憶とラディカル・デモクラシーのメディア学』, 世界思
　　　想社, 2014

フレデリック・ジェイムスン, 『カルチュラル・ターン』, 作品社, 2006

吉見俊哉, 『視覚都市の政治学―まなざしとしての近代』, 岩波書店, 2016

読売新聞社会部, 『東京今昔物語　古写真は語る』, 中公新書クラレ, 2001

四方田犬彦, 『アジアのなかの日本映画』, 岩波書店, 2001

개항장의 대중문화 유입과 전개
목포의 트로트 유입과 흥성원인을 중심으로

곽수경

1. 들어가는 말

오랫동안 쇄국을 고집하던 조선은 일본의 끊임없는 계략 속에 운요호사건을 계기로 부산(1876.8), 원산(1880.5), 인천(1883.1)의 문호를 개방하고 이어 목포와 진남포(1897.10), 군산, 성진, 마산(1899.5), 용암포(1904.3), 청진(1908.1) 등을 차례로 개방하게 되었다.[1] 한일수호조규는 부산과 2개의 항구를 개방하는 것에 이어 다음은 전라도를 개항한다는 점을 명시했고, 그것에 근거하여 목포가 네 번째 개항장이 되었던 것이다. 목포는 한국의 서남해안에 위치한 항구도시로, 서해로는 중국, 남해로는 일본과 연결되어 있어 역사적으로도 서남해 바닷길의 요충지로 기능했다. 또한 다도해와 나주평야의 풍부한 농수산물이 집결되는 곳이라는 이점이 있어 개항 이전부터 일본의 주목을 받았다.

---

[1] 鄭昭然, 「개항장의 도시공간구조에 관한 연구—부산, 인천, 목포, 군산, 마산 개항장을 중심으로」, 부산대 석사논문, 2007, 12쪽 참고.

일부 연구자들은 목포는 조선의 네 번째 개항장이면서 이전 개항장들과 달리 불평등조약에 의한 강제 개항이 아닌 스스로의 필요에 의해 문호를 개방한 첫 번째 자개항이라는 점을 내세워 그 의의를 찾고자 노력하고 있다.[2] 그들은 이전 개항장들이 국가 간의 교역 등에 관한 지식이 전무한 상태에서 일방적으로 상대국에 유리한 조항들로 체결된 것에 반해 목포는 개항이 조선에 유리하다는 판단 하에 고종의 칙령으로 개항했다는 점에 주목한다. 목포 개항을 조선 주도에 의한 것으로, 그리고 개항장의 변화, 목포 도시의 발전이 조선의 주도력에 의한 것이라는 이들의 주장이 유효하기 위해서는 그것이 단지 선언에 그친 것이 아니라 실행과정에서 실지로 앞선 조약개항장들과 구별되는 목포 개항장의 자주성과 조선이 의도했던 개항의 목적이 충족되었는지 확인되어야 할 것이다.

최성환의 주장처럼 일본인들이 기술한 목포사史 관련 기록들이 모두 개항 이전 시기 목포가 가지고 있던 해항적 성격을 부정적으로 묘사하고 있는 것은 그들이 황무지였던 목포를 개척하여 발전시켰다고 주장하기 위해서였다는 점을[3] 인정하더라도 목포가 개항과 더불어 근대도시로 발전했다는 점은 부인하기 어렵다. 목포가 개항할 것이라는 소식이 알려지자 앞선 개항장에서의 경험을 가진 상인들과 일본정부의 이주장려정책에 힘입은 일본인들이 목포로 몰려왔고 개항

---

2 목포시,『목포시사(인문편)』, 목포시, 1987; 최성환,「목포의 해항성과 개항장 형성과정의 특징」,『한국민족문화』39, 부산대 한국민족문화연구소, 2011; 양홍숙,「'신개항장新開港場' 목포의 공간과 조선인 네트워크」, 조정민 편,『동아시아 개항장도시의 로컬리티』, 소명출판, 2013 등이 있다.
3 최성환, 앞의 글, 11쪽

과 더불어 인구가 증가하고 근대도시로서의 면모를 갖추어가는 한편 도시도 확장되어 갔다. 그 과정에서 새로운 대중문화 또한 유입되고 발전해나갔는데, 대중문화는 소비 주체로서의 대중이 있어야 하고 그것을 가능케 하는 물질적 토대와 대중이 생활하는 도시를 필요로 하기 때문에 목포의 근대도시로의 변화는 대중문화의 유입과 발전의 토대가 되었다.

근대 시기를 대표하는 대중문화의 하나로 트로트가요를 꼽을 수 있는데, 우리나라의 근대문화는 당시 시대상황으로 인해 대부분 일본을 통해 유입되었고, 그 후로도 상당기간 일본의 영향을 받으면서 발전해나갔다. 트로트가요의 형성에 대해 그 명칭에서 나타나듯이 서양음악의 영향을 받았다는 주장과 일본 엔카演歌의 영향을 받았다는 주장, 그리고 우리의 전통음악에 뿌리를 내리고 있다는 주장 등 대중가요 연구계를 중심으로 다양한 논쟁이 벌어졌고, 그것이 우리의 정서와 방식에 맞게 발전한 우리 가요라고 하더라도 일본 가요의 영향을 받아 탄생했다는 점은 부인하기 어려울 것이다.[4]

이에 본고에서는 먼저 목포의 개항과 개항장 목포의 특징을 살핌으로써 자개항의 실상을 파악하고자 한다. 다음으로 이러한 연장선상에서 일본문화와 가요를 중심으로 한 대중매체의 목포 유입 네트

---

4 일제강점기 트로트의 생산과 수용을 일제의 문화적 식민이 빚어낸 음악적 결과물로 인식하지만, 한국학학자 마이클 로빈슨(Michael Robinson)에 의하면 일본은 개국 초창기부터 한국의 문화적 동화 및 통제를 위하여 부단히 애를 썼지만, 결과적으로 한국인에게 문화 형성의 기회를 제공하게 되었다고 한다. 한국인은 일제의 의도와는 별개로, 오히려 일제의 의도를 약화시키는 한국인 고유의 근대적 정체성을 다지게 되는 문화적 공간을 구축했다는 관점이다. 이는 일제강점기 일본의 영향을 받아 형성되었지만 우리 고유의 방식으로 발전한 우리의 가요라고 해석해야할 것이다. 손민정, 『트로트의 정치학』, 음악세계, 2009, 27 ~31쪽 참고.

워크와 트로트가요의 흥성 원인을 분석함으로써 그것과 개항장 목포의 도시 성격과의 영향 관계를 살피고 동북아해역에서의 대중문화의 유입과 전개 양상을 고찰하고자 한다.

2. 목포의 개항과 개항장 목포의 특징

1876년 체결한 한일수호조규 제5조의 경기, 충청, 전라, 경상, 함경 5도의 연해 중에서 2곳의 항구를 20개월 안으로 개항한다는 조항에 따라 부산, 원산, 인천이 차례로 개항하였다.[5] 하지만 이후로는 개항장은 외국과 별도의 조약 체결 없이 조선이 지정했는데, 이로써 목포는 우리나라 네 번째 개항장이자 고종의 칙령에 의해 개항한 첫 번째 칙령개항장, 즉 자개항이 되었다.

그렇다면 조약개항장과 칙령개항장의 차이는 무엇인가? 그것은 한일수호조규와 그 이후 체결한 다른 조약들의 내용을 비교해보면 알 수 있는데, 핵심은 일본의 치외법권과 조선의 관세 자주권의 인정 여부에 있다.[6] 즉 한일수호조규의 경우 조선이 국제정세에 무지했던 상황에서 일본과 일방적인 불평등조약을 체결함에 따라 일본의 치외법권이 인정되고 조선의 관세 자주권은 부정되었던 것이다. 이후 조선 정부는 개항이 국가 발전에 도움이 되고 관세수입을 통해 국가의 심각한 재정난을 타결하는 방편으로 삼을 수 있을 것이라 판단하고 개

---

5 현광호, 『세계화시대의 한국근대사』, 선인, 2010, 58쪽 참고.
6 조경달·최덕수, 『근대조선과 일본』, 열린책들, 2015, 69쪽 참고.

항을 진행했다. 하지만 그 결과는 기대에 못 미친다. 자개항이라고 자부하는 목포 개항이 사실은 "중국의 예처럼 열강에 맞서기 위한 저항으로서의 자주 개항이 아니라 외국 열강의 돈을 빌리기 위한 개항"[7]이라는 기존의 평가에서 더 나아가기는 힘들어 보인다.

그 이유는 비록 개항 직전인 1897년 9월에 무안감리서를 설치하여 목포 개항장의 외교통상사무와 행정을 담당하게 했지만 1905년 이후 폐지되었고 목포는 지속적으로 일본의 수탈항의 기능을 충실히 이행했기 때문이다. 일본은 일찍부터 목포를 자신들의 필요를 충족시킬 수 있는 곳으로 판단하고 눈독을 들였는데, 일본인들이 남긴 자료들을 보면 잘 알 수 있다. 가령 『동경경제잡지』에 실린 내용을 보면 "개항 직전에 소개된 목포는 영산강의 수운, 호남평야와 관련성, 조밀한 인구, 부산과의 거리, 블라디보스톡과 나가사키 사이의 지정학적 관련성으로 경상도를 제외하면 전국 제일의 항구, 농업과 수공업의 발달을 기대하는 지역이었다"[8]라고 하거나 『목포부사』에서 목포는 "동경 126도 23분, 북위 34도 47분 전라남도 무안군의 한 모서리 다도해에 면한 곳에 있다. 일본 東京을 중심으로 반경 3백 리의 권내에 있고, 5백 리를 그어서 살펴보면 그 서북 반원을 채우는 대륙 일본의 중앙근거지는 바로 목포임을 알 수 있고, 臺北, 上海, 南京, 青島, 濟南, 北京, 天津, 營口, 奉天, 長春, 블라디보스톡 등 모두가 목포를 중심으로 하는 반경 3백 리의 안에 있다. 더구나 남으로는 바다로 바로 남양을 바라보고, 바다와 육지에서 활약할 곳이 한이 없고,

---

7 양흥숙, 앞의 글, 18쪽.
8 위의 글, 25쪽.

더 한층 노력하여 상권을 확대한다면, 목포위 번영은 놀랄만할 것으로 전도가 매우 유망하다"[9]라고 하여 목포가 조선 내에서 뿐만 아니라 중국, 타이완, 일본, 러시아까지 이어지는 사통팔달의 교통의 요지임에 주목하였음을 알 수 있다.

당시 일본은 근대산업으로 면방직산업에 열중하면서 안정적인 원료 공급지와 생산품 판매시장, 그리고 쌀 부족 문제를 해결해줄 쌀 공급지가 필요했다. 목포는 영산강 하류와 다도해의 길목에 있고 나주평야를 가지고 있는데다가 부산과 인천 중간에 위치하여 기선의 중간기착지로서 조선 진출에 필요한 곳이었기 때문에 일본으로서는 반드시 개항을 시켜야 했다. 이는 당시 목포를 통해 일본으로 수출되는 품목을 보면 잘 나타나는데, 주요 수출품은 쌀, 면, 우피牛皮, 해초, 해물海物 등으로 당시 목포 인근 지역은 쌀과 면화의 주산지였으며 다도해에서는 어류와 해초 등이 산출되어 미곡, 면화와 더불어 이 지방의 4대 산물을 이루었고 목포는 그 중심 집산지였다. 1898년 일본으로의 수출품 품목별 구성을 보면 쌀이 70.3%, 목면이 21.7%로 절대적 비중을 차지하고 있다.[10]

특히 쌀 분야만 보더라도 일본은 열강 중에서 유일하게 쌀을 주식으로 하는 나라였던 데다가 근대공업에 열중하면서 쌀 부족으로 고통을 받고 있었기 때문에 목포와 군산을 통해 쌀을 실어가기에 혈안

---

9   木浦文化院, 『完譯木浦府史』, 목포문화원, 2011, 675쪽

10 裵鐘茂, 『木浦開港史 硏究』, 느티나무, 1994, 78~80쪽 참고. 목포의 수출품목에서 쌀과 면화가 전체 수출액 가운데 차지하는 비중은 1924년과 1925년 92.4%, 1928년 94.3%로 목포항의 대외 수출품은 이 두 품목이 거의 전부를 차지했다고 해도 과언이 아니다.(목포백년회, 『목포개항백년사』, (株)木浦新聞社, 1997, 188쪽)

이 되었던 반면, 다른 열강들은 쌀에 별 관심이 없었으므로 목포와 군산을 방치하여 목포는 일본인의 독무대가 되었다.[11] 1897년부터 1909년까지 목포와 군산의 쌀 유통 상황을 보면 연평균으로 목포항의 경우에는 전체 이출량의 63.4%가, 그리고 군산항의 경우에는 49.1%가 일본으로 수출되었다. 따라서 목포와 군산의 개항 자체가 쌀을 일본으로 수출하기 위한 것이었다는 것이다.[12] 따라서 일본을 제외한 다른 서구열강들의 관심을 받지 못한 이유도 바로 여기에 있다고 할 것이다. 최성환은 개항 이후 일본과 중국 등 근해 항로를 취항하는 기선회사도 늘어나고 그에 따라 기항회수도 대폭 증가했지만 "정기항로와 사람들의 왕래에서도 나타나듯이 일본과 중국 일부를 벗어나지 못했다. 쌀 이출을 목적으로 개항된 항구에 대한 구미인의 관심도가 낮았고, 러시아의 경우 처음에는 목포에 넓은 영사관용 토지를 확보하는 등 관심을 보였지만 러일전쟁 패배 등의 이유로 목포에서 물러나게 되었다. 이는 목포가 쌀을 일본으로 이출시키기 위해 개항되었다는 태생적인 배경에서 기인한 개항장의 한계점으로 보인다"[13]고 했고, 『목포시사』역시 목포항의 개발 역시 식민지화를 위한 전략적 방편이었다고 보고, 그것을 일본의 식민정책에 강요된 의타적 도시화라고 평가했다.[14]

한편 양흥숙은 영산강과 호남평야를 가진 목포가 부산과 인천의

---

11 崔在洙·李源哲, 「開港期 이후의 木浦港과 木浦港의 비전」, 『韓國海運學會誌』 25, 한국해운학회, 1997, 58~59쪽 참고.

12 崔在洙·李源哲, 앞의 글, 65~66쪽.

13 최성환, 「開港 初期 木浦港의 日本人과 海上네트워크」, 『한국학연구』 26, 인하대 한국학연구소, 2012, 76쪽.

14 목포시, 앞의 책, 78쪽 참고.

개항장과는 다르게 발달할 것을 예상할 수 있었다고 하며 "농산물의 생산지와 좋은 항구의 결합은 신개항장 목포를 다른 개항장과 차별화해 갔다"[15]고 했다. 하지만 이 차별화의 본질은 목포가 입지적 조건, 농수산물 집결지, 수운이 발달했다는 등의 좋은 조건을 발판으로 산업 기반을 마련해간 것이 아닌, 일본이 필요로 하는 쌀과 면화를 일본으로 실어가고 그들의 생산품을 국내로 가져와 판매하는 전형적인 피식민지 수탈항으로서의 기능을 충실히 한 것으로 나타난다.

"조선정부가 처음으로 선언방식에 의해서 자발적으로 관세징수를 목적으로 개항한 목포에 있어서도 조선은 자주권을 발휘하지 못했을 뿐만 아니라, 그 조건에 있어서도 조약방식으로 개항한 仁川보다 모든 면에서 불리하였다"[16]는 것을 볼 때, 비록 목포 개항장에 무안감리서를 설치하여 자주권을 행사하고자 시도했음에도 불구하고 별다른 성과를 거두지 못했던 것은 출발부터 예견되어 있었다고 할 수 있다. 따라서 목포는 조선정부의 의도와 달리 일본의 수탈을 위해 개항하게 되었고, 그로 인해 중계무역항의 역할 외에 별다른 산업기반을 마련하지 못한 채 상업자본과 근대문물이 대거 유입되면서 전형적인 소비도시로 발전했으며 타락적인 유흥문화와 향락산업이 비정상적으로 발달하게 되었다. 또한 Ⅳ장에서 자세히 살펴보겠지만 목포 개항장에는 실질적인 일본인전관거류지가 조성되었고 전체 인구에서 차지하는 일본인의 비율이 월등히 높았으며 조선인과 일본인의 잡거 雜居로 인한 상호 접촉기회가 많았던 것 등의 원인으로 인해 일본의

---

15 양홍숙, 앞의 글, 26~27쪽.
16 裵鐘茂, 앞의 책, 56~57쪽.

영향을 크게 받았고 일본에 대한 의존도 또한 절대적이었다. 따라서 첫 번째 자개항이었던 목포는 오히려 일본색 짙은 사회 분위기와 문화가 성행했고 일본 패망 이후 쇠락의 길을 걷게 되었다고 하겠다.

3. 대중매체와 문화의 목포 유입 경로

근대시기 대중가요는 주로 음반과 라디오방송, 그리고 공연을 통해 대중에 향유되었는데, 초기에는 유성기와 음반이 탄생하면서 대량 보급이 가능해졌다. "1899년에 음악을 들려주는 유성기가 수입됐다. 유성기는 기계가 운행하는 대로 노래, 피리, 생, 비파소리를 들려주어 마치 연극장과 같다는 평을 받았다. 유성기를 판매하는 상인은 사람들에게 와서 구경하라고 적극 선전했다."[17] 당시 유성기는 고가의 사치품이었기 때문에 구매할 수 있는 사람은 경제적으로 부유한 기성세대였다. 그들은 유성기를 통해 자신들에게 익숙한 고전시가를 들었다. 음반은 1929년 전기녹음방식이 도입되면서 대량 생산이 가능해졌고 일본 음반 생산 기업의 적극적 공세 등에 힘입어 빠른 속도로 보급되고 일상의 대중적 오락매체로 보편화되면서 젊은 세대들이 즐기는 새로운 양식의 대중가요가 유행하게 되었다.

1920년대 말 일본은 음반 생산에 적극적으로 나서기 시작했고, 대중가요는 주로 음반을 통해 전파되었다, 일본은 음반과 유성기 판매

---

17 현광호, 앞의 글, 259쪽.

를 통해 수익을 올리려고 했다. "우리나라의 음반들은 모두 일본의 축음기 회사의 생산품이었다. 1927, 1928년 경 일본은 서양 음반 수입상들이 원반을 수입해서 다시 찍어 판매하는 방식을 택함으로써 미국 콜롬비아, 빅타 등의 자회사로 탈바꿈하고 조선 음반 생산에 적극적으로 나서기 시작했다. 따라서 한국대중가요 음반의 생산 판매는 곧 일본 음반자본의 이윤창출 행위이기도 했다. 특히 당시 대중가요 음반의 생산, 판매는 음반 판매뿐 아니라 축음기를 팔기 위한 것이기도 했다."[18] 1927년에는 경성방송국(JODK)이 개국하면서 라디오 방송이 시작되었지만 초기 라디오 방송은 방송시간도 제한적이었던 데다가 일본어를 알아들을 수 있는 조선인 비율이 10%를 한참 밑도는 상황에서 조선어보다 일본어 방송 비율이 훨씬 높았기 때문에 청취율이 저조했다. 하지만 점차 방송 상황이 개선되었고 방송과 레코드가 맞물려 1930년대에는 대중가요가 더욱 활발하게 보급되었다. "실제로 1936년 무렵 조선에서 1년 동안 판매된 음반은 100만 장이었고, 이 가운데 한글 음반만 30만 장이었다니, 다른 문화상품보다도 음반의 보급이 활발했음을 알 수 있다."[19]

"이 시기 음반에 담겨진 대중가요에는 크게 트로트, 신민요, 만요, 재즈송의 네 종류가 있었다. 그 가운데서도 애초에 대중의 사랑을 받던 판소리나 잡가 등의 전통가요를 제치고 1930년대 이후 가장 인기를 끈 것은 트로트였다."[20] 트로트는 1930년대 중반부터 1940년대

---

18 이영미, 『한국대중가요사』, 민속원, 2006, 63쪽.
19 이준식, 『일제강점기 사회와 문화-'식민지' 조선의 삶과 근대』, 역사와비평사, 2014, 250쪽.
20 위의 책, 248~249쪽 .

초까지 그 양식이 완성되는 첫 전성시대를 맞이했는데, 당시 트로트는 도시의 신문화이자 고급한 중심장르로서, 오늘날과 다른 지위를 가지고 있었다. "트로트는 개화한 지식층이 먼저 받아들이고, 도시에서 신문화를 맛볼 수 있었던 사람들, 즉 돈 있는 소시민층과 이들 주변에 있던 기생들이 향유하던 예술이었다."[21] 재밌는 것은 이처럼 남성가수나 작사가, 작곡자들은 엘리트였고 유학파였던 것에 반해 여성가수들은 대부분 가난한 집안이나 기생 출신이었다는 것이다. 이는 당시 신문화로서 트로트의 위상과 신문화를 접촉할 수 있었던 계층을 통해 근대 사회의 단면을 엿볼 수 있는 것이기도 하다.

그렇다면 트로트가 대중적으로 유행할 수 있었던 유성기와 음반 등의 매체와 문화는 어떤 경로를 통해 목포로 유입되었을까? 그것은 일반적인 물류와 인적 이동과 그 궤적을 함께 한다고 보아야 할 것이다. 조경만은 "전라도 연안이 개항장으로서 부각된 것은 남도의 자원조건과 지리적 조건 때문이다. 공간적으로 볼 때 영산강 유역, 서남해 도서와 연안의 자원이 당시 일인의 주요 처소였던 부산으로 가고, 부산의 인력과 물자가 전라도에 이르던 정황이었기 때문에 향후 전라도 연안에 개항장을 두는 것이 일인의 입장에서 발전적이었던 것으로 평가된 것이다"[22]라고 하여 개항 이전부터 목포를 비롯한 전라도 지역은 부산과 물적, 인적 교류가 이루어지고 있었다고 말한다. 최성환 또한 개항 초기 목포 일본인들은 부산에서 거주하다가 이주한 인

21 이영미, 『홍남부두의 금순이는 어디로 갔을까』, 황금가지, 2002, 28쪽.
22 조경만, 「개항 이후 목포의 공간 변화와 문화 과정」, 『인천학연구』 10, 인천대 인천학연구원, 2009, 7쪽.

물이 많았고, 목포 개항 이전부터 이미 목포권 다도해의 해산물을 매입하고 영산포 등의 쌀을 매입하는 등 전라남도는 부산상인의 경제권에 포함되어 있었으며, 이들은 부산에서의 경험을 바탕으로 빠르게 목포에 정착했기 때문에 개항 초기 목포의 상업은 부산의 영향을 많이 받았다고 했다.[23]

개항기 목포와 일본 간의 기선항로를 보면 오사카상선회사와 일본우선주식회사, 아마가사키尼崎기선, 그리고 사가현佐賀縣명령항로가 있었다. 오사카상선회사는 1900년 10월에 오사카-인천선을 운항하며 고베-시모노세키-부산-목포-군산을 기항했다. 나가사키-다롄선은 부산-목포-군산-인천-진남포를 기항했고, 안둥셴安東縣-마산-이즈하라-고노우라를 기항하는 경우도 있었다. 일본우선주식회사는 1898년 목포에 대리점을 두고 고베-톈진天津과 고베-뉴좡牛莊 항로를 운항하면서 목포에 기항했으며, 고베-인천 간, 고베-진남포 간 자유항로기선을 목포에 기항시켰다. 아마가사키기선은 1906년 처음으로 목포에 취급점을 설치하고 오사카-인천 간의 정기선을 운항하며 고베-시모노세키-부산-목포-군산을 기항했다. 그리고 사가현명령항로는 가라스唐津-인천간에 명령항로를 열고 부산-목포를 기항지로 하였다.[24] 이렇게 보면 이들은 기본적으로 일본에서 부산-목포-인천을 오갔고 상황에 따라 중국까지 연장되기도 했음을 알 수 있다.

기선항로가 있었다는 것은 그것을 따라 사람과 물자가 오갔음을 말해주는데, 목포가 개항한 후 1910년까지의 주요 무역 상대는 일

---

23 최성환, 앞의 글, 2012, 61쪽 참고.
24 金貞變 역, 『木浦誌』, 鄕土文化社, 1991, 234~235쪽 정리.

본, 부산, 인천 등으로, 일본으로는 수출이 많았고, 부산으로부터는 수입이 많았다. 주지하다시피 목포에서 일본으로 가져간 주요 이출품은 쌀이었는데, 목포에서 직접 일본으로 실어가거나 부산을 거쳐 일본으로 실어갔다. 대외무역에 있어서 주요 상대국은 일본과 중국이었지만 1928년 일본에의 수출액은 99.4%, 중국에의 수출액은 0.6%였고 수입액은 각각 79.1%와 8.6%를 차지하여[25] 일본이 압도적인 우위를 차지한다. 이는 목포에 대한 일본의 독점적 수탈이 갈수록 심해졌음을 의미하는 것이자 영향력 또한 더욱 강하게 작용했음을 의미하는 것이기도 하다.

이처럼 동북아해역을 두고 보았을 때 '중국-인천-목포-부산-일본'으로 이어지는 목포의 지리적 위상과 주로 농수산물의 공급지라는 산업적 특징, 그로 인한 개항, 기선의 항로와 그것을 통한 인적, 물적 유통상황 등을 보았을 때 트로트가요가 수용될 수 있는 물적, 문화적 토대는 역시 본에서 부산을 거쳐 목포로 유입, 전파되었다고 보아야 할 것이다.

4. 목포의 트로트 흥성 원인

1920년대 말 라디오방송국이 개국했고 유성기 문화도 일부 부유한 계층이 즐기는 고급문화의 틀을 벗어나 빠르게 대중에게 확산되

---

25 목포백년회, 앞의 책, 187쪽 참고.

었다. 이에 따라 트로트는 1930년대에는 대중이 즐기는 일상의 오락으로 자리매김하면서 크게 인기를 얻었고, 오늘날까지 노래 불리는 가장 오래되고 가장 생명력이 긴 대중가요 장르가 되고 있다. 본고에서는 앞에서 언급한대로 트로트가 기본적으로 일본 엔카의 영향을 받아 생겨났다고 보고 목포에서 트로트 가요가 흥성하게 된 원인을 크게 ① 실질적 일본인전관거류지 형성과 조선인·일본인 잡거, ② 인구 증가와 높은 일본인 비율, ③ 유흥문화의 발달과 유성기 보급, ④ 가수 이난영李蘭影의 인기라는 네 가지 측면에서 살펴보고자 한다.

1) 실질적 일본인전관거류지 형성과 조선인·일본인 잡거

일본에 의해 개항을 맞이하게 된 조선은 전반적으로 일본의 영향력 아래에 놓이게 되었지만 특히 부산과 목포와 같이 일본과 관계가 깊었던 개항장은 그 영향력이 더욱 크게 작용했다. 개항장은 사람이 오가고 물자가 유통되는 통로로서 일반 해안도시나 내륙 도시들보다 먼저 외래세력과 접촉하고 영향을 받을 수밖에 없었는데, 일본의 필요에 의해 개항했던 목포는 그것의 영향을 더욱 크게 받을 수밖에 없었다. "개항과 함께 목포에는 일본을 비롯한 러시아, 미국, 프랑스, 청, 영국, 독일, 스페인, 오스트리아, 그리스, 포르투갈, 이탈리아, 노르웨이, 러시아, 덴마크 등 제국주의 국가들의 조계지가 설치되었다."[26] 하지만 당시 목포의 각국공동거류지는 "몇 사람의 중국인을 제외하면 모두 일본인으로써 정치, 무역, 산업 등이 하나같이 일본인

---

26 김주관, 「개항장 공간의 조직과 근대성의 표상」, 『지방사와 지방문화』 9-1, 역사문화학회, 2006, 139쪽.

의 손으로 이루어졌다고 해도 과언이 아니며, 시가지의 외견을 살펴보아도 바로 조선 내의 다른 도시와 분위기가 다르다는 것을 알 수 있다"[27]고 했다.

이렇게 하여 개항 당시 부산, 원산, 인천과 같이 일본인전관거류지를 원했던 일본의 요구를 거부하고 각국공동거류지를 관철했던 조선 정부의 정책에도 불구하고 다른 나라 사람들이 목포로 오지 않아 각국공동거류지는 결과적으로 일본인전관거류지가 되어버렸는데, 구체적인 상황은 다음과 같다.

> 문제는 개항 후 정식으로 영사관을 개설한 나라가 일본뿐이었으며 영국은 목포 해관장으로 재직한 영국인 아마에게 영사사무를 위임하였을 뿐이었다는 점이다. 광대한 부지를 확보해 둔 영국과 러시아가 영사관을 개설하지 않고 방치해 둔 것이다. 실제 내항하여 정착한 외국인들도 일본인들뿐이었다. 그렇게 되니 거류지내의 제반 행정업무를 담당하는 각국 거류지회(신동공사)의 구성도 일본영사와 일본인 거류민 대표만으로 구성되어, 일본인이 아닌 사람은 조선 정부의 대표인 무안감리 한 사람뿐이었다. 따라서 조계 내의 행정 및 경찰의 실권이 모두 일본인 거류민들에게 독점될 수밖에 없었다. (…중략…) 목포 각국 조계 신동공사라는 것은 이름뿐으로, 실질적으로는 일본인 전관 거류지화되고 말았다.[28]

이처럼 각국공동거류지를 설정했음에도 불구하고 일본을 제외한 다

---

27 木浦文化院, 앞의 책, 679쪽.
28 崔在洙·李源哲, 앞의 글, 56쪽 재인용.

른 나라들은 목포에 크게 관심을 보이지 않았다. 일본 외에 영국과 러시아도 영사관 부지를 확보하고 있었지만 일본만 영사관을 운영했다.

목포의 각국공동거류지에서 일본인이 독점적 권력을 행사한 것 이외의 또 하나의 특징은 조선인과 일본인의 잡거현상이다. 조계장정에 따르면 조선인은 각국공동거류지에 거주할 수 없었기 때문에 거류지 바깥으로 이주해야 했지만 이주하지 않은 채 일본인과 함께 생활하는 상황이 발생했다. 이는 부산이나 인천과 같은 다른 개항장들과 다른 점이었는데, 부산은 일본인전관거류지가 있었지만 그것이 자리 잡은 곳이 "조선시대 이래 왜관 부지여서 어느 정도 시가지 구획의 기반이 마련되어 있었고, 영선산, 복병산, 보수천 등으로 자연적인 경계가 형성되었고, 조선인 마을과도 분리되어 있었다. 무엇보다 부산의 경우 11만 평이라는 큰 부지 위에 들어서 있었다. 그래서 부산의 경우는 개항 초기부터 조선인과 일본인과의 잡거는 이루어지지 않았다. 인천의 경우는 서울 외곽이라는 지리적 위치 때문에 각국공동조계의 규모가 크고, 중국 화상의 활동이 왕성하여 조계 안팎으로 일본의 영향력이 독점적이지 못하였다."[29]

이에 반해 목포는 개항장을 조성할 수 있는 물적 토대가 마련되어 있지 않았다. 일본도 "목포의 거류지는 논, 갯벌, 언덕 등으로 한 개 지구도 매축이나 개발을 하지 않으면 안 되었고 그 비용 또한 공정원가의 10배에서 20배가 필요했으니 과연 이 사업이 일본 거류민의 손으로 잘 될 것인지는 외무당국자의 가장 걱정하는 바였다"[30]라고 할

---

29 양흥숙, 앞의 글, 55쪽.
30 金貞嬅 역, 앞의 책, 50쪽.

정도였다. 따라서 일본 측은 조선인과의 협조를 통해 거류지를 조성해야 했다. 게다가 거류지 조성으로 자신들의 생활터전을 내어주고 떠나야하는 조선인들에 대한 보상이 제대로 이루어지지 못했고 조선인들이 일본인들에게 고용살이를 하게 되면서 조선인이 거류지 내에 거주하는 현상이 나타나게 되었다. 뿐만 아니라 개항 후기에는 조선인마을에 일본인들의 생활물품들을 판매하는 시장이 생겨나고 거류지 내에 부지를 확보하지 못한 외국인의 거주공간과 종교시설이 들어서는 등의 원인으로 조선인마을에 거주하는 일본인도 증가하게 되면서 조선인과 일본인의 잡거현상이 계속해서 나타나게 되었다.[31]

원래 거류지는 조선인과 외국인을 공간적으로 분리하기 위한 것이었지만 목포의 경우에는 물리적 공간의 부족, 생활에서의 필요, 경제적 관계와 같은 문제들이 복잡하게 얽혀 거류지내에서, 혹은 바깥에서 조선인과 일본인이 함께 생활하는 현상이 나타나게 되었다. 이는 단순히 공간적으로 함께 거주하는 것에 그치는 것이 아니라 이질적인 두 사회가 만나는 가운데 자연스럽게 서로를 이해하고 영향을 주고받으며 수용하는 기회를 제공하는 것이기도 했다. 하지만 당시 조선과 일본의 관계로 보아 일본이 목포사회에 미치는 영향이 훨씬 컸다고 할 것이다.

2) 인구 증가와 높은 일본인 비율

목포는 개항과 함께 근대도시로 발전하면서 인구가 비약적으로 증가했다. 〈표 1〉에 의하면 1897년 개항할 때 2,806명이었던 목포의

---

31 양흥숙, 앞의 글, 56~57쪽 참고.

<표 1> 개항기 목포의 국적별 인구수

구분	조선인	일본인	청국인	구미인	합계
1897	2,600	206	-	-	2,806
1902	3,655	1,045	45	10	4,755
1907	5,205	2,851	77	6	8,139
1912	7,645	5,323	150	10	13,128

— 최재수·이원철, 「개항기 이후 목포항의 역할과 발전」, 『해양한국』 10, 한국해사문제연구소, 1977, 86쪽; 金貞燮 역, 앞의 책, 226쪽 〈표 21〉을 참고하여 연구자가 재구성

인구는 1912년에는 13,128명으로, 거의 5배에 육박한다. 이는 1987 년부터 5년 단위로 보았을 때 1902년에는 29%, 1907년에는 30%, 1912년에는 29%의 증가율을 보인 것이다. 이처럼 목포의 인구가 빠르게 증가한 주된 원인은 거류지를 조성하기 위해 매립과 매축공사가 진행되고 시가지가 새로 조성되었으며 도시를 확장하기 위한 건설 사업들이 전개되면서 관련 인력들이 이주해오고 새로운 경제활동이나 생활터전을 찾아오는 사람들이 늘어났기 때문이다.

단순히 인구가 급증한 것만이 아니라 인구구성에서 일본인의 비율이 매우 높다는 특징을 보이는데, 이는 앞에서 살펴본 대로 목포를 수탈항으로 건설하기 위해 일본정부가 일본인들의 목포 이주를 적극 권장했고 조선인들과 마찬가지로 일본인들도 기회를 찾아 신흥 개항장 목포로 몰려들었기 때문이다.

다시 〈표 1〉의 목포 총 인구 중에서 일본인이 차지하는 비율을 보면, 1897년 목포에 거주한 외국인은 일본인만 206명으로 목포의 총 인구 2,806명 중 약 7.35%의 비율을 보였으나 1902년에는 일본인 비율이 22%에 육박한다. 1907년에는 35%, 1912년에는 40%를 차지하여 그 증가속도가 대단히 빠를 뿐만 아니라 그에 따라 일본인의

비율이 매우 높게 나타난다. 목포의 총 인구 중에서 조선인과 일본인의 비율을 대조해보아도 조선인은 각각 71%, 70%, 68%로 약간의 감소세를 보이는 반면 일본인은 19.7%, 36.6%, 53.5%로 크게 증가하고 있음을 알 수 있다.

외국인간의 인구비율을 보면 1902년에는 일본인이 95%를 차지하였다. 1907년과 1912년에는 모두 97%의 비율을 보인다. 따라서 개항 이후 시간이 지나면서 일본인 이외에 목포로 와서 거주하는 다른 나라 사람들이 약간 생겨나기는 했지만 전체 외국인 비율에서는 오히려 일본인의 비율이 더 증가했음을 알 수 있다.

이처럼 목포에 거주한 일본인의 비중이 높았던 것은 앞에서 살펴본 대로 산업에 있어서 목포와 일본의 관계가 밀접했고 그에 따라 일본정부가 일본인의 목포 이주를 적극 권장했으며, 실질적인 일본인 전관거류지가 조성되었던 것과 관계가 깊다. 일본인 거주자의 높은 비율은 목포에서 일본 문화가 자리 잡고 전파되는데 큰 역할을 했다.

3) 유흥문화의 발달과 유성기 보급

목포는 일본을 통해 신파극, 영화, 트로트와 같은 신문화와 유성기가 유입, 소비되면서 유흥도시로 발달했는데, 이는 그것이 보급되고 즐길 수 있을 만큼 목포의 경제력이 뒷받침되었다는 말이기도 하다. 최전성기를 누렸다고 하는 1930년대 목포는 유흥적인 분위기가 넘쳤다고 하며 그 근거로 음식점과 유곽 이용, 유흥비 지출이 과도했다는 점을 들고 있다. 목포백년회는 1935년 9월 22일자 "남국南國의 항구도시, 목포의 쌍곡선"이라는 제하의 『매일신보』 기사에 따르면 목포는 비약적으로 발전하면서 유흥기분이 넘쳐흘렀고 상업도시 목포의 발전을 반영하는 통계 수치를 보면 늘어가는 것은 음식점과 음주청년과 '거리의 신사'라고 하였다. 그리고 요리점, 유곽, 카페, 음식점, 여관, 예기藝妓, 창기娼妓, 여급女給으로 구분한 각종 유흥시설 현황과 조선인과 일본인의 유곽 이용현황에 대한 통계수치를 제시하였다. 목포의 상업적 발전은 유흥의 발전으로 평가될 만큼 유흥적이고 퇴폐적인 분위기가 컸는데 그 이유는 목포가 전국에서 손꼽히는 상업도시이자 항구도시였기 때문이라고 하였다. 이런 도시의 성격이 유흥과 소비로 이어지기 마땅한 조건임을 전제하고, 유흥의 분위기가 조성된 것은 당시 목포의 경기가 초호황이었기 때문이라고 하였다.[32]

목포의 이런 경제적 호황은 유성기가 널리 보급될 수 있는 물리적 조건을 만들어주었는데 유성기는 도입 초기에는 고가품으로, 경제적 특권층만이 그 문화를 즐길 수 있었다. 따라서 1920년대 유성기의 향유층은 재력 있는 기성세대였고, 그들은 유성기를 사용해서 자신들이 좋아하던 창가와 민요와 같은 구가를 즐겼다.

하지만 1930년대에 접어들면서부터 유성기 음반은 부유한 상층계층만이 향유할 수 있는 고급문화에서 벗어나 일상의 오락거리로 보급되기 시작했고 조선의 레코드 산업도 황금기를 맞이하게 되었다. 당시 전 조선에는 300개가 넘는 크고 작은 유성기 가게가 성업 중이었고 콜롬비아 등 6대 음반사에서 1933년에만 537종의 음반이 발매되었으며 1934년에는 600~700만 매에 달하는 유성기 음반이 팔려

---

32 목포백년회, 앞의 책, 245~247쪽 참고.

나갔다. 그 시장 규모는 600~700만 원에 이를 정도로 유성기 음반 시장은 비약적으로 성장했고 1940년 전시체제에 접어들기 전까지 한국사회에서 가장 영향력 있는 대중문화 양식으로 자리 잡게 되었다.[33] 그에 따라 향유층도 기성세대에서 젊은 세대로 교체되었고, 그들은 새로운 음악을 즐겼다.

음반과 유성기 문화가 전국적으로 활발하게 보급되었던 1930년대는 목포가 일본과 국내로 이어지는 상업의 핵심지역으로 활발하게 기능했던 시기였다. 1930년대 최전성기를 맞이했던 목포의 경제적 번영과 그에 따른 유흥적 분위기는 유성기와 음반 같은 대중매체가 활발하게 보급될 수 있게 했고 대중이 새로운 가요를 향유할 수 있게 하는 사회적 토대가 되었다.

4) 가수 이난영의 인기

류용철은 "트로트의 유행과 목포 문화는 궤를 함께한다. 김우진의 애인인 윤심덕의 〈사의 찬미〉에 이어 많은 트로트가 목포를 중심으로 만들어졌다"[34]고 했다. 그중에서 단연 으뜸은 목포 출신 가수 이난영이 부른 〈목포의 눈물〉과 〈목포는 항구다〉이다. 대중가요는 1930년대 유성기와 음반의 보급으로 황금기를 맞이했고, 그런 가운데에서 이 노래들이 탄생하여 새로운 유행음악으로 자리매김하게 되었다. 일제강점기 농촌에서는 판소리와 민요가 불렸고, 도시에서는 기존의

---

33 고은지, 「20세기 유성기 음반에 나타난 대중가요의 장르 분화 양상과 문화적 의미」, 『韓國詩歌研究』 21, 한국시가학회, 2006, 331쪽.
34 류용철, 『목포 옛 길을 찾아서』, 젊은느티나무, 2009, 135쪽.

민요가 서양음악의 영향을 받아 변모한 신민요가 새로운 음악으로 부상했지만 1935년 이난영의 〈목포의 눈물〉을 시작으로 1938년 남인수의 〈애수의 소야곡〉이 대히트를 치면서 적어도 도시에서는 트로트가 민요와 판소리를 밀어내고 새로운 유행음악이 되었다. 트로트는 도시 멋쟁이들이 향유하는 음악이 되었던 것이다.[35] 1930년대 최고의 경제적 호황과 번영을 누렸던 신흥도시 목포는 그것을 즐길 모든 준비를 끝내고 있었다.

이난영은 목포 출신으로 불우한 가정환경 탓에 16세 무렵 순회극단을 따라 다니다가 발탁되어 OK레코드사의 전속가수로 활동한 인물이다. 대중에게 전혀 알려지지 않았던 신인가수 이난영이 부른 〈목포의 눈물〉은 1935년 9월에 발매되었는데, 빼앗긴 땅, 그리고 그 땅에서 사는 사람들의 정서를 담아 나라 잃은 슬픔을 애절하게 표현하여 크게 인기를 얻었고, 이난영은 '가요의 여왕' 칭호를 받았다. 1935년 10월에 『삼천리』잡지의 인기가수 투표 결과 여자가수 3위를 차지했고, "〈목포의 눈물〉은 우리 가요로서는 최초로 일본어로도 취입되어 일본에서까지 히트하였다. 이어서 〈목포는 항구다〉까지 히트하자, 가수 이난영과 우리 고장 목포의 정서와 빼어난 경관은 전국적으로 그리고 아시아로 급속히 메아리치게 되었고, 따라서 각 지방마다 목포 구경 가자는 이야기가 유행일 정도였다고 한다."[36]

〈목포의 눈물〉의 연장선상에 〈목포는 항구다〉가 있는데, 이 곡은

---

35 김형찬, 「서태지 안에도 이미자는 있다—우리 대중음악 읽기·트로트의 기억」, 『월간 샘터』, 샘터사, 2006, 122쪽.
36 목포백년회, 앞의 책, 243쪽.

당시 최고의 작사가였던 조명암이 이철 OK레코드사 사장으로부터 "목포노래시를 써달라"는 요청을 받고 목포를 둘러보고 가사를 썼다. 이는 앞선 〈목포의 눈물〉이 전국적 인기를 얻음으로써 목포의 인지도가 한층 높아졌으며 그것이 지속적인 상업적 이용 가치가 있었음을 말해준다.[37] 특히 일본은 1937년 중일전쟁으로 전쟁에 혈안이 되면서 엔카가 지나치게 감상적이라고 하여 금지시키고, 대신 애국과 승전을 노래하는 국민가요를 보급시켰다. 1941년에는 아시아태평양전쟁이 발발하면서 가수들에게 전쟁을 정당화하고 적극적인 참여를 선동하는 노래를 대거 부르게 했다. 이런 사회적, 정치적 상황 속에서 1942년 이난영의 〈목포는 항구다〉가 널리 불릴 수 있었던 것은 대단히 예외적인 일이었는데, 이는 그만큼 이난영의 인기가 높았으며 목포사회는 물론이고 전 조선에 미치는 영향력이 컸음을 말해주는 것이기도 하다.

5. 나가는 말

이상으로 목포를 대상으로 개항장의 대중문화 유입과 전개양상을 살펴보았다. 한국의 서남해안에 위치한 목포는 부산, 원산, 인천에 이은 조선의 네 번째 개항장이자 첫 번째 자개항이다. 일부 연구자들이 이 점에 주목하고 일본인이 썼던 『목포부사』나 『목포지』를 근거로

---

37 곽수경, 「개항 이후 서남바닷길의 성쇠와 대중매체 속 목포의 이미지」, 『지방사와 지방문화』 19-1, 역사문화학회, 2016, 302쪽.

했던 기존 관점을 벗어나 목포 개항은 조선이 의도했던 것이었다는 점에서 의미를 찾고자 하였다. 이에 본 연구는 먼저 목포의 개항과 개항장 목포의 특징을 살핌으로써 그들의 주장을 따라가 보고자 하였다. 조선정부는 개항이 국가 발전에 도움이 되고 관세수입을 통해 조선이 직면한 심각한 재정난을 타결하는 방편으로 삼을 수 있을 것이라 판단하고 한일수호조규 이후의 개항장은 모두 칙령의 형식으로 개항을 했다. 그리하여 목포 개항장의 경우에는 무안감리서를 설치하여 외교통상사무와 행정을 담당하게 하고 자주성을 보이는 듯 했지만 10년도 되지 못해 폐지되었으며 목포는 줄곧 일본의 수탈항 기능을 충실히 이행했다. 따라서 목포 개항 당시에도 조선은 여전히 국제정세에 어두웠고 의도했던 성과를 거두지 못했다는 결론에는 이론의 여지를 두기가 힘들었다.

목포는 부산과 인천의 중간에 위치하여 중국과 일본을 연결하고 다도해와 나주평야의 풍부한 물산의 집산지로, 쌀이 부족했던 일본의 수요를 충족시켜줄 수 있어 일찍부터 일본의 주목을 받았다. 반면 쌀을 주식으로 하지 않는 다른 서구열강들은 목포에 그다지 관심이 없어 조선정부에서 조성한 각국공동거류지는 결국 일본인전관거류지로 기능했다. 또한 개항 이전부터 넓은 부지의 왜관이 존재했던 부산이나 중국과 서구국가들의 영향력이 미쳤던 인천과 달리 목포는 거류지 조성 과정이나 산업 등의 필요에 의해 조선인이 거류지 내에서 생활하거나 개항 후기 조선인 마을에 일본인이 거주하는 현상이 나타났다. 개항은 목포의 인구 급증을 가져왔고, 그런 가운데 일본정부의 적극적인 이주장려정책 등에 힘입어 많은 일본인들이 목포로 이주하는 등의 원인으로 인해 다른 지역보다 높은 일본인 비율을 보였다. 이런 상황은 목포가 일본의 영향력을 크게 받을 수밖에 없는 사회로 만들었다. 특히 산업구조상 목포는 일본의 수탈항으로 기능하면서 경제가 비정상적으로 발달했고 유흥과 소비의 도시로 성장하게 했다.

이런 속에서 일본 가요의 영향을 받아 탄생한 트로트가 1930년대에 크게 인기를 얻었다. 도시의 신문화이자 대중문화의 고급한 중심 장르였던 트로트는 음반의 대중적 보급과 함께 1930년대 중반부터 1940년대 초반까지 첫 전성시대를 맞이하게 되었던 것이다. 목포는 개항하기 이전부터 부산의 상권 하에 있으면서 일본의 영향을 받았는데, 개항장의 형성과 발전과정에서의 특수한 사정은 일본의 영향력이 더욱 크게 작용하게 했다. 또한 일본-부산-목포-인천을 기본으로 하는 기선항로가 발달해 있었기 때문에 유성기와 음반 등도 사람과 물자의 이동을 따라 부산을 통해 목포로 유입, 유통되었고 트로트가 쉽게 수용될 수 있는 사회적 분위기가 형성되었다.

이상의 내용을 바탕으로 목포의 트로트 흥성 원인을 실질적인 일본인전관거류지의 형성과 조선인·일본인의 잡거, 인구 증가와 높은 일본인 비중, 유흥문화의 발달과 유성기 보급, 목포 출신 가수 이난영의 인기로 분석할 수 있었다. 이렇게 볼 때 자개항 목포는 스스로 개항한 목적을 충족시키지 못한 채 오히려 일본의 영향을 크게 받으며 사회와 문화가 형성되고 발전해갔음을 알 수 있다.

참고문헌

고은지, 「20세기 유성기 음반에 나타난 대중가요의 장르 분화 양상과 문화적 의미」, 『韓國詩歌硏究』 21, 한국시가학회, 2006.

곽수경, 「개항 이후 서남바닷길의 성쇠와 대중매체 속 목포의 이미지」, 『지방사와 지방문화』 19-1, 역사문화학회, 2016.

김주관, 「개항장 공간의 조직과 근대성의 표상」, 『지방사와 지방문화』 9-1, 역사문화학회, 2006.

김형찬, 「서태지 안에도 이미자는 있다—우리 대중음악 읽기·트로트의 기억」, 『월간 샘터』, 샘터사, 2006.

류용철, 『목포 옛 길을 찾아서』, 젊은느티나무, 2009.

목포문화원, 『목포시사(인문편)』, 목포시, 1987.

목포백년회, 『목포개항백년사』, (株)木浦新聞社, 1997.

손민정, 『트로트의 정치학』, 음악세계, 2009.

양흥숙, 「'신개항장新開港場' 목포의 공간과 조선인 네트워크」, 조정민 편, 『동아시아 개항장도시의 로컬리티』, 소명출판, 2013.

이영미, 『흥남부두의 금순이는 어디로 갔을까』, 황금가지, 2002.

_____, 『한국대중가요사』, 민속원, 2006.

이준식, 『일제강점기 사회와 문화—'식민지' 조선의 삶과 근대』 역사와비평사, 2014.

조경달·최덕수, 『근대조선과 일본』, 열린책들, 2015.

조경만, 「개항 이후 목포의 공간 변화와 문화 과정」, 『인천학연구』 10, 인천대 인천학연구원, 2009.

최성환, 「開港 初期 木浦港의 日本人과 海上네트워크」, 『한국학연구』 26, 인하대 한국학연구소, 2012.

최성환, 「목포의 해항성과 개항장 형성과정의 특징」, 『한국민족문화』 39, 부산대 한국민족문화연구소, 2011.

최재수·이원철, 「개항기 이후 목포항의 역할과 발전」, 『해양한국』 10, 한국해사문제연구소, 1977.

현광호, 『세계화시대의 한국근대사』, 선인, 2010.

崔在洙·李源哲, 「開港期 이후의 木浦港과 木浦港의 비전」, 『韓國海運學會誌』 25, 한국해운학회, 1997.

木浦文化院, 『完譯木浦府史』, 목포문화원, 2011.

裵鐘茂, 『木浦開港史 硏究』, 느티나무, 1994.

鄭昭然, 『개항장의 도시공간구조에 관한 연구—부산, 인천, 목포, 군산, 마산 개항장을 중심으로』, 부산대 석사논문, 2007.

金貞燮 역, 『木浦誌』, 鄕土文化社, 1991.

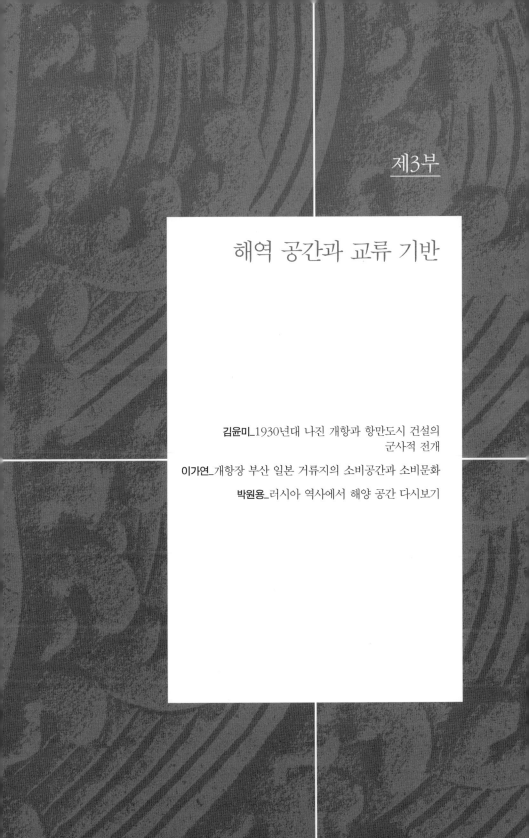

제3부

해역 공간과 교류 기반

김윤미_1930년대 나진 개항과 항만도시 건설의
군사적 전개

이가연_개항장 부산 일본 거류지의 소비공간과 소비문화

박원용_러시아 역사에서 해양 공간 다시보기

1930년대 나진 개항과 항만도시 건설의 군사적 전개

김윤미

1. 서론

일제시기 일본과 만주를 잇는 북선루트는 청진, 웅기, 나진 3항을 근간으로 했다. 북선3항의 항만 물류네트워크 능력 강화와 대륙의 통합적 철도망 구축은 경제성뿐 아니라 군사전략적 결정이었다. 이에 따라 일본이 북선 3항 중 가장 먼저 개항을 요구한 곳은 청진이었다. 일본은 러일전쟁 시기에 상륙지점이자 운송거점으로 청진항을 병참기지로 이용했다. 일본군은 조선과 중국 길림, 간도를 잇는 교통의 요지인 회령 점령을 목적으로 북진했다. 옛부터 동으로는 신의주를 기점으로 교역의 장이 열렸고, 서로는 회령과 경원이 유명한 경제중심지였다.[1]

청진은 러일전쟁 시기에 일본군의 군수품과 군대의 수송항이었지만 군수품을 수송하는데 많은 어려운 점이 있었다. 이후 일본은 1907년

---

[1] 오미일, 「間島의 통로, 근대 회령지방의 월경과 생활세계」, 『역사와 세계』 51, 효원사학회, 2017.

청진-회령 간 경편철도를 건설하고, 조선에 청진의 개항을 요구했다. 1908년 청진항 개항은 일본이 중국동북부와 조선북부의 경제진출을 위한 것이었을 뿐만 아니라 군사적으로는 나남에 군사기지를 설치하기 위한 수송루트를 건설하려는 목적이었다. 일본은 러일전쟁 이후 함경북도에 영구병영을 설치하고자 했고, 물자와 병력의 수송은 청진항으로 결정했다. 1915년 조선에 2개 상설사단 편성을 확정하고, 그 해 12월 24일 나남에 19사단 배치를 결론지었다. 청진항은 군사적으로는 나남 군사기지 건설을 위한 것이었고, 경제적으로는 일본인에 의한 중국동북부 교역의 거점을 마련하는 것이었다.[2]

그러나 청진이 중심이던 북선루트는 1931년 만주사변 이후 변화가 나타났다.[3] 1932년 동북만주와 일본을 잇는 길회선吉會線(길림-회령)의 종단항으로 나진이 선정되면서 환동해 교통망의 최단거리인 나진-니가타新潟 항로는 만주이민 수송, 나진-쓰루가敦賀항로는 화물 수송을 중심으로 계획되었다.[4]

나진에 관한 연구는 일본에서 먼저 시작되었다. 廣瀬貞三, 加藤圭木, 井村哲郎이 대표적이다.[5] 廣瀬貞三는 나진항 선정 과정과 토지수

---

2 加藤圭木,「植民地期朝鮮における港湾「開發」と漁村─一九三〇年代の咸北羅津」,『人民の歷史學』190, 東京歷史科學研究會編, 2011, 26쪽.
3 송규진,「일제강점기 '식민도시' 청진 발전의 실상」,『사학연구』110, 한국사학회, 2013; 김주용·김태국,「철도부설과 길장지구 무역구조의 변화」,『한국학연구』38, 인하대 한국학연구소, 2015.
4 朝鮮殖産銀行調査部,『朝鮮經濟情報』4, 1938, 55쪽.
5 廣瀬貞三,「植民地期朝鮮における羅津港建設と土地收用令」,『環日本海研究年報』17, 新潟大學 大學院 現代社會文化研究科環日本海研究室, 2010; 加藤圭木,「植民地朝鮮における'市街地計劃'─咸鏡北道羅津の事例を中心に」,『朝鮮學報』217, 朝鮮學會, 2010;『植民地期朝鮮の地域變容─日本の大陸進出と咸鏡北道』, 吉川弘文館, 2017; 井村哲郎,「村上義一文書に見る北鮮鐵道·港灣建設─滿鐵の北鮮經濟經營·再論」, 『環東アジア研究センター年報』7, 新潟大學コアステーション人文社會·教育科學系付置環東アジア研究センター, 2012.

용에 대한 지역 사회의 반응에 주목했다. 加藤圭木는 영흥만과 원산, 청진, 나진, 웅기 등 북선지역에 관한 연구를 일찍부터 시작하여, 많은 성과를 발표했다. 1900년대 청진개항부터 1930년대 청진항과 나진항 건설에 따른 지역의 변화를 토지수용과 지역유지들의 대응, 무역의 추이, 시가지계획을 분석했다. 필요에 따라 군사적 요인들을 설명하고 있지만, 전반적으로는 사회변화를 살펴보는데 주안점을 두고 있다. 井村哲郎은 나진항 선정의 군사적 성격에 집중하여 연구를 전개했다. 일본군의 요구에 따라 나진항이 구축되는 과정을 살펴보기는 했지만, 군사적 측면에서 분석이 충분하지 않다.

한국에서는 손정목, 송규진, 이규태와 김백영, 하지영의 연구가 있다. 손정목은 나진의 도시건설 배경과 경과를 처음 소개하여 나진에 대한 연구의 출발점을 제공했다. 송규진은 청진에 관한 연구 이후, 북선3항을 한 시야에 두고 분석하는 연구를 발표하여 나진의 군사적인 성격 규명에 여러 가지 단초를 제공했다. 이규태와 김백영의 연구에서도 북선루트로 나진을 선정하고, 일본 서부지역의 경제성장과 군사수송로 구축 진행을 밝혀냈다. 하지영은 조선총독부의 해운정책과 조선우선주식회사의 항로 경영을 개항기부터 1945년까지 다루었다. '동해횡단항로' 설정을 둘러싼 조선 북부지역과 서일본 지역의 변화상을 깊이 있게 분석하여 많은 시사점을 주었다.[6] 길회선 등의 조선

6 孫禎睦, 『日帝强占期 都市計劃硏究』, 一志社, 1990; 송규진, 「일제의 대륙침략기 '북선루트', '북선3항'」, 『한국사연구』 163, 한국사연구회, 2013; 「함경선 부설과 길회선 종단항 결정이 지역경제에 끼친 영향─나진·웅기·청진을 중심으로」, 『한국사학보』 57, 고려사학회, 2014; 이규태, 「일본의 동해횡단항로의 개척과 전개」, 『도서문화』 45, 국립목포대 도서문화연구원, 2015; 이규태, 김백영, 「만주사변 이후 일본의 동해군용정기항로의 설치와 운용」, 『도서문화』 49, 국립목포대 도서문화연구원, 2017; 하지영, 「조선총독부 해운정

내 철도와 항만의 군사수송에 관해서는 사카모토 유이치, 김윤미의 글이 있다. 나진을 대상으로 한 것은 아니지만, 나진항의 군사수송에 관해서 일부 논의한 내용이 있어 참고할 만하다.[7]

그 간의 연구성과를 종합하여 논문의 출발점으로 삼고, 나진항과 나진 도시건설의 성격을 면밀히 밝혀보고자 한다. 기존연구에서 일본군이 나진을 길회선의 종단항으로 정하고, 군사수송항으로 확장하고자 한 점이 명확하게 밝혀졌다. 그러나 청진항을 확장하는 것보다 몇 배의 비용이 더 투입되는 나진항 건설을 1932년 일본군이 결정한 이유를 군사적으로 분석한 부분은 간략하다. 이 글에서는 1931년 만주사변을 일으키고, 1932년 만주국을 세운 관동군이 만주 국경을 접하고 있는 소련에 대해 어떠한 군사전략을 수립했는지, 그에 따른 군사수송과 나진항의 필요성을 고찰하는 데 집중했다.

2. 북선루트 논의와 나진 개항

나진은 러일전쟁 당시 일본 함대가 2일간 정박했고, 1918년 시베리아로 출병할 당시 군함 47척이 입항하여 약 3개월간 정박한 곳이었다.[8] 전쟁 시 이용되는 군사적 거점이긴 했으나, 나진은 작은 어촌

책과 朝鮮郵船株式會社의 항로 경영」, 동아대 박사논문, 2019.

7 사카모토 유이치, 「植民地期 朝鮮鐵道에 있어서 軍事輸送－시베리아 출병, 만주사변과 부산을 중심으로」, 『한국민족문화』 28, 부산대 한국민족문화연구소, 2006; 김윤미, 「일본군의 군사수송과 한반도 해안요새」, 『역사와 실학』 59, 역사실학회, 2016.

8 雄基憲兵分遣隊, 「羅津湾の槪況」, 『滿洲關係資料 羅津湾の槪況, 穩城守備隊狀況報告, 鍾城歷史等 昭和4～7年』(JACAR, Ref. C13010182700). 이 보고서에 따르면 웅기헌병분견대

이었다. 이곳이 군사적 필요성으로 항만도시 건설이 거론된 것은 1932년이었다. 1931년 만주사변 이후, 만주와 일본을 잇는 수송로로 조선의 청진·나진·웅기, 일본의 쓰루가敦賀, 후시키伏木, 니가타新潟를 고려했다. 1932년 4월 조선총독부, 일본 육해군, 만철 등 관계자가 모여 회의를 열었다. 조선총독부와 만철은 나진항 건설에 소극적이었지만, 일본 육군은 군사적 이유를 들어 강하게 요구했다.[9] 조선총독부는 조선 북부의 도시로 시가지가 발전하여 인구도 많고, 상공업과 어업이 번성하다는 것을 배경으로 청진항 개발을 주장했다. 만철은 길회선 경유의 화물은 청진항에서 수송하고, 청진항에서 처리하지 못하는 경우에는 웅기항을 이용하며, 수송화물이 격증할 경우 나진항을 건설, 개항하는 것을 주장했다.[10] 만철은 1931년 만주사변 이전까지 남만주지역의 화물을 대련大連항으로 집중하는 '대련항 중심주의'를 고수하고 있었고, 경제적 이익이 없는 북선루트의 운영은 소극적이었다. 그러나 관동군이 만주의 교통망을 만철에 모두 위탁하는 방침을 결정하면서 만철은 '대련관 조선 북부' 2대항만주의로 선회했다.[11] 이후 만철은 대련기선을 내세워 나진-니가타항로 개

군마보충부본부장은 1927년 6월 "나진항은 군사 교통 운송 무역상 중요한 위치에 있고, 천연의 지리에 해당하므로 조선동해안 중계지역으로" 역할을 할 것이라고 평가했다.

9   加藤圭木, 『植民地期朝鮮の地域變容－日本の大陸進出と咸鏡北道』, 吉川弘文館, 2017.
10 井村哲郎, 「村上義一文書に見る北鮮鐵道·港灣建設－滿鐵の北鮮經濟經營·再論」, 『環東アジア研究センター年報』7, 新潟大學コアステーション人文社會·教育科學系付置環東アジア研究センター, 2012, 59쪽.
11 稻吉晃, 『海港の政治史』, 名古屋大學出版會, 2014, 263~265쪽. 관동군이 1931년 12월 만철에 제안한 것은 '3항 3대 幹線주의'였다. 大連항을 중심으로 동부에는 웅기항, 서부에는 葫蘆島항을 배치하는 교통망을 구상했다. 관동군이 나진이 아니라 웅기를 설정한 것은 나진의 항만시설이 갖추어지지 않았기 때문이다. 大連항은 '滿蒙의 중앙부'를 후방지역으로 하고, 安寧과 營口항은 대련항의 보조항으로 설정했다. 葫蘆島항은 '중국 북부의 항만으로 활용'하고, 秦皇島를 보조항으로 설정했다. 웅기항은 '일본 관계항만으로 활용'하고, 청

설도 시도했다.[12]

나진, 청진, 웅기항은 대륙과 일본을 연결하는 항로로 일찍부터 논의되어 왔다. 특히 일본 육군은 군사적 이유에서 만주와 일본을 최단거리로 연결하기 위해 나진을 선정해야 한다고 주장했다. 육군성의 일부는 웅기가 연해주, 혼춘琿春과 접경하고 있어 유사시에 적의 공격을 쉽게 받을 수 있다는 이유로 부적합하다고 했다.[13]

일본 해군도 나진항을 고려했다. 해군함정의 전진기지와 보급지로, 육군수송선 집합과 군대 승선 등을 감안한다면 방비가 용이해야 했다. 또한 사계절 풍파의 영향이 적어 수용력이 큰 양항만이라는 이점에 주목했다. 1932년 1월 19일 해군 측 견해를 밝힌 자료에서 나진항 건설의 주장 이유가 자세히 나타나 있다. 나진은 방파제 공사를 별도로 하지 않아도 섬이 만의 입구를 가려주어 큰 파도가 없고, 바람도 막아주고 있다. 또한 만이 깊고, 항만 면적이 넓어 함대 정박이 적합하며 축항공사도 용이하다. 동쪽은 반도가 돌출하고 남쪽은 섬이 있어 전략적 군사기지가 위치하기에 적합하다는 것이 이유였다.[14]

진과 나진을 보조항으로 설정했다. 그리고 배후의 모든 철도는 만철이 운영하는 것을 전제로 했다.

12 하지영, 『조선총독부 해운정책과 朝鮮郵船株式會社의 항로 경영』, 동아대 박사논문, 2019, 159~161쪽. 만주 경도선(京圖線) 완성, 북선철도와 북선3항의 만철 위탁, 나진축항 등으로 북선루트에 대한 강력한 영향력을 행사하게 된 만철은 나진-新潟루트에 大連기선이 수명회사로 지정받기를 원했다. 관동군의 정치력과 만철의 자본력을 배경으로 한 大連기선은 횡단항로를 개설하기 위해 적극적으로 나섰다. 게다가 만철은 1934년 만주 물산의 일본 수송을 위해 大連기선이 니가타에 설립했던 日滿倉庫株式會社의 준공이 가까워지자 보조금 없이도 정기항로를 개설하겠다며 적극적인 공세를 취했다. 그러나 일본 체신성은 일본 국적의 기선회사를 수명회사로 한다는 입장을 고수했고, 大連기선이 수명회사가 될 가능성이 높아지자, 이에 대한 대책으로 일본해기선주식회사라는 신규회사를 설립했다.

13 송규진, 「일제의 대륙침략기 '북선루트', '북선3항'」, 『한국사연구』 163, 한국사연구회, 2013.

14 井村哲郎, 「村上義一文書に見る北鮮鐵道・港灣建設-滿鐵の北鮮經濟經營・再論」, 『環東アジア研究センター年報』 7, 新潟大學コアステーション人文社會・教育科學系付置環東アジア

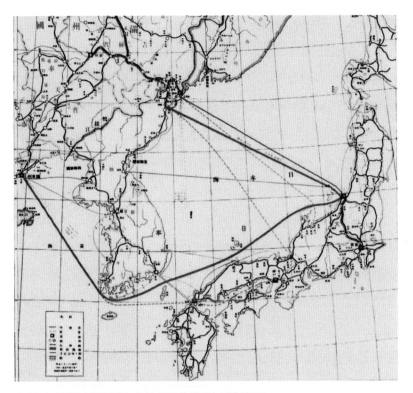

〈그림 1〉 1930년대 말 만주, 조선, 일본의 철도와 동해 항로도
출전 : 新潟市, 新潟市歷史博物館(2018), 『図説 新潟開港一五〇年史』, 株式會社アステ―ジ.

研究センター, 2012, 58~59쪽. 일본해군이 나진항을 지지 이유는 다음과 같다. ①청진과 웅기는 대규모의 방파제공사를 하지 않으면 안전한 정박지가 될 수 없지만, 나진은 천연의 양항이다. ②청진은 남쪽 입구가 열려있어, 항구라고 하기 어렵다. 이 지역은 독특한 강풍이 있어 북동의 바람은 차단이 가능하지만 편남풍에는 개방되어 있다. ③웅기와 청진은 거의 같아서 소형 증기선과 평저선은 항해가 곤란하고, 게다가 방파제를 필요로 한다. ④여기에 비해 나진은 북동으로 깊은 만내로 들어가 있고, 동으로는 반도가 돌출하며, 남쪽으로는 대초도, 소초도가 있기 때문에 편남풍을 차단하기에 좋은 만이다. 게다가 나진은 항만면적이 넓어 함대가 정박하기에 적합하고, 축항공사도 용이하다. ⑤나진은 길회선(吉會線)의 臨海港으로서 1년에 300만 톤의 하역을 감당하는 경제적 시설과 전시 작전기지로서 필요한 군사시설을 건설할 수 있는 수륙면적이 있다. 또한 해군함정의 전진기지 보급지 및 육군 수송선의 집합, 군대의 승선 등을 위한 방비가 용이하고, 또 사계절 모두 풍파의 영향이 적어 활용도가 높다.

나진에서 출발하는 철도는 웅기-혼춘-남양南陽을 거쳐 두만강 국경 지역과 맞닿아 있다.

이처럼 1930년대 나진항 개발은 만주와 일본을 잇는 교통망 확보에 있었다. 동해를 통해 조선 청진·나진·웅기, 일본 쓰루가敦賀. 후시키伏木. 니가타新潟를 연결하고 대륙의 철도와 항만을 잇는 루트였다. 1930년대 말 조선, 만주, 일본을 연결하는 항로와 철도의 현황은 〈그림 1〉과 같다.

결국 1932년 5월 3일 일본정부는 '길돈吉敦 연장선에 관한 방침 요강'을 결정했다. 5월 11일 척무대신은 만철총재에게 통첩하여 종단시설을 건설하기 위해 나진을 조사하고, 5년 이내에 준공할 것과 조선 내의 접속철도인 도문선圖們線, 청회선淸會線, 웅라선雄羅線와 만철의 종단시설 경영을 지시했다. 5월 15일 '만철에 대한 지령안 제1호'에는 나진항 건설과 나진항을 연결할 선로의 운영에 관한 사항이 기록되어 있다. 만주 동북부 철도와 나진선은 평소 수송능력을 높여 군사수송의 간선으로 구축해야 한다는 점을 강조했다. 만철과 조선총독부는 나진항 건설과 운영 등에 관한 협의를 했다. 만철은 화물수송, 부관, 하역, 여객의 해륙연락에 필요한 모든 업무를 맡기로 했다. 한편 조선총독부는 항로 표식, 검열, 관세, 선박 및 항만을 감독하기로 했다.[15]

〈그림 2〉와 같이 1932년 7월 나진항 10여 개의 부두를 가진 대규모 항만도시로 계획되었다. 나진항은 1948년까지 15년간 900만 톤

---

15 井村哲郎, 「村上義一文書に見る北鮮鐵道・港灣建設—滿鐵の北鮮經濟經營・再論」, 『環東アジア研究センター年報』 7, 新潟大學コアステーション人文社會・教育科學系付置環東アジア研究センター, 2012, 60~61쪽.

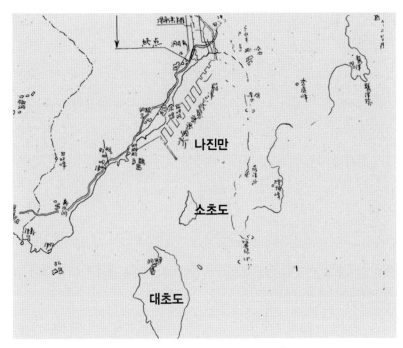

〈그림 2〉 일본군의 나진항 건설 계획(1932.7 현재)
출전 : 朝鮮軍参謀長, 「雄羅鉄道敷設並羅津港築港のため公有水面埋立及浚渫の件」, 『密大日記 第5冊 昭和8年』, 1932. (JACAR, Ref. C01004003500)

의 항만으로 건설될 예정이었다. 1938년 나진항 1차 공사가 끝나면 300만 톤, 2차 공사가 끝나면 600만 톤의 화물처리가 가능했다.[16] 계획상으로는 나진항, 청진항, 웅기항의 수용능력을 합치면 대련항

---

16 東京市産業局雄基出張所, 『北鮮三港比較』, 日満實業協會, 1935, 3~9쪽.
1935년 웅기항, 나진항, 청진항을 비교해 보면 다음과 같다.

	웅기항	나진항	청진항
개항일	1921년 6월	1935년 11월	1908년 4월
만내, 항내면적	만내 327만 평, 항내 189만 평, 내항 40만 평	만내 950만 평 항내 400만 평	만내 220만 평 항내 363만 평
처리능력	60만 톤	300만 톤(제1기 공사 완료 후)	100만 톤
인구	24,000명	24,500명	41,500명

과 여순항의 수용력에 견줄 수 있는 수준이 될 수 있었다.[17]

나진항은 1935년 11월 1일 개항했다. 1936년부터 나진항에서 화물 영업이 개시되자 관동군사령부는 '만주산업개발5개년계획요강'을 만주국 국책으로 결정하고 1937년 1월 실행했다. 이에 따르면 개발 계획이 잘 이루어져 화물이 증가하게 되면 나진, 곤로도葫蘆島, 다롄 등의 항만 설비 확장은 당연한 수순이었다. 나진항은 '만주국을 배후지로 하는 항만'으로 동북 만주의 물자를 이출하고, 이곳으로 향하는 화물을 수입하는 항일뿐 아니라, 이민의 상륙지로[18] 역할이 규정되었다. 한편으로는 신속히 각종 시설을 정비하여 제2기 600만 톤 계획이 완성되면 소련과 전쟁시 중립국들이 나진항을 이용하게 하고, 블라디보스톡을 이용하는 외국선박도 나진항으로 흡수한다는 방안이었다.

다음해인 1938년 5월 23일 관동군 주최 선만합동협의회에서 '동북 만주와 서일본 교통 쇄신 및 북선 3항 개발 요강'이 가결되었다. 이에 따르면 나진을 일본과 만주의 연결 지점으로 하여 만주의 자원으로 공업도시를 형성하고, 이것을 반출하는 항으로 결정했다. 웅기는 석탄과 목재 수송항으로 하고, 나진의 보조 공업도시로 비정했다.

---

[17] 1937년 8월 이전 주요 항구의 수용능력을 보면 다음과 같다.

항구	수용력	항구	수용력	항구	수용력
大連항	1,100만 톤	旅順항	50만 톤	營口항	200만 톤
安東항	50만 톤	葫蘆島항	200만 톤	나진항	300만 톤
청진, 웅기항	150만 톤	블라디보스톡	300만 톤		

— 출전 : 有近恒次, 『雄基の全貌』, 雄基商工會, 1937, 63쪽.

[18] 일본은 1936년 만주농업이민 '20개년 100만호 송출계획'을 결정하고, 국책이민을 시작했다. 20년 동안 일본인 100만호를 만주에 '이식'한다는 정책이었다. 특히 소련과 국경인 동북만주지역에 '개척단' 마을을 조성하여 군사력의 공백을 대체하는 방식으로 운영했다.(김윤미, 「日帝의 '滿洲開拓' 政策과 朝鮮人 動員」, 『韓日民族問題研究』17, 한일민족문제학회, 2009)

청진은 청진 부근의 일반 자원으로 공업도시를 형성하고자 했다.[19]

이에 따라 1938년 11월 11일 각의에서 '동북 만주와 서일본 교통 쇄신 및 북선 3항 개발 요강'을 결정하고, '東京-新瀉-羅津-新京'을 기본 노선으로 확정했다. 敦賀를 병행하는데, 나진-新瀉 간 항로는 일본과 만주에서, 나진-敦賀은 일본과 조선에서 출자하는 것으로 명시했다. 다음으로 항만시설 등 제반 시설을 개선하는 사업이 제시되었다. 나진항은 일본과 만주를 이어주는 중추역할을 하고, 만주자원을 이용한 공업도시이자 수출항으로 역할을 하기 위한 설비와 상업 기능을 마련하도록 했다. 웅기와 청진도 나진의 보조항으로 지역 개발을 위한 시설을 확충하도록 했다. 도쿄東京-나진, 나진-신경新京 간 급행열차의 소요시간을 단축하고, 철도 개수를 통해 수송력을 높이도록 했다. 덧붙여 일본 니가타, 쓰루가를 기점으로 조선 청진, 나진, 웅기를 이용해서 블라디보스톡을 연결하는 방안도 거론했다.[20]

1937년 현재 나진항은 주로 통과무역항으로 만철에서 공사가 한창이고, 웅기항은 공업지로서 조건을 갖추어 공업항이자, 석탄, 목재, 철재 등의 무거운 화물을 취급하는 무역항으로 변화되고 있었다.[21] 청진도 환동해권 교통요충지로 지정되면서 항만과 어항시설이 완성되었고, 공업도 성장하면서 인구가 급격히 증가하여 확장이 시작되었다.[22]

---

19 加藤圭木, 『植民地期朝鮮の地域變容-日本の大陸進出と咸鏡北道』, 吉川弘文館, 2017, 221 ～ 223쪽.

20 內閣, 「東北滿洲對裏日本交通革新並北鮮三港開發ニ關スル件ヲ決定ス」, 『公文類聚・第六十二編・昭和十三年・第八十四卷・交通二・河川港湾・道路橋梁・船舶』, 1938. (JACAR, Ref. A02030084300)

21 有近恒次, 『雄基の全貌』, 雄基商工會, 1937, 63～64쪽.(경인문화사, 『韓國地理風俗誌叢書』294, 1995)

22 淸津府, 『淸津府府勢一班』, 1938.

3. 나진항 건설과 나진요새 구축

나진항 건설을 맡은 만철은 1933년 4월 공사를 착공했다. 만철은 1948년 완공할 예정으로 15년간 부두면적을 100만평 확보하고, 900만 톤의 물자를 자유롭게 취급할 수 있는 항만을 계획했다. 여기에 조선총독부는 30만 인구를 목표로 나진시가지계획을 시행했고, 일본군은 군사적 입장에서 수정안을 제시했다. 나진항과 만주를 잇는 철도건설을 담당했던 만철은 1933년 조선총독부로부터 북선철도의 경영을 위탁받았다.[23]

 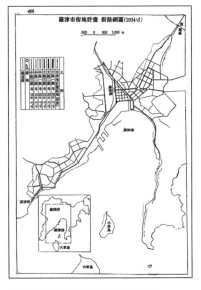

〈그림 3〉 1930년 나진만 평면도
출전 : 雄基憲兵分遺隊, 「羅津灣の概況」, 『滿洲
関係資料 羅津灣の概況, 穏城守備隊状況報告,
鍾城歴史等 昭和4~7年』 1932 (JACAR,
Ref. C13010182700).

〈그림 4〉 1934년 나진시가지계획도
출전 : 孫禎睦, 『日帝强占期 都市計劃硏究』, 一
志社, 1990, 〈附錄〉

---

23 송규진, 「함경선 부설과 길회선 종단항 결정이 지역경제에 끼친 영향―나진·웅기·청진
을 중심으로」, 『한국사학보』 57, 고려사학회, 2014, 342쪽.

나진의 도시건설은 1934년 6월 20일 '조선시가지계획령' 제정으로 시작되었다. 나진은 1931년말 행정구역 상 '경흥군 신안면 나진동'으로 분류되었고, 인구수는 4,520인(일본인 62명 포함)의 작은 어촌에 불과했다.[24] 〈그림 3〉는 나진항이 구축되기 이전의 모습이고, 〈그림 4〉은 1934년 수립된 나진시가지계획도이다.

조선총독부의 조선시가지계획령 공포는 나진을 개발하기 위한 정책이었다. 1938년 10월 경성에서 개최된 일본전국도시문제회의 제6차 총회에서 발표된 글에 따르면 "조선에는 도시계획에 관한 법령이 없었기 때문에 법적 효력을 가지는 계획을 공표할 수 없었으므로 시급히 법령의 발포를 서둘러 1934년 7월 공포하여 8월 10일부터 시행하게 되었다"라고 밝히고 있다.[25] 1934년 11월 2일 조선총독부 고시 제574호에 따라 나진시가지계획이 공포되었고, 면적 약 300만㎡(90만 9천 평)의 공사가 시작되었다.[26]

나진은 1932년 일본군이 설정한 요새지대에 포함되었다. 1939년에 가서야 포대건설을 시작했지만, 긴급히 나진요새사령부를 설치한 이유가 있었다. 하나는 만주사변 후 조선 북부, 특히 나진과 웅기 등의 발전과 중요성을 감안하여 해당 지역의 방위를 위한 것이었다. 또 하나는 요새건설에 필요한 토지를 속히 취득하고, 토지를 관리하기 위한 것이었다. 그러나 나진개발로 지가가 급격히 상승한 탓에 군용

24 손정목,『日帝强占期 都市計劃硏究』, 일지사, 2002, 177~178쪽.
25 高倉 馨,「羅津の都市建設に就て」,『都市計畵の基本問題全國都市問題會議』, 下券, 1938, 253~254쪽 (손정목,『日帝强占期 都市計劃硏究』, 180쪽 재인용)
26 『朝鮮總督府官報』,「朝鮮總督府告示第五百七十四號, 朝鮮總督府告示第五百七十五號」 1934.11.20. 2359호.

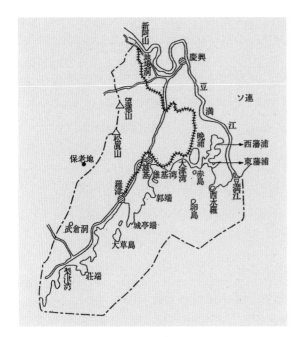

〈그림 5〉 나진요새지대 (1936년 8월 1일 현재)
출전 : 朝鮮所在重砲兵聯隊史編纂委員会, 『馬山・永興灣・羅津・麗水 重砲兵聯隊史』, 千創, 1999, 207쪽.

지를 마련하기가 쉽지 않았다. 1936년 8월 1일 육군성 고시 나진요새지대는 〈그림 5〉와 같다.[27]

1936년 나진요새건설은 대소작전 준비를 위한 것이었다. 북선지구는 소련군 소함정의 기습공격과 상륙작전을 대비하고, 국경부근이기 때문에 육상으로 접근하는 적에 대응하기 위한 화포 배치가 필요했다. 1936년 5월 30일 발표한 '1936년도 육군평시편제 전면개정'에 근거해서, 같은 날 '1936년도 군비개편요령', '동 세칙'에 따라 나진 및 웅기요새사령부의 신설을 결정했다. 본 계획은 5개년 계획으로 평시편제 부대의 신설, 개편이 실시되었다. 나진요새사령부의 신설 목적은 일본・조선・만주의 연락 거점을 확보하고, 해군과 협력하여 상륙과 해상의 적 공격에서 나진항 및 웅기항을 엄호하고, 국경의 주요 지역을 선점하여 야전군의 방어체계를 구축하는 것이었다.

나진지역에서 일본군이 요구한 군사지역은 나진만의 동쪽 지역 해안

---

27 朝鮮所在重砲兵聯隊史編纂委員會, 『馬山・永興灣・羅津・麗水 重砲兵聯隊史』, 千創, 1999, 205 ~208쪽.

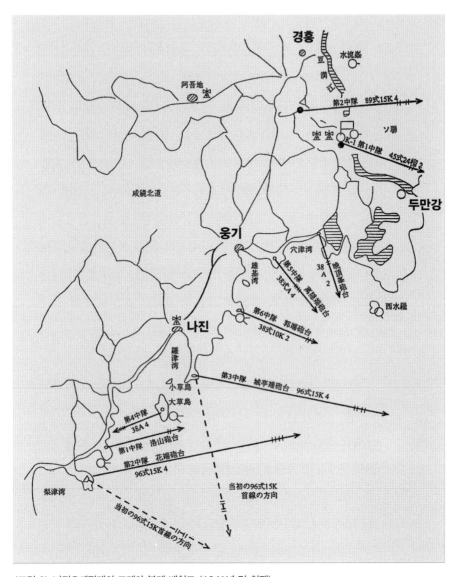

〈그림 6〉 나진요새지대의 포대와 부대 배치도 (1941년 말 현재)
출전 : 朝鮮所在重砲兵聯隊史編纂委員会, 『馬山・永興灣・羅津・麗水 重砲兵聯隊史』, 千創, 1999, 220쪽.

가까이의 약 6만평이었다.[28] 해군은 대초도에 군기지를 건설하고, 육군은 나진 곳곳에 군사 용지를 확보했다. 1936년 8월 15일 나진요새사령부를 설치하고 사무를 시작하고, 성정단포대 부지를 시작으로 아오지·갈은단·동기동·서수라·고성동의 각 포대예정지를 매수했다. 1937년 곽단, 대초도 다음으로 1938년 일부 포대건설을 간신히 착수했다.[29]

1939년 3월 참모본부는 '나진요새 화단花端 및 성정단城亭端 포대, 전등소, 탄약고 및 통신망 건설요령서'를 책정하고, 이에 근거해 4월 1일 '축성본부장에 나진요새의 건설공사실시명령'을 하달했다. 1941년 말 부대 배치를 그린 〈그림 6〉에서 나진과 웅기를 포함하여 두만강 지역의 병력 현황과 소만국경의 방어태세를 확인 할 수 있다. 나진 포대에는 중포병연대 1~4중대, 웅기 포대에는 5~6중대, 두만강 포대에는 1~2중대의 일부가 배치되어 있다.

4. 소·만 국경 강화와 나진항 수송

1) 소련의 극동 군비 증강에 따른 관동군의 요새 구축

1931년 관동군은 만주사변을 일으켰다. 이것은 남만주에서 일본의 권익을 무력으로 확보한다는 것보다 북만주 진주에 목적이 있었

---

28 井村哲郎, 「村上義一文書に見る北鮮鐵道·港灣建設―滿鐵の北鮮經濟經營·再論」, 『環東アジア研究センター年報』 7, 新潟大學コアステーション人文社會·敎育科學系付置環東アジア研究センター, 2012, 63쪽.
29 朝鮮所在重砲兵聯隊史編纂委員會, 『馬山·永興灣·羅津·麗水 重砲兵聯隊史』, 千創, 1999, 205~208쪽.

다. 전장은 장춘長春에서 합이빈哈爾濱에 이르는 제2송화강 부근에서 한빈 평지까지, 조남洮南 부근에서 제제합이齊齊哈爾 평지까지로 예정했다. 즉 소련에 대한 전쟁에 앞서 북만주에 진주하여, 소련에 대한 전략태세를 초전부터 유리하게 해두려는 것이 사실상의 의도였다. 관동군이 치치하얼에 입성하자 소련은 일본과 불필요한 마찰을 피하기 위해 동지철도의 권익을 포기하고 북만주로 후퇴했다. 일본 육군은 만주사변 이후 소련과 전쟁준비를 위해 병력을 증강했다. 1932년 관동군은 4개 사단으로 증설 배치하고, 공습에 대비하여 비행중대도 증강했다.[30] 주요 병력과 물자는 일본에서 만주로 이동했다.

소련은 북만주를 포기한 후 만주와 국경 일대의 병비를 급속히 강화했다. 1932년 소련은 시베리아철도의 복선화 공사를 시작했고, 4월 극동해군의 재건에 착수, 폐쇄되었던 블라디보스톡 군항을 부활시켰으며, 여름에는 만주와 소련 국경에 토치카 구축을 시작했다.

소련의 군비강화에 대해 참모본부와 관동군도 구체적인 대소작전 계획을 작성했다. 러시아 혁명 이후, 1929년 7월 만주의 군벌인 장학량이 동지東支철도를 점유하자 소련군이 1개월 만에 무력으로 장학량군에 큰 타격을 입혔다. 이를 통해 관동군은 소련의 군사력을 다시 한번 확인했고, 현실적인 위협의 존재로 작전 준비를 서둘렀다. 관동군의 작전은 만주와 소련 국경 동부에서 소련 내로 신속히 진격하여

---

30 후지와라 아키라 저·서영식 역, 『일본군사사』上, 제이앤씨, 248, 252, 259쪽. 1931~ 1935년 관동군의 병력 증강은 다음 표와 같다.

구분	1931	1932	1933	1934	1935
사 단	2	4	4	4	4
비행중대	2	9	12	15	18
총 병 력	64,900	94,100	114,100	144,100	164,100

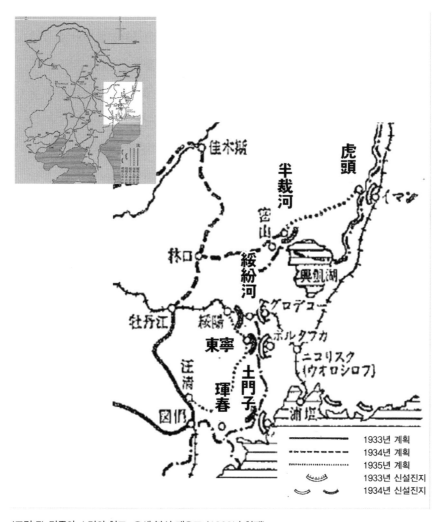

〈그림 7〉 만주와 소련의 철도, 요새 부설 개요도 (1933년 현재)
출전 : 防衛廳防衛硏修所 戰史室,『戰史叢書8, 大本營陸軍部(1)』, 朝雲新聞社, 1974, 343쪽.

블라디보스톡 주변의 지상전력과 항공전력을 격파한 후 서부에서 공세를 취해 소련군과 결전하고, 바이칼호 방면으로 진격하는 것이었다. 1937년도 대소작전계획부터는 동부의 결전만 채택했다.[31]

1933년 관동군 소만국경의 각지에 토치가라고 불리는 철근콘크리 진지를 구축하고, 한편으로는 병력을 동만주로 수송하기 위해 철도수 송력을 강화하기 시작했다. 3월~12월 조선북부의 도문-돈화선, 봉천-길림선을 부설하여 만주 내 수송능력을 증가시키고, 도문-목단강선을 건설하여 조선북부 항구를 통해 수송될 병력을 목단강에 집중시킬 수 있도록 했다. 〈그림 7〉은 1933년 당시 만주와 소련의 철도 부설 현황과 국경에 구축된 요새를 그린 것이다.

1933년부터 국경수비를 담당하는 국경수비대는 국내치안과 철도 경비를 임무로 했다. 이들은 1934년부터 국경요새를 건설했다. 1938년 8개 국경수비대 중 제1국경수비대는 동녕東寧, 제2국경수비대는 수분하綏紛河, 제3국경수비대는 반재하半裁河, 제4국경수비대는 호두虎頭에 배치되었다. 국경수비대는 1943년 관동군의 병력이 태평양 전장으로 이출되면서 상당한 병력이 차출되었고, 1944년 폐지되었다. 그러나 특별히 호두요새는 1945년 제15국경수비대를 신설 배치하고 패전시까지 유지했다. 시베리아철도와 인접한 곳으로 높은 지대에서 움직임을 감시하고, 즉각 군사행동을 할 수 있는 군사적 요지였기 때문이다.[32]

1936년 6월 8일 '제국국방방침'을 개정했다.[33] 이에 따른 작전계획

---

31 야마다 아키라, 윤현명 역, 『일본, 군비확장의 역사』, 어문학사, 2014, 178~183쪽.
32 陸軍省, 「第5節 國境警備」, 『國境問題(滿ソ)』, 1963. (JACAR, Ref. C13010019100)

에서 일본 육군은 조선철도와 남만주철도의 수송력 증가, 선박수송 능률 증대를 위한 방안을 강구하고, 대소작전을 위해 선박 징발도 계획했다. 북규슈와 조선 남부의 항만시설을 증강하고, 동해 수송로를 적극 활용하기로 했다. 그러나 극동소련군 잠수함의 출현과 항공병력 증가는 동해와 조선해협의 해상교통선을 위협할 수 있었다. 조선 북부지역에 비행장을 신설해서 항공병력을 증강하고자 했으나 본격적으로 준비하지는 못했다. 만주 서쪽의 대소작전은 축성강화와 지구전 준비로 계획하고, 동쪽과 북쪽을 긴밀히 연결하는 작전도 도모했다.[34]

2) 관동군 증원과 나진항 수송

철도와 항만을 이용한 군사수송선 확보는 일본의 대륙진출 기반이었다. 1905년 경부선·경의선이 연결되고, 1920년대 함경북도선도 완료되면서 종관철도가 완성되었다. 일본군은 일찍이 조선의 철도부설을 통한 군사수송을 계획했고, 조선과 만주는 철도로 이어졌다. 대륙수송의 병참선은 ①부산-안동安東-봉천奉天, ②부산-강계-통화, ③정주-삭주-환인桓仁, ④청진-연길 또는 왕청汪淸, ⑤나진-웅기-훈춘 등 5가지가 중심이다. ①은 수송능력이 가장 뛰어나므로 중요 병참선

---

33 防衛廳防衛研修所 戰史室, 『戰史叢書27, 關東軍(1)』, 朝雲新聞社, 1969, 143쪽.
제국국방방침은 소련을 주적으로 한 일본 육군과 미군을 주적으로 한 해군의 합의가 도출되지 못했고, 이에 따라 가상적으로는 미국과 소련을 동시에 주적으로 상정하고, 중국과 영국을 추가했다. 제국국방방침의 취지는 "유사시 기선을 제압하고, 초동 위력을 강화하여 전쟁목적을 조속히 달성하는데 힘쓰고, 한편으로는 장기전의 가능성이 높으므로 이에 대한 각오와 준비를 하겠다"는 것이었다. 즉 속전속결의 전투를 우선하지만, 장기지구전의 가능성도 염두해 두고 있었다.
34 防衛廳防衛研修所 戰史室, 『戰史叢書8, 大本營陸軍部(1)』, 朝雲新聞社, 1974, 358~359, 410~411쪽.

으로 지정했고, ③은 ①의 보조병참선으로 확보하고자 했다. 북쪽의 청진·나진·웅기 3항을 이용하는 ④, ⑤ 병참선도 있지만, 병참선 단축이나 수송능력의 규모면에서는 ⑤가 유리했다. 만주에서 전쟁이나 작전을 전개할 경우 대부분의 군수물자와 병력은 일본에서 수송되었다. 식량과 기타 특수 물품을 제외하고는 일본의 공업력에 의존해야 했다. 일본에서 기계와 기계부품, 일용잡화물, 시멘트, 직조류 등을 만주로 수송했다면 만주에서는 석탄, 강재, 잡곡, 대두, 두유 등을 일본으로 수송했다.[35]

1930년대 나진항을 통한 수송은 1935년 이후 시작되었다. 일본에서 만주로 병력을 투입하는 긴급수송 외에 일반 군사수송도 평시에 이루어지고 있었다. 조선에 제19사단과 제20사단이 상주했던데 반해, 만주에는 사단 증설이 이루어지지 않았다. 일본 내의 상설 사단이 만주로 교대 파견되었다. 만주사변 이전에는 1개 사단이, 1933년 이후에는 상시로 3개 사단이 배치되었다. 대규모로 부대의 신설과 개편이 이루어진 것은 1936년이었다.[36] 일본군의 입장에서는 일본과 만주의 병력을 교대시키고, 유지하기 위한 대규모 수송은 중요한 문제였다.

1936년 11월 6일 조선군사령부에서 작성한 〈제9, 제12사단 유수대요원 선내철도수송간병참업무상보〉에서 수송상황을 자세히 알 수 있다. 만주에 파견되었던 제1사단, 제9사단, 제12사단 유수대원의 일본 귀환 수송이 시작되었다. 관동군은 상주사단이 아니라 2년에 한

---

35 復員局, 「第1節 兵站的見地に於ける滿洲の地誌的背景」, 『滿洲に關する用兵的觀察 第7卷 第4編 滿洲に於ける各種作戰の史的觀察 第3章 兵站 昭和9～20年』, 1952. (JACAR, Ref. C13010243100).

36 야마다 아키라, 윤현명 역, 『일본, 군비확장의 역사』, 어문학사, 2014, 177쪽.

번씩 교대를 하는 교대사단이었다. 제1사단은 대련, 제9사단과 제12
사단은 나진에서 승선하여 일본으로 이동했다. 나진에는 1936년 10
월 29일~11월 2일, 11월 9일~11월 12일 임시로 2차례에 걸쳐 나
진정차장사령부가 설치되었다. 제9사단 1,338명, 제12사단 883명
은 도문圖們을 지나 나진역에 도착했고, 철도가 연결된 나진항 제1부
두를 통해 제9사단은 11월 1일, 제12사단은 11월 11일 승선했다.

나진정차장사령부의 보고에 따르면 나진이 수송항으로 역할을 하기
위해서는 몇 가지 제반시설이 갖추어져야했다. 그 중 가장 부족한 것으
로 지적된 것이 군인들이 쉬면서 대기할 수 있는 공간이었다. 겨울에는
열차 내에서 승선을 기다릴 수 밖에 없는 형편이었다. 부두에는 큰 창고
있고 화물이송이 많아 별도의 휴식장소를 만들기가 어려웠다.[37]

1938년 나진항의 군사수송은 원활하지 못했다. 1938년 3월 만주
파견 제7사단, 제19사단 수송과 관련한 업무보고에 따르면 홋카이도
北海道의 아사히카와旭川와 삿포로札幌 지역에 주둔하던 부대가 무로란
室蘭항에서 나진항으로 이동했다. 1938년 나진항은 공사가 진행 중이
었고, 군인들의 숙영지도 확보하지 못했다. 만철사택과 주변지역에
서 숙영을 하는데, 가장 많이 인원이 숙영한 날은 1,200여 명이다.
나진에 숙영시설이 부족하여 일부는 거리가 떨어진 웅기에서 숙영했
다. 마계장은 '국제운송회사'의 시설을 이용했다.[38]

1940년에 가서는 군사수송을 위한 기반시설이 일정부분 갖추어진

37 朝鮮軍司令官, 「第9, 第12師団留守隊要員鮮内鐵道輸送間兵站業務詳報の件」, 『昭和12年
「陸受大日記」』 1936. (JACAR, Ref. C01003219200)
38 朝鮮軍司令官, 「滿洲派遣第7師団に對する羅津及鮮内輸送間に於ける兵站業務詳報の件」,
『昭和13年「滿受大日記」』, 1938. (JACAR, Ref. C01003338000)

것으로 보인다. 1940년 나진항을 통한 군사수송은 일본에서 징집된 현역병들이 나진항을 통해 관동군으로 배치되고, 관동군 예하의 귀환병들은 나진항을 통해 일본 각지로 귀환하는 계획이 수립되었다. 1939년 징집한 현역병 오사카^{大阪} 9,866명, 히로시마^{廣島} 7,695명, 기타 6,767명, 고베^{神戸} 1,724명, 총 2만 6,052명이 1940년 1월~12월 동안 나진항을 통해 만주로 배치되도록 했다. 한편 관동군 예하 귀환병들도 2월부터 나진항을 통해 일본으로 귀환했다. 1940년 2월 21일 약 2,200명, 2월 24일 약 1,600명, 2월 27일 약 2,000명, 2월 29일 650명, 3월 4일 1,550명, 3월 5일 약 620명, 3월 7일 약 930명, 3월 8일 약 130명, 3월 9일 약 160명, 총 9,840명이 수송되었다.[39]

5. 결론

1931년 만주사변 이후, 일본은 만주와 일본을 잇는 수송로로 조선의 청진·나진·웅기, 일본의 쓰루가·후시키·니가타항을 고려했다. 1932년 4월 조선총독부, 일본 육해군, 만철 등 관계자가 모여 회의를 열었다. 조선총독부와 만철은 나진항 건설에 소극적이었지만, 일본 육군은 군사적 이유를 들어 강하게 주장했다. 일본 육군은 군사적 이유에서 만주와 일본을 최단거리로 연결하기 위해 나진을 선정해야 한다고 주장했다. 해군도 해군함정의 전진기지, 보급지와 육군

---

39 第十九師団長, 「北鮮輸送部隊鐵道輸送間に於ける兵站並給養業務詳報の件(3)」, 『昭和15年 「陸支密大日記 第20号2/2」』, 1940. (JACAR, Ref. C04122178800)

수송선 집합, 군대 승선 등을 위해서는 방비가 용이하고, 또한 사계절 풍파의 영향이 적어 수용력이 큰 양항만으로 나진을 고려했다. 결국 1932년 5월 3일 일본정부는 만주 철도의 종단항으로 나진을 결정하고, 5년 이내에 나진항을 준공할 것을 만철에 지시했다.

나진항은 1935년 11월 1일 개항하여 업무를 시작하고, 1936년 화물영업을 개시했다. 나진항 건설이 막바지에 접어든 1937년 1월 관동군사령부는 〈만주산업개발5개년계획요강〉을 만주국 국책으로 실행했다. 이에 따르면 개발 계획이 잘 이루어져 화물이 증가하게 되면 나진, 곤로도壺蘆島, 대련 등의 항만 설비 확장이 필요했다. 이때 나진항은 만주국을 '배후지로 하는 항만'으로 동북만주의 물자를 이출하고, 이곳으로 향하는 화물을 수입하는 항일뿐 아니라, 이민의 상륙지로 역할이 규정되었다. 이에 따라 1938년 11월 11일 일본 각의에서 '도쿄-니가타-나진-신경'을 기본 노선으로 확정하고, 나진항을 만주자원을 이용한 공업도시이자 수출항으로 역할을 하기 위한 설비와 상업기능을 마련하도록 했다. 웅기와 청진도 나진의 보조항으로 지역 개발을 위한 시설을 확충하도록 했다.

나진항 건설을 맡은 만철은 1933년 4월 공사를 착공했다. 만철은 1948년 완공할 예정으로 15년간 부두면적을 100만평 확보하고, 900만 톤의 물자를 자유롭게 취급할 수 있는 항만을 계획했다. 여기에 조선총독부는 30만 인구를 목표로 나진시가지계획을 시행했고, 일본군은 군사적 견지에서 수정안을 제시했다. 나진항만과 만주를 잇는 철도건설을 담당했던 만철은 1933년 조선총독부로부터 북선철도의 경영을 위탁받았다. 나진은 1932년 일본군이 설정한 요새지대에 포함되었다.

　일본 육군은 1936년 대륙작전 준비를 위해 나진에 요새건설을 결정하고, 8월 15일 나진요새사령부를 설치했다. 1939년 요새를 구축을 시작해서 나진에는 중포병연대 1~4중대, 웅기에는 5~6중대, 두만강에는 1~2중대의 일부를 배치했다. 한편으로 만주 동북부지역의 군사력도 강화했다. 만주사변 직후, 관동군은 4개 사단으로 증설 배치하고, 공습에 대비하여 비행중대도 증강했다. 1933년 관동군은 소만국경의 각지에 토치가를 구축하고, 한편으로는 병력을 동만주로 수송하기 위해 철도수송력을 강화하기 시작했다. 소련도 북만주를 포기한 후 만주와 국경 일대의 병비를 급속히 강화했다. 1932년 소련은 시베리아철도의 복선화 공사를 시작했고, 4월 극동해군의 재건에 착수, 폐쇄되었던 블라디보스톡 군항을 부활시켰으며, 여름에는 만주와 소련 국경에 토치카 구축을 시작했다.

　군사적 긴장이 높아지던 시기에 일본과 만주사이에 많은 수송이 계획되고, 시행되었다. 철도와 항만을 이용한 군사수송선 확보는 일본의 대륙진출 기반이었다. 1930년대 나진항을 통한 수송은 1935년 이후 시작되었다. 일본에서 만주로 병력을 투입하는 긴급수송 외에 일반 군사수송도 평시에 이루어지고 있었다. 일본군의 입장에서는 일본과 만주의 병력을 교대시키고, 유지하기 위한 대규모 수송은 중요한 문제였다. 이러한 배경으로 1930년대 환동해의 철도와 항만, 그리고 항로 네트워크는 경제적 요인보다 정치·군사적 요인에 의해 작동되고, 강화되었다.

참고문헌

논문 및 단행본

김윤미, 「日帝의 '滿洲開拓' 政策과 朝鮮人 動員」, 『韓日民族問題研究』 17, 한일민족문제학회, 2009.

_____, 「일본군의 군사수송과 한반도 해안요새」, 『역사와 실학』 59, 역사실학회, 2016.

_____, 「일본 니가타[新潟]항을 통해 본 '제국'의 환동해 교통망」, 『동북아문화연구』 60, 동북아시아문화학회, 2019.

김주용 · 김태국, 「철도부설과 길장지구 무역구조의 변화」, 『한국학연구』 38, 인하대 한국학연구소, 2015.

사카모토 유이치, 「植民地期 朝鮮鐵道에 있어서 軍事輸送-시베리아 출병, 만주사변과 부산을 중심으로」, 『한국민족문화』 28, 부산대 한국민족문화연구소, 2006.

손정목, 『日帝强占期 都市計劃研究』, 일지사, 2002.

송규진, 「일제강점기 '식민도시' 청진 발전의 실상」, 『사학연구』 110, 한국사학회, 2013.

_____, 「일제의 대륙침략기 '북선루트', '북선3항'」, 『한국사연구』 163, 한국사연구회, 2013.

_____, 「함경선 부설과 길회선 종단항 결정이 지역경제에 끼친 영향-나진 · 웅기 · 청진을 중심으로」, 『한국사학보』 57, 고려사학회, 2014.

야마다 아키라, 윤현명 역, 『일본, 군비확장의 역사』, 어문학사, 2014.

오미일, 「間島의 통로, 근대 회령지방의 월경과 생활세계」, 『역사와 세계』 51, 효원사학회, 2017.

이규태, 「일본의 동해횡단항로의 개척과 전개」, 『도서문화』 45, 목포대 도서문화연구원, 2015.

이규태 · 김백영, 「만주사변 이후 일본의 동해군용정기항로의 설치와 운용」, 『도서문화』 49, 목포대 도서문화연구원, 2017.

하지영, 「조선총독부 해운정책과 朝鮮郵船株式會社의 항로 경영」, 동아대 박사논문, 2019.

井村哲郎, 「村上義一文書に見る北鮮鐵道 · 港灣建設-滿鐵の北鮮經濟經營 · 再論」, 『環東アジア研究センター年報』 7, 新潟大学 環東アジア研究センター, 2012.

加藤圭木, 「植民地朝鮮における'市街地計劃'-咸鏡北道羅津の事例を中心に」, 『朝鮮學報』 217, 朝鮮學會, 2010.

_____, 「植民地期朝鮮における港湾「開発」と漁村-一九三〇年代の咸北羅津」, 東京歴史科学研究会編, 『人民の歴史学』 190, 東京歴史科学研究会, 2011.

_____, 『植民地期朝鮮の地域變容-日本の大陸進出と咸鏡北道』, 吉川弘文館, 2017.

廣瀬貞三, 「植民地期朝鮮における羅津港建設と土地收用令」, 『環日本海研究年報』 17, 新潟大学 環日本海研究室, 2010.

稲吉晃, 『海港の政治史』, 名古屋大學出版會, 2014.

그 외

朝鮮總督府, 『朝鮮總督府官報』 2359, 1934.11.20.

東京市産業局雄基出張所, 『北鮮三港比較』, 日滿実業協会, 1935.

有近恒次, 『雄基の全貌』, 雄基商工會, 1937.

朝鮮殖産銀行調査部, 『朝鮮經濟情報』 4, 1938.

清津府, 『清津府府勢一班』, 1938.

雄基憲兵分遺隊, 「羅津湾の概況」, 『満洲関係資料 羅津湾の概況, 穏城守備隊状況報告, 鍾城歴史
　　　等 昭和4~7年』, 1929~1932.(JACAR, Ref. C13010182700)

朝鮮軍司令官, 「第9, 第12師団留守隊要員鮮内鉄道輸送間兵站業務詳報の件」, 『昭和12年「陸受
　　　大日記」』 1936.(JACAR, Ref. C01003219200)

朝鮮軍司令官, 「満洲派遣第7師団に對する羅津及鮮内輸送間に於ける兵站業務詳報の件」, 『昭
　　　和13年「満受大日記」』, 1938.(JACAR, Ref. C01003338000)

内閣, 「東北満洲対裏日本交通革新並北鮮三港開発ニ関スル件ヲ決定ス」, 『公文類聚・第六十二
　　　編・昭和十三年・第八十四巻・交通二・河川港湾・道路橋梁・船舶』, 1938.(JACAR,
　　　Ref. A02030084300)

第十九師団長, 「北鮮輸送部隊鉄道輸送間に於ける兵站並給養業務詳報の件(3)」, 『昭和15年「陸
　　　支密大日記 第20号2/2」』, 1940. (JACAR, Ref. C04122178800)

復員局, 「第1節 兵站的見地に於ける満洲の地誌的背景」 『満洲に関する用兵的観察 第7巻 第4編
　　　満洲に於ける各種作戦の史的観察　第3章　兵站　昭和9~20年』, 1952. (JACAR, Ref.
　　　C13010243100)

陸軍省, 「第5節 国境警備」, 『国境問題(満ソ)』, 1963. (JACAR, Ref. C13010019100)

防衛廳防衛研修所 戰史室, 『本土防空作戦』(戰史叢書 19), 朝雲新聞社, 1968.

防衛廳防衛研修所 戰史室, 『關東軍』 1(戰史叢書 27), 朝雲新聞社, 1969.

防衛廳防衛研修所 戰史室, 『大本營陸軍部』 1(戰史叢書 8), 朝雲新聞社, 1974.

朝鮮所在重砲兵聯隊史編纂委員会, 『馬山・永興灣・羅津・麗水 重砲兵聯隊史』, 千創, 1999.

개항장 부산 일본 거류지의
소비공간과 소비문화

이가연

1. 머리말

문화교류의 사전적 의미는 '이질문화의 상호 이해를 촉진시키기 위한 제반활동'을 일컫는다. 오늘날의 문화교류는 기본적으로 인류 문화의 다양성과 평등성을 인정하면서 국제사회의 평화적 발전을 위하여 각 문화 간의 상호 이해를 보다 깊게 하는 여러 활동을 의미한다. 그러나 역사적으로 이질문화의 상호접촉과 전파는 주로 국가 간의 정치적, 군사적, 경제적 지배와 피지배관계에 수반되는 수직 확산적인 형태를 취해 왔다.[1] 한편 문화에 대한 정의는 굉장히 다양하다. 사회 구성원으로서 인간이 습득한 지식, 가치관 등 모든 관습을 다 포함하는 복합적인 총체를 문화라 한다면 문화의 범위는 굉장히 넓어질 수 있다. 문화는 항상 누적되면서 변화하는데 문화의 변화 과정에 영향

---

1 두산백과(http://www.doopedia.co.kr, 검색일 : 2020.1.8).

을 끼치는 것은 대개 인구이동, 상업의 발달, 혁명 등 사회·정치적 변동이다.

1876년 개항과 함께 조선 사회는 정치·사회·경제적으로 상당한 변화가 일어났고 그에 동반하여 문화적으로도 큰 변화의 바람이 불었다. 부산에는 개항 이후 기존의 초량왜관을 중심으로 일본 거류지가 설치되었다.[2] 이곳은 일본인의 거주와 상업을 위한 영역이었고 그들이 식민 지배자로 세력을 떨쳤던 권력의 공간이었다. 일본을 그대로 옮겨놓은 것 같은 장소였으며 식민지 공간의 지배 집단인 일본인들의 우월감과 상징성이 반영된 공간이기도 했다. 이른바 식민성이 담보된 곳이었다. 따라서 오늘날의 상호평등과 이해를 바탕으로 하는 문화교류라는 용어로 일본 거류지 내에서의 문화교류를 논하기에는 무리가 있어 보인다. 대신 이곳은 근대로의 이행과 더불어 새로운 문화적 변화가 일어난 곳이라고 할 수 있다. 개항 이후 부산 곳곳에는 전근대와 다른 문화적 현상들이 발생하였다. 근대의 새로운 문화 조류의 하나인 자본주의 소비문화가 싹튼 곳이기도 하였다.

지금까지 소비문화와 관련해서는 경성을 배경으로 1920~30년대

---

2 대개 개항장 내 외국인 거주지는 '거류지' 또는 '조계지'로 혼용하여 사용되고 있다. '거류지'는 일본 측에서 계속하여 사용을 주장한 명칭이었고, '조계지'는 조선 측이 지속적으로 사용한 명칭이었다. 1906년 일본 이사청이 세워진 이후 일본 측 명칭인 '거류지' 또는 '전관거류지'로 바뀌 사용하게 되었다. '거류지'와 '조계지'의 가장 큰 차이점은 토지 차입의 방법에 있는데, '거류지'는 개인과 개인 간의 소유권 교섭을 통한 토지 영차, '조계지'는 국가 대 국가 간의 협정을 통한 토지 영차라는 의미가 포함되어 있다('조계'와 '거류지'에 대한 자세한 논의는 전성현, 「'조계'와 '거류지' 사이-개항장 부산의 일본인 거주지를 둘러싼 조선과 일본의 입장 차이와 의미」, 『한일관계사연구』 62, 한일관계사학회, 2018을 참조할 것). '조계지' 설정을 통해 조선 측은 일본인들의 확장을 어느 정도 경계하기 위한 방안을 찾으려 했다. 이 글에서는 '조계지'와 '거류지'에 대한 이러한 논의가 있다는 것을 고려하되, 명칭의 일관성을 유지하기 위해 '전관거류지' 또는 '거류지'라는 명칭을 사용하기로 한다. 개항장 내 일본인의 상업 활동을 주로 다루고 있기 때문이기도 하다.

백화점, 신여성의 등장과 함께 도시의 소비문화를 설명하는 연구가 어느 정도 진행되었다.[3] 그러나 부산을 비롯하여 개항기 일본인 거류지가 설정된 지역의 소비문화에 대한 연구는 찾아보기 힘들다.[4] 이 글에서는 일본 거류지라는 공간에 새롭게 등장한 상점들을 근대적 소비문화의 탄생으로 보고 이를 사례를 통해 확인하고자 한다. 부산의 일본 거류지에 생겨난 수많은 상점들은 도시 소비문화의 시작을 알렸으며 식민도시 부산의 근대성을 드러내는 코드로 작용하였다.[5]

2. 식민 도시로의 변화와 소비 공간 창출

1) 부산 일본 거류지의 도시경관

일반적으로 도시는 공간으로서 존재하고, 그 공간은 균질성을 만들어냄과 동시에 다른 한편으로는 균질성의 제어를 받으면서 다양한 중층적인 관계-결합을 만들어낸다. 도시에는 서로 알지 못하는 수많

---

3 배개화, 「소비하는 도시와 모더니즘」, 『한국현대문학연구』 8, 한국현대문학연구회, 2000; 김경일, 「서울의 소비문화와 신여성-1920~1930년대를 중심으로」, 『서울학연구』 19, 서울시립대 서울학연구소, 2002; 김백영, 「제국의 스펙터클 효과와 식민지 대중의 도시경험-1930년대 서울의 백화점과 소비문화」, 『사회와 역사』 75, 한국사회사학회, 2007; 전종한, 「도시 본정통의 장소 기억-충무로 명동 일대의 사례」, 『대한지리학회지』 48, 대한지리학회, 2013; 서지영, 『경성의 모던걸』, 여이연, 2013.

4 일제시기 부산의 자본주의 소비문화에 관한 연구로는 전성현의 「일제시기 부산의 중심 상점가와 도시문화」, 『역사와 경계』 92, 부산경남사학회, 2014가 유일하다. 이 연구에서는 부산의 대표적 번화가인 장수통 거리를 둘러싼 상점과 야점 등의 도시문화를 자본주의 소비문화(1910년대), 식민주의 지역문화(1920년대), 제국주의 전쟁문화(1930년대 후반~40년대 초)로 나누어 살펴보았다.

5 본문에서는 주로 일본 거류지가 설치되었던 시기를 다루고 있기 때문에 개항에서 1914년 부제 실시 전후로 시기를 한정하였다.

은 사람들이 모여들어 도시적 대인관계의 규칙이나 도시적 생활양식, 혹은 도시 생활의 리듬을 형성하게 된다. 그러므로 도시는 다양성, 중층성을 특징으로 한다. 그리고 끊임없이 유동한다. 여기서 '근대' 도시가 태동하였다.[6]

1876년 2월 '조일수호조규'(강화도조약 또는 병자수호조약, 이하 조규)의 체결로 부산항이 개항되었다. 이후 조규의 규정을 더욱 구체화하기 위해 같은 해 8월, '조일수호조규 부록'과 '於朝鮮國議政諸港日本人民貿易規則'(이하 무역규칙)을 차례로 체결하였다. 이 조약은 개항장 내에서의 일본화폐 유통, 일본 수출입 상품에 대한 무관세, 조선연안 무역에서의 일본의 특권 등을 규정하고 있었다. 이로 인해 부산에는 종래 초량왜관에 일본 공사관이 설치되었고, 일본 공관 내에는 일본인이 거주할 수 있게 되었다. 초량왜관의 수문을 철폐하여 공관 밖 사방 10리까지 일본인의 통행 및 일본상품의 매매가 가능하게 하였으며, 예외로 부산과 동래의 왕래권은 인정하였다.[7]

다음해 1877년 1월, '조규 부록' 제3관[8] 즉, '개항장에서 일본인의

---

6 나리타 류이치, 서민교 역, 『근대 도시공간의 문화경험』, 뿌리와이파리, 2011, 20~21쪽.
7 전근대 시기 부산은 행정구역상 '동래부'에 속했다. 초량왜관 또한 동래부사가 관할하고 있었다. 그렇기에 개항 이후 일본 거류지가 설정된 지역도 원래는 행정구역 상 '동래부'에 속한 곳이라 할 수 있다. 그러던 것이 개항 이후 거류지가 설정되면서 새로운 공간적 변화가 일어났고 동래와 부산은 점차 구별되기 시작했다. 즉, 부산은 행정구역상 동래부에 속해 있으면서도 실제로는 일본의 관리 하에 놓인 독립된 행정구역으로 설정된 '중층적 공간'이 되었다. 병합 이후 1914년에 '府制'가 실시된 이후 완전히 부산부와 동래군으로 분리되었다. 이 글에서의 부산은 동래군에 속한 부산을 의미한다. 지금 행정구역으로 말하면 부산광역시 중구, 서구 일부이다.
8 〈조일수호조규 부록〉 제3관 : 議定된 조선국 각 통상 항구에서 일본국 인민이 택지를 빌어 거주하는 자는 땅 주인과 상의하여 금액을 정해야 하며 관청에 속한 땅에 있어서는 조선국 인민과 동등하게 조세를 바친다. 부산 초량항의 일본관에 종전에 설치한 守門과 設門은 지금부터 철폐하고 새로이 程限에 의하여 경계상에 푯말을 세운다. 다른 두 항구도 이 규례에 따른다(『조선왕조실록』「고종실록」 13권, 고종13년 7월 6일).

地基租借 인정'에 의거하여 '釜山口租界條約(釜山港居留地借入約書)'이 체결되었다. 이 조약은 부산 일본 '거류지'의 토지장정과 조계규칙을 정한 협약이었다. 이를 근거로 초량왜관 약 11만평의 부지를 일본 거류지로 설정하고 이곳에 이사청, 경찰서, 재판소 등 각종 통치기구와 법규를 만들어 자치적인 지배를 도모하였다.[9] 이미 1876년 11월 일본우편국이 설치되었고 1878년 1월에는 일본의 제일국립은행 부산지점이 개점하였다. 1879년 10월에는 왜관의 관수가 자리에 일본영사관이 설립되었다. 초량왜관 시절 동관 주변은 일본영사관을 중심으로 경찰서와 은행, 대규모 상점들이 입주하면서 중심지역으로 발전하였다. 서관 주변은 개항 이후 도항한 소규모 상인들의 거처와 상점들로 일본인 마을이 형성되기 시작하였다. 그리고 일본 거류지의 서쪽과 동쪽을 잇는 거리에 장수통(현 광복로)이라는 이름을 붙였다.

1880년에는 정식으로 영사를 파견하여 종래의 '초량 공관'을 '대일본제국 부산영사관'으로 개칭하였다.[10] 거류지 확대를 위하여 1880년 7월에는 부산 북빈 일대를 확보하였고 1883년에는 거류지 10리 이내의 토지를 매수할 수 있게 되었다. 1885년에는 절영도 토지 일부를 일본해군용지로 조차하였다. 이러한 거류지의 확대, 토지의 매수·매도 등은 더 많은 일본인들을 부산으로 불러들이는 계기가 되었고 일본인들의 증가는 또다시 거류지의 확대를 불러왔다.

게다가 시가지 정비도 본격화하여 도로의 확장, 상수도 설비 등이

---

9 이우영, 「한말 일본인 거류지의 설정과 그 역할」, 『경북대학교 논문집』 13, 경북대학교, 1969, 3~4쪽.
10 홍순권, 『근대도시와 지방권력』, 선인, 2010, 87~88쪽.

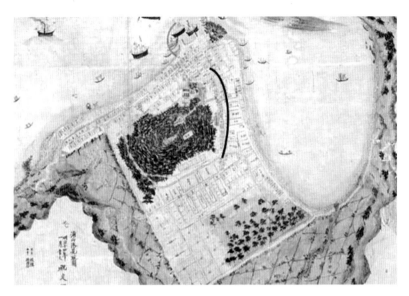

〈그림 1〉 포산항견취도 中 용두산과 그 주변의 모습(1881, 부산근대역사관) ─용두산을 중심으로 행정기관과 상점 등이 늘어선 모습을 확인할 수 있다. 표시한 부분에 작은 도랑이 있었는데 1880년대 중반 복개되었다. 이후 이곳을 중심으로 상점들이 들어서서 일본 거류지의 중심 번화가가 되었다.

이루어졌다. 1884년에는 통신·금융시설도 더욱 확충되어 일본 나가사키─부산의 해저전선시설이 완공되었고 우편전신국도 설치하여 통신사무를 개시하였다. 이러한 시설의 대부분은 일본 상인들의 경제활동을 적극적으로 돕기 위한 것이었다.[11]

통감부 설치 이후 외국인의 토지 거래와 소유가 사실상 합법화됨에 따라 거류지 주변의 많은 토지가 일본인의 손에 넘어갔다. 일본인들이 증가함에 따라 더 많은 토지가 필요해지자 해면을 매립하여 매립지를 확보하는 한편 서부 지역으로 시가지를 확장하였다. 1906년에는 거류민단법이 전국적으로 시행됨에 따라 부산에도 거류민단역소

---

11 김은희·박용숙, 「개항초기(1876~1885)의 일본인의 상업 활동─부산항을 중심으로」, 『코기토』 15, 부산대 인문학연구소, 1976, 10쪽.

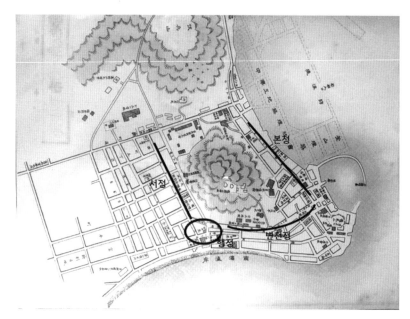

〈그림 2〉 1903년 부산항시가 및 부근 지도－용두산을 둘러싼 형태로 본정, 변천정(장수통), 행정, 서정이라는 행정명을 붙였다. 이곳에 각종 행정기구와 상업시설이 들어섬으로써 부산은 마치 일본의 소도시를 옮겨놓은 것 같은 경관을 가지게 되었다.

가 설치되고 일본인들은 거류지 행정의 일체를 자치적으로 집행하였다. 일본 영사관은 이사청으로 개편되었고 일본 거류지도 '전관거류지'로 명칭이 바뀌었다. 이러한 과정을 거치면서 개항 직후 80여 명에 불과하던 부산의 일본인은 1910년 강제병합을 전후해서 22,000여 명으로 증가하게 된다.[12]

개항 이후 부산은 말 그대로 '조선 속의 일본', 즉 식민지 도시로 변모하였다. 이러한 부산을 당시 미국인 선교사 알렌은 다음과 같이 표현하고 있다.

---

12 釜山商業會議所, 『釜山要覽』, 1912, 8~9쪽.

"부산은 완전히 왜색 도시이다. 도시 변두리로 가지 않고는 조선 사람이라곤 거의 찾아볼 수 없을 정도이다. 일본인은 아주 우아한 백색건물을 영사관으로 사용하고 있었다."(1884.9.14)[13]

러시아 참모 본부 소속 육군 대령이었던 카르네프는 1885년부터 1896년까지 조선 전역을 여행하며 풍물과 문화, 모습에 대한 기록을 남겼다. 그가 본 처음 마주한 부산의 모습은 알렌과 크게 다르지 않았다. 그의 기록에는 일본인 거류지의 상점가가 상세하게 묘사되어 있다.

일본인 거리는 부산의 작은 만 서쪽 해안에 있었다. 그곳에는 창고들이 이어져 있는 작은 세관 건물이 들어서 있었고, 그 옆으로는 일본 우선회사 사무소가 나란히 서 있었다. 세관에서 서쪽으로 가면 보도에 나무를 깔아 놓은 큰 거리가 있었다. 그곳에는 일본 미용소, 여관, 일본과 유럽에서 생산된 여러 가지 상품들을 파는 2층짜리 상점들이 죽 들어서 있었다. 이 상점에서는 등불, 식기, 부채, 지갑, 일본산 직물, 가위, 칼, 신발 등등을 팔았다. 거리 끝에는 일본 우체국과 전화국이 있었다. 서북쪽으로는 돌로 포장된 다른 큰 거리가 뻗어 있었다. 그 길을 따라가면 조선과 일본 상점들이 있었는데, 그 상점들에서는 소금에 절여 말린 명태, 조선산 목면, 점토와 무쇠 그릇들, 반짝거리는 금속 파이프, 긴 담뱃대용 갈대줄기 등을 팔고 있었다. 그 길을 따라가면 일본 다다미 제작소 등이 들어서 있었다. 서쪽으로 조금 가면 골목이 하나 나오는데, 이곳에 일본 병영과 붉은색으로 칠해진 일본

---

13 Horace N. Allen 저, 김원모 역, 『알렌의 일기』, 단국대 출판부, 1991, 22쪽.

영사관이 들어서 있었다.[14]

카르네프가 본 부산의 모습은 사쿠라이 군노스케의 여행기에서 그대로 재현되고 있다. 사쿠라이는 청일전쟁을 즈음하여 취재 목적으로 조선으로 건너왔다.

> 부산의 일본 거류지에는 이같이 戶數도 많고 인구도 많다. 그래서 살아가는데 필요한 기관은 모두 갖추어져 있다. 제국총영사관, 경찰서, 동아무역신문사, 우편전신국, 공립공원 등이 있고, 일본우선회사, 오사카상선회사, 제일국립은행, 제백국립은행 등의 지점이 있다. 조선어학교, 공립소학교, 혼간지 별원도 있다. 이러한 기관들은 완전하다고까지는 할 수 없지만, 또한 불완전하다고도 말할 수 없다. 숙박시설도 비교적 갖추어져 있다. 오이케大池, 도요타豊田, 츠요시津吉, 고지마小島, 마츠노松野, 후쿠시마福島 등이 모두 깔끔히 정돈되어 여행자가 편히 쉴 만하다. 숙박료는 매우 싼데도 일본 국내의 숙박시설과 별다른 차이점이 눈에 띄지 않는다. 음식점은 도쿄로東京樓와 게이한테이京阪亭를 최상으로 친다. 일반 손님이 가득 들어차서 가무와 악기 소리로 밤새 시끌벅적하다. 대개 재류인들은 요란스럽게 놀려고 하는 것처럼 보인다.[15]

이상에서 볼 수 있듯이 부산의 일본 거류지에는 시가지의 공간적

---

14 카르네프 외, 김정화 외역, 『내가 본 조선, 조선인』, 가야넷, 2003, 25쪽.
15 사쿠라이 군노스케, 한상일 역, 「조선시사」, 『서울에 남겨둔 꿈』, 건국대 출판부, 1993, 270쪽.

구조에서 거의 일본의 그것과 다를 바 없는 일본적인 성격이 두드러졌다. 공간 구조의 변화는 도시문화생활 전반에 영향을 끼쳤다. 거류지에는 행정과 상업시설뿐만 아니라, 신사, 사찰, 극장, 유곽 등의 문화시설도 등장하였다. 식민도시라는 것에서 불균등성이 전제되어 있지만, 부산은 조선적인, 일본적인, 서구적인 것들이 뒤섞인 '섞임의 공간'이자 '혼종의 공간'이었다.

2) 근대 도시의 소비 공간

근대는 도시의 형성과 더불어 삶의 형식을 획기적으로 바꾸어갔다. 개항 이후 조선에 등장한 개항장 도시들은 서서히 근대적 외관을 갖추어 갔지만, 지배와 피지배의 관계 속에서 비대칭적 불균형으로 이루어진 식민지 도시의 전형들이었다. 하지만 화려한 볼거리와 더불어 개조와 문명의 이름으로 들이닥친 근대는 '식민지 도시'의 우울한 경관을 관통하여 사회 곳곳에 침투하였다.[16] 발터 벤야민은 19세기 프랑스 파리의 거리에서 아케이드, 백화점, 사치품, 패션, 매춘부, 산책자, 부랑자, 유행, 권태 등 다양한 근대의 징후들을 발견하였다. 자연, 전원 풍경을 대체한 도시 거리의 파노라마에서 가장 각광받는 것은 상품이었으며, 그럴 때 도시는 일순간 거대한 상품시장, 소비도시로 전이되었다. 벤야민에게 상품은 현대 문화 형태라는 총체성을 파악하게 하는 단편이었다. 상품 세계는 한계 없는 다양성을 원천으로 자신을 드러낸다.[17] 도시의 파편적 이미지들을 통해 자본주의가 뿌리

---

16 서지영, 『경성의 모던걸』, 여이연, 2013, 8쪽.
17 그램 질로크, 노명우 역, 『발터 벤야민과 메트로폴리스』, 효형출판, 2005, 235~245쪽.

내리는 시대의 심층을 포착하고자 한 벤야민의 시선을 한국 역사 속으로 소환하여 20세기를 전후한 시기 부산의 근대적 도시 풍경을 소비문화를 중심으로 탐색해 보자.

일본 거류지에는 서양식의 건물과 일본식 건물이 섞여있고 그 외곽에는 조선인 주거지가 혼재하게 된다. 위에서 언급했듯이 새롭게 만들어낸 공간에는 각종 공공건물들과 은행, 회사, 학교, 상점 등이 들어서서 외관상으로는 근대적 면모를 갖추었다. 그러나 이러한 거류지 내의 변화는 지배자(일본인)/ 피지배자(조선인)의 거주 공간의 이분화를 바탕으로 하는 식민지 도시 건설의 기획 속에서 이루어졌다. 이때 부산의 개항장은 전통과 근대가 공존하고 식민자와 피식민자의 권력관계가 접합되는 중층성을 띠게 된다. 그러나 무엇보다도 이곳은 이 모든 것을 뛰어 넘는 근대적 욕망이 꿈틀대는 곳이기도 했다. 도시 소비문화의 중심지가 바로 이곳이었다. 거류지에 우후죽순으로 들어선 상점들로 부산은 생활의 공간에서 점점 거대한 상품 전시장으로 변화해 갔다. 이에 동반한 소비행위의 증가는 자연스러운 현상이었다. 소비는 단순한 경제적 행위를 뛰어 넘어 소비가 일어나는 시간과 공간을 반영하는 문화적인 현상이다.[18] 따라서 소비행위는 지역사회 제반의 사회, 경제, 문화적 특질들을 필연적으로 반영한다. 개항과 함께 자본주의 경제체제에 돌입하게 된 식민도시 부산은 과거와는 다른 새로운 소비문화가 형성되기 시작하였다.

그런데 식민도시는 식민 모국의 경제적 공간이 '확대되는' 곳이기

---

18 권혜경, 「현대 소비문화의 형성과정에 나타나는 젠더의 정치성과 고착화, 그리고 그 전복적 대응」, 『영미문학페미니즘』 14, 한국영미문학페미니즘학회, 2006, 5쪽.

도 하다. 도시계획의 관념과 형태는 식민모국의 정치, 경제, 사회, 문화적 인식을 재생산하였다. 다만 지역의 상황에 따라 그 표현방식이 달라졌을 뿐이다.[19] 일본은 타민족이 살고 있는 장소에 이질적인 일본의 생활양식을 그대로 가지고 들어간다는 특징이 있다. 예를 들어 일본과 비교하면 기후 풍토, 습관, 인정 등이 다른 외국에까지 일본에서의 생활양식을 그대로 이식하여 가지고 가는 경우가 많았다. 일본인은 다른 풍토 속에서 '일본적'인 것을 계속 고집하였다. 그래서 식민지에 이주한 다수의 일본인은 일본식의 주택에서 살고 일본적인 생활방식을 고수하였다.[20] 그렇기 때문에 당시 부산은 일본의 한 도시를 그대로 옮겨 놓은 것 같은 인상을 주었던 것이다. 상품의 판매 방식이나 품목 또한 일본의 그것과 크게 다르지 않았다.

다음 장에서는 식민도시 부산의 소비문화 형성과정에 대한 논의의 사례로 근대적 소비문화를 이끈 소비 공간을 살펴보겠다. 근대적 소비 공간은 물리적, 유형적공간의 개념은 물론 인식론적 공간 모두를 의미한다. 즉, 여기서 물리적 측면의 소비 공간은 상점이나 백화점과 같이 구체적인 소비행위가 일어나는, 그리고 이러한 소비행위와 소비문화의 공간적 이동, 전파, 공유를 가능케 한 대중적 장소를 의미한다. 반면 인식론적 공간은 잡지나 신문광고와 같이 새로운 미디어 소비문화의 확산과 같은 소비문화의 전파매체를 의미한다고 할 수 있다.[21]

---

19 앤소니 킹, 이무용 역,『도시문화와 세계체제』, 시각과 언어, 1999, 114쪽.
20 橋谷弘,『帝國日本と植民地都市』, 吉川弘文館, 2004, 199~120쪽.
21 김은정·윤태영·고수진·고애란,「한국 근대 소비문화의 역사적 형성과정과 특성에 관한 연구—복식과 관련된 소비를 중심으로」,『한국의류학회지』34, 한국의류학회, 2010, 23쪽.

3. 소비문화를 선도하는 상품의 출현

개항 이후 일본에서는 조선으로 건너와 사업을 하려는 일본인들에게 유망한 상품을 제시하였다. 첫 번째가 각종 직물이었다. 조선인 남성들은 무지·무색, 여성은 견직물·화려한 염색을 좋아하니 그에 맞춰서 각종 직물을 판매하라고 하였으며, 메리야스와 화이트셔츠 등 각종 셔츠의 판매도 상당하다고 하였다. 뿐만 아니라 양복의 수요가 증가함에 따라 견직물로 된 행커치프와 봉재실의 수요 또한 증가하고 있었고, 가방, 구두, 모자, 회중시계 및 손목시계, 안경 등의 소비도 늘어갔다. 화장용 비누와 세안용 비누가 따로 판매되고 있었고, 손거울은 조선인들이 거의 모두 휴대하는 습관이 있으므로 주요 판매 대상이 된다고 하였다. 대표적인 일상 생활용품인 수건의 경우에도 일본 제품을 더 염가로 하여 세련된 디자인을 만들어 내면 장래 유망 상품이 될 것이라고 선전하였다.[22] 여기서 제시한 물품들은 개항과 더불어 근대의 물품으로서 부산항에 전해진 것이며 당시 소비문화의 선두에 서 있던 것이라고 할 수 있다. 한편 외식의 탄생과 함께 상업적 전문음식점도 새롭게 등장하였다.[23] 부산에는 일본음식점은 물론 서양음식점까지 등장하여 사람들의 구미를 당기고 있었다.

1) 유행의 선두주자, 의류 · 잡화

일본 거류지에는 일본식 기모노를 파는 吳服店과 서양식 맞춤 정

---

22 『朝鮮之實業』 18, 1906.12.10, 37쪽; 『朝鮮之實業』 19, 1907.1.10, 69쪽.
23 주영하, 『음식인문학』, 휴머니스트, 2011, 214~215쪽.

장을 주로 취급하는 양복점이 있었다.[24] 吳服은 일반적으로 일본 전통 옷감의 총칭으로 사용되기도 하고 견직물을 지칭하기도 한다.[25] 일본 사전에도 기모노용 직물의 총칭 또는 견직물, 면직물, 마직물의 총칭이며 고대 중국 吳國에서 전해진 직조 기술에 따라 만들어진 능직물을 오복이라고 한다.[26] 한마디로 오복점은 일본 전통 의복을 만드는 각종 직물 및 완제품과 그에 어울리는 장신구들을 판매하는 상점이라고 할 수 있다. 이들 상점은 주로 17세기 에도江戶 초기에 교토, 오사카 등 대도시에서 생겨났다. 그 이전 교토의 오복상들은 가두에서 물건을 팔았다고 한다. 오복의 유통은 중매상과 도매상을 통해 소비자에게 건네지는 구조였지만, 오복점이라고 했을 경우는 대부분 소매점을 말한다. 일본뿐만 아니라 조선에서도 1910년대 중반 이후 몇몇 대형 오복점이 백화점으로 발전하기도 하였다.[27]

부산이 개항된 후 일본 거류지 중심가에는 많은 상점이 설치되었는데 그 가운데서 오복점과 양복점은 비교적 초기부터 상권을 형성하기 시작하였다. 의복의 변화는 도시의 새로운 생활양식의 시작이기도 하였다. 우리의 일상생활에서 양식의 변화를 가장 잘 보여 주는 것은 옷이다. 겉으로 드러나는 의복은 입는 사람의 정체성을 드러내는 것이며 내면을 표출하는 것이기도 하다. 부산으로 건너온 일본인

---

24 초기 오복점과 양복점 광고를 보면 오복점은 크게 일본식 기모노 완제품 및 옷감을 파는 곳으로 양복점은 정장을 파는 곳으로 구별하였으나 그 구별은 오래가지 않은 것 같다. 얼마 지나지 않아 오복점에서도 양복이나 셔츠류를 취급하기도 하고 양복점에서도 전통 기모노 착장 물품을 판매하기도 하였으며 그 외 부속 액세서리 등도 함께 취급하였다.

25 패션큰사전편찬위원회,『패션큰사전』, 교문사, 1999.

26 松村明 編,『大辭林 第三版』, 三省堂編修所, 2014.

27 김승·양미숙 편,『신편부산대관』, 선인, 2010, 308쪽.

또는 그 속에서 일본인들과 함께 생활하던 조선인들이 매일 마주한
'패션'의 변화는 시각적으로 사회의 변화됨을 느끼게 하는 것과 함께
타자의 내면과 외적 행동을 이해하는데 핵심이 될 수 있다. 조선적인
것과 일본적인 것의 '섞임의 공간', 거류지에서의 유행의 침투는 일
본인과 조선인을 가리지 않았다. 예컨대 부산의 조선인 사이에서 일
본제 부채가 유행하고 있었고 이를 서울 사대부들도 애용하고 있다
거나, 조선인 중에서도 일본 복장을 입고 일본어를 꽤 잘하는 사람이
있어 일본인들도 전혀 조선인이라 생각하지 못할 정도의 사람도 있
었다.[28] 일본인들 또한 일본 내에서 유행하는 것에 굉장히 민감하게
반응하여 최신상품들이 바로바로 부산항으로 유입되고 있었다. 시각
적인 것은 근대 도시문화의 변화 과정에서 중요한 지점이다. 옛것과
새것 사이, 전통과 근대성 사이의 대비가 만남의 광장인 도시의 거리
에서 변화된 도시 경관과 함께 직접 관찰되었다.[29] 온갖 유행하는 것
들이 이곳에 있었다. 의복은 물론, 구두, 화장, 그게 걸맞은 액세서리
등 일본에서 유행하는 것은 식민지에서도 굉장히 적극적이고 빠르게
선택되어 수용, 전파되었다.

1910년 강제병합 이전 일본 거류지 내 주요 오복점은 오오에大惠,
이이다飯田, 우에다上田, 야마모토山本, 키모토木本 등이었다.[30] 야마모

---

28 『朝鮮新報』 5, 1882.3.5, 雜報. 반대로 한복을 입은 일본인의 모습은 거의 볼 수 없었을 것
   으로 생각된다. 근대에 대한 욕망으로 조선인이 일본 복장을 했던 것은 충분히 상정할 수
   있으나, 조선인=야만, 일본인=문명이라고 생각한 일본인들이 조선인의 복장을 입는 것
   을 꺼려했기 때문이다. 다만 이토 히로부미(伊藤博文)나 부산의 대표적인 일본인 자본가였
   던 하자마 후사타로(迫間房太郎) 등이 한복을 입고 사진을 찍은 것은 식민자의 피식민자에
   대한 우월의식, 오리엔탈리즘의 시각에서 기념으로 찍었던 것으로 해석할 수 있다.
29 마이크 새비지·알렌 와드, 김왕배·박세훈 역, 『자본주의도시와 근대성』, 한울, 1996,
   155~156쪽.

토오복점은 1886년 일본 거류지 내 행정幸町에서 시작되었다. 야마구치현 출신으로 1884년 조선으로 건너온 야마모토 분조山本文藏는 1885년부터 장류 양조를 시작하였고, 1886년에 오복점을 개업하였다. 1887년에는 아들 준이치山本純一가 도항하여 부친의 가업을 이어받아 경영하였다. 준이치는 1897년 무렵 부산의 주요 일본인 상인 39명 중 한 사람으로 이름을 올릴 정도도 가업을 성장시켰다.[31] 1908년에는 준이치의 아들 라이노스케山本賴之助가 가업을 이어받아 계속해서 사업을 확장하였다. 오오에오복점은 용두산 변천정 입구의 돌계단 바로 정면에 위치하고 있었다. 이곳은 특히 친절한 서비스로 고객을 모았으며, 일본 각지의 특산품 및 진귀한 직물을 다수 입하하여 진열하고 있어 부인들의 출입이 빈번한 곳이었다.[32] 1916년 10월 미나카이三中井오복점에 인수되었는데,[33] 1926년 미나카이오복점은 서양식 3층 건물로 점포를 신축하고 부산 최초의 최신식 백화점으로 발전하였다.[34]

한편 조선에서는 관복의 간소화와 갑오개혁에서의 의제 개혁 및 1895년 단발령을 계기로 상류층, 지식인들을 중심으로 양복착용이 시작되었다. 이에 따라 부산항에도 양복점들이 속속 등장하였다. 양복점은 '양복을 만들거나 파는 가게'로서 양복의 제작소이거나 판매점을 의미한다. 따라서 양복점은 양복상이라 불리기도 하였다. 보통

---

30 『朝鮮之實業』 1, 1905.5.20, 5쪽.
31 「在外本邦人店鋪調査書-農商務省商工局臨時報告」第五冊, 1897.
32 『釜山日報』 1914.12.11. 年末の店先, 大惠商店.
33 『釜山日報』 1916.10.5. 三中井吳服店開業.
34 김승·양미숙 편역, 『신편 부산대관』, 선인, 2010, 546쪽.

〈표 1〉 부산 거주 일본인 업종별 인원수(1905)   (단위 : 명)

업종	인원수	업종	인원수	업종	인원수
무역상	43	술집	37	여인숙	20
잡화상	94	중매상	26	은행	3
과자상	92	조운問屋	20	서양등 상	3
금물상	17	곡물상	57	통조림상	7
연초상	18	목탄상	5	방물상	13
도기상	13	전등회사	1	시계상	6
약종상	16	양복상	6	두부상	11
설탕상	5	목재상	5	정미소	2
창호상	4	하숙상	18	신발가게	3
토목청부	13	표구사	2	목수	57
총포상	2	綿商	11	전당업	8
생철상	8	철물상	13	造花業	1
과일건어물	36	대서업	6	세탁업	8
우육상	6	장신구상인	11	창고회사	1
포목상	22	된장상	2	매갈이기계제조	2
장유상	3	仕入職	5	칠기업	4
어상	23	절임식품업	3	석공업	6
철공업	9	요리점	13	이발업	33
통장수	9	연예장	3	장유양조	9
석탄상	2	금은세공업	4	예기	239
찻집	2	나무꾼	25	수산회사	1
해산물	2	과일업	3	우유업	3
미장업	15	제등업	3	인력거	47
다다미직조	7	대바구니제작	1	음식물행상	115
인쇄업	6	遊技場	3	구두제작	3
사진사	3	목욕업	10	인쇄업	4
비단가게	3	음식점업	53	도선업	2
술양조	6	遊藝師匠	2		

— 相澤仁助, 『釜山港勢一斑』, 1905, 82~83쪽.

양복이라 하면 남성복만을 제작하는 것으로 알고 있지만, 당시에는 서양식의 여성복, 아동복도 함께 제작, 판매하였다.[35] 부산의 주요 양복점은 스야마陶山, 고쿠분國分, 조지야丁字屋(변천정), 야마네山根 등이었다.[36] 양복점은 기본적으로 양복 제작 기술을 이해하고 있거나 양복을 제작해온 사람들이 주로 운영하였다. 부산의 대표적인 양복상인 스야마상점의 점주 스야마 타로陶山太郎는 1892년 본정 1정목에 양복점을 차렸다(1905년 변천정 3정목으로 확장 이전). 도쿄 긴자의 유명 양복점에서 기술을 배웠고, 이후 부산으로 건너와 양복점을 운영하면서 직접 양복봉재사로 새로운 무늬의 양복지와 각종 의류를 직접 디자인 제작하여 공급하였다.[37]

양복의 유행으로 인해 구두, 안경, 시계, 양말, 커프스 등 양복 부속품의 소비도 자연스럽게 증가하게 되었다. 이러한 부속품을 주로 판매하던 곳이 잡화점이었다. 1905년경 부산의 일본인 가운데 94명이 잡화상을 하고 있었고, 30명 정도가 시계상, 방물상, 신발가게, 장신구판매상 등에 종사하고 있을 정도로 잡화의 수요는 대단하였다.(다음장의 〈표 1〉 참조.)

잡화점은 일본 거류지 본정에서 변천정에 이르는 사이에 주로 산재해 있었으며, 시바타柴田, 사이토齋藤, 다케스에武末, 다카노야高野屋, 후쿠에이 상회福榮商會, 후지이 분페이 상점藤井文平商店 등이 가장 인기 있었다.[38]

---

35 김순영, 「한국 근대 양복점의 판매 물품과 생산 및 판매 주체」, 『복식』 67, 한국복식학회, 2017, 91쪽.
36 『朝鮮之實業』 1, 1905.5.20, 5쪽.
37 『朝鮮日報』 1905.3.1, 대상점방문기(8).
38 『朝鮮之實業』 1, 1905.5.20, 5쪽.

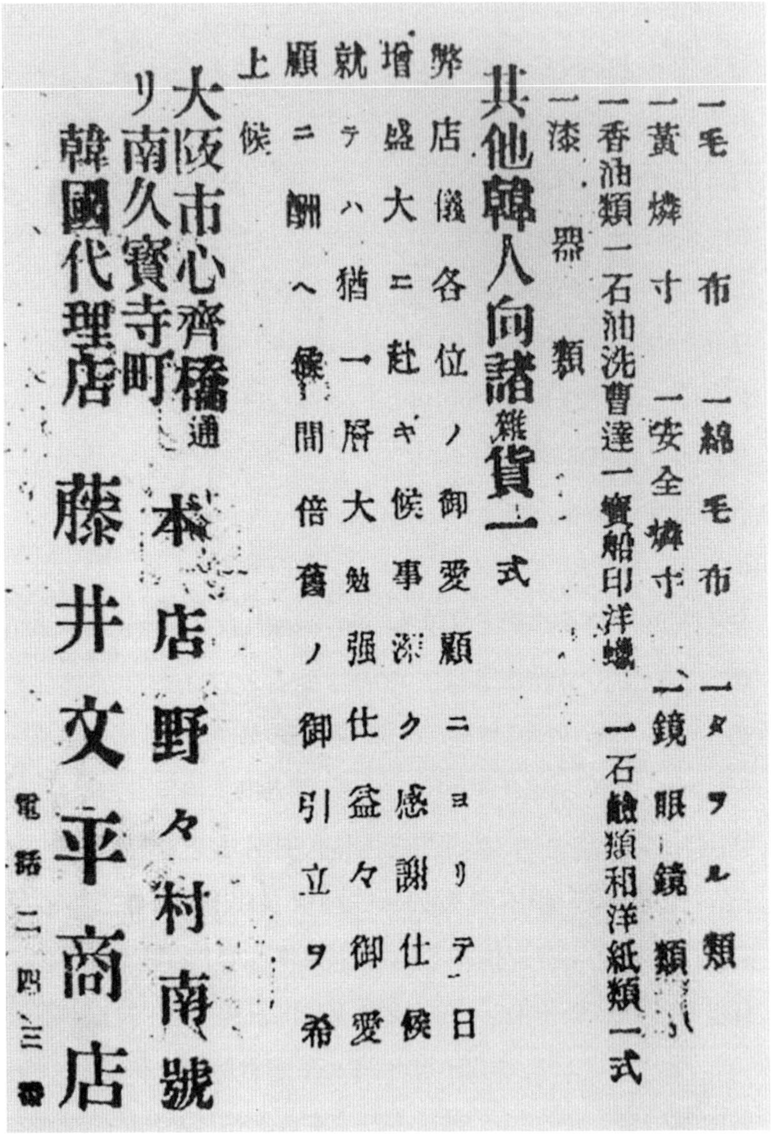

一毛布　一綿毛布　一タヲル類

一黄燐寸　一安全燐寸　一鏡眼鏡類ハ

一香油類　一石油洗曹達　一寶船印洋蠟　一石鹼類和洋紙類一式

一漆器類

其他韓人向諸雜貨一式

弊店儀各位ノ御愛顧ニヨリテ日
増盛大ニ赴キ候事深ク感謝仕候
就ハ猶一層大勉強仕益々御愛
顧ニテ御酬ヘ候間倍舊ノ御引立ヲ希
上候

大阪市心齊橋通
リ南久寶寺町
韓國代理店

本店野々村南號
藤井文平商店

電話二四三

〈그림 3〉 후지이 상점 광고 (『朝鮮日報』 1905.1.24)

오사카 신사이바시에 본점을 둔 노노무라난고野野村南號의 한국대리점 후지이 분페이 상점에서는 모포, 면포, 수건, 성냥, 안경, 향수, 비누, 서양종이류, 칠기류 등을 취급하였다. 이 상점은 아예 조선인을 대상으로 한다는 광고를 내걸고 잡화 세트를 판매하였다.[39] '和洋' 잡화상 후쿠에이 상회는 부산 장수통 중앙에 위치한 서양식 2층 건물의 상점이었다. 이 상점 또한 도쿄 마루젠 상회丸善商會의 부산지점으로 영업을 하고 있었다. 점주 미와 쇼지로三輪初治郎는 연말 대매출은 물론 박리다매, 경품 행사 등을 통해 수익을 올렸다. 도쿄에서 최신 유행 상품을 골라 수입하여 판매하는 '도쿄주의'의 이 가게는 화려한 점두 장식과 물품들을 은제 진열장에 넣어 판매한 것으로 유명했다. 취급 품목은 모자, 양산, 모포, 셔츠, 구두, 양말, 양복 부속품, 금은제 안경 및 반지류, 비누, 치약, 완구 문방구, 서양소간물 각종, 고급 화장품, 도쿄 최신 소간물 각종, 도쿄 風月堂 서양과자, 도쿄 최신 유행품 일체를 판매하였다.[40] 후쿠에이 상점은 전국적 규모의 잡지에 자주 광고를 하였기 때문에 목포, 군산, 원산 기타 방면에서도 주문이 많았다.[41] 후쿠에이 상점의 경우를 통해 볼 때, 상점의 규모에 따라서는 일본으로부터 들어오는 물건의 집산지인 부산에 거점을 두고 전국을 대상으로 상업을 하는 경우도 있었을 것으로 추측할 수 있다. 특히 부산에는 무역업과 잡화점을 겸영하는 일본인들도 꽤 존재했는데 이 경우가 그렇지 않을까 한다.[42] 변천정 3정목에 위치한 시바타

39 『朝鮮日報』1905.1.24, 광고.
40 『朝鮮之實業』9, 1906.2.15, 20~21쪽.
41 『朝鮮之實業』19, 1907.1.10, 32쪽.
42 1897년 부산의 주요 일본 상인 39명 중 무역업 겸 잡화류 취급을 겸영하고 있는 사람은 5

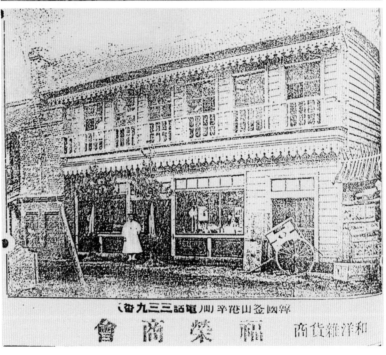

〈그림 4〉 (上)山本吳服店(1930년대) (下)福榮商會(1905년경). 서양식 건물 앞 흰색 도포를 입고 갓을 쓴 남성의 모습이 이채롭다.

洋物店은 서양 잡화를 주로 취급하였다. 여행용 화장도구, 향수, 향유, 화장용 백분, 치약, 거울, 쌍안경, 나이프, 담배파이프, 사진첩, 셔츠, 양복, 유행모자, 마차장식, 모포, 양산, 부인용 메리야스, 양말, 브러시 등이었다. 이곳은 말 그대로 생활필수품부터 사치품까지 온갖 것들이 모여 있는 '잡화점'이었다.

이러한 상품의 소비를 더욱더 촉진시키기 위해 부산상업회의소에서는 상품진열관을 오픈하였다. 1904년 준공된 부산상품진열관은 상품을 진열하고 소비를 촉진하기 위한 목적으로 설립되었는데, 신제품을 한 번에 만나볼 수 있는 곳이라는 점에서 사람들의 호기심을 자극하였다. 1905년 개관 이래 일본인뿐만 아니라 조선인들이 생각보다 많이 참관하여 하루 평균 3~4천 명을 상회하였다. 상품진열관 참관 후 자연스럽게 그 부근에 집중되어 있는 잡화점으로 발걸음을 옮기도록 유도하여 잡화점이 호황을 누리기도 했다.[43]

2) 전문음식점의 등장

음식 또한 문화이다. 사회의 변동은 음식 문화의 변화를 불러일으킨다. 음식은 '맛'이라는 원초성으로 국민국가의 형성과 국민정체성을 상징하는 요인이 되기도 한다.[44] 음식문화는 각 민족들이 이주해 간 현지 환경에 대한 적응과 이주자 공동체의 성격, 본국과의 접촉 정도 등에 따라 그 정체성의 보존이나 변형 정도가 결정된다.[45] 일본

---

43 『朝鮮之實業』 2, 1905.6.20, 27쪽.
44 이종수, 「조선시대 부산과 왜관의 음식문화 교류와 변동 분석」, 『해항도시문화교섭학』 14, 한국해양대 국제해양문제연구소, 2016, 193쪽.
45 위의 글, 195쪽.

인들의 이주와 함께 거류지에는 다양한 일본음식점들이 속속 들어섰고 아울러 서양음식점도 생겼다. 외식문화가 거의 없었던 때에 등장한 전문음식점은 그 자체가 새로운 소비문화의 탄생이었다. 새로운 맛에 대한 호기심은 시대와 세대를 불문한다.

근대적 형태의 일식, 서양식 등 전문음식점은 개항 이후 등장하지만, 부산 근처의 조선인들에게 일본의 맛은 그리 낯선 것은 아니었다. 이미 개항 이전부터 부산에서는 일본 음식이 어느 정도 유행하고 있었던 것 같다. 전근대 시기 초량왜관은 일본의 교류가 활발한 곳이었기에 양국의 생활문화, 풍속 등이 상호 영향을 끼치고 있었다. 예컨대 이학규가 김해에 유배되었던 시절에 쓴 『낙하생전집洛下生全集』(1809)의 「초량왜관사草梁倭館詞」, 「김관죽지사金官竹枝詞」 등에는 초량왜관의 일본인들이 조선에 어떠한 영향을 끼쳤는지 기술되어 있다. 19세기 전반 김해 지역에서는 일본산 물품을 사용하는 부호들이 많았다. 이들은 붉은 칠이 된 우산을 썼으며 일본도를 차고, 일본산 고급 미농지에 글을 쓰고 그림을 그렸다. 일본산 접부채를 들고 일본풍의 도박을 하는 사람도 있었다. 일본 음식도 널리 퍼졌다. 이러한 일본풍은 왜관 주변에 더욱 뚜렷하게 나타났을 것이다. 조선인 관리가 왜관에 들어가면 일본 측은 일본 음식을 접대하였는데, 그 가운데 가장 인기 있는 요리가 승가기勝歌妓, 즉 오늘날의 스키야키였다. 때에 따라서는 대마도산 밀감과 우동면을 신선로에 끓여 먹기도 했다.[46] 왜관을 통해 유입된 일본 물품과 문화의 확산은 부산 사람들의 생활에 깊은 영

---

46 김성진, 「부산왜관과 한일간 문화교류」, 『한국문학논총』 22, 한국문학회, 1998, 61~64쪽.

향을 주었을 것이라 생각된다.

1881년 부산거주 일본인 가운데 음식점업에 19명, 요리옥에 13명이 종사하고 있었는데,[47] 1905년 무렵에는 요리옥은 거의 그대로지만 음식점업 종사자가 53명으로 크게 증가하였다.[48] 과자상은 92명이나 되었다.[49] 다만 서양음식점은 이들에게 새로운 문화였다. 거류지 내의 대표적인 서양음식점은 소창암小倉庵(행정)과 신당新堂(변천정)이었다. 소창암에서는 서양음식을 즐길 수 있을 뿐만 아니라 당구장이 부속되어 있어 오락의 기능을 겸비하였다.[50] 서양요리점은 친목회, 송년회, 만찬회 등 각종 연회가 개최되던 곳이기도 했다.

1905년 서정西町 3정목에 개점한 서양음식점 프랜드亭フランド亭의 메뉴는 수십 가지였는데, 대표적으로 각종 수프, 생선프라이, 커틀릿, 크로켓, 오믈렛, 햄, 슈니첼, 라이스카레, 스테이크류를 주로 판매하였다. 식사를 마치면 홍차나 커피가 디저트로 제공되었다. 서양요리점이라는 간판을 내걸었지만 메뉴의 대부분은 지금 우리가 경양식으로 부르는 것으로, 일본과 서양 절충식 요리였다. 서양요리는 카페에서도 맛볼 수 있었다. 행정 사안교思案橋 모퉁이에 자리 잡고 있던 삼森커피점은 '삿포로맥주 홀'을 갖추고 경양식을 제공하던 곳이었다. '실내청결, 요리정선, 조리신속'을 특색으로 내세웠다.[51] 커피의 경우

---

47 外務省記錄局編, 『通商彙編』, 1881, 138쪽.
48 당시 요리점과 음식점은 구별되었다. 부산에는 1883년 東京亭이라는 요리옥을 시작으로 1885년에는 크고 작은 요리점 18호가 영업을 하고 있었다. 釜山樓, 安樂亭는 대표적인 요리옥인데, 이들은 일반 음식점과 달리 예기를 고용하여 유곽 영업을 하였다. 이러한 유곽 또한 개항장 도시 부산이 가진 새로운 도시문화라고 할 수 있다(釜山甲寅會, 『日鮮通交史』, 1916, 323~326쪽).
49 相澤仁助, 『釜山港勢一斑』, 1905, 82~83쪽.
50 『朝鮮日報』 1905.3.3, 광고.

조선인 상류층 및 왕실에서도 기호품으로 즐기던 것이었기에 유망한
사업 중 하나였다.[52]

4. 맺음말

개항 이후 옛 초량왜관을 중심으로 주변에 일본 거류지가 들어선
이후 많은 일본인들이 부산으로 건너와서 상업에 종사하였다. 이러
한 현상은 시간이 갈수록 더욱 심화되어 행정, 변천정, 본정 등의 번
화가에는 근대적 상업시설들이 우후죽순으로 생겨났다. 패션의 선두
주자 의복과 여러 생활 잡화를 파는 가게, 일식・양식 등의 이제까지
쉽게 접하지 못한 전문음식점들이 그 거리를 가득 매웠고, 이러한 것
들은 새로운 소비문화를 만들어 냈다. 상점은 더 많은 이윤을 남기기
위해 화려한 장식과 상품진열, 경품행사, 바겐세일 등의 영업활동을
하면서 사람들의 이목을 집중시켰다.

그렇다면 새로운 소비문화를 향유할 수 있었던 계층은 누구였을까.
지금 단계에서는 이러한 소비문화를 조선인들이 어떻게 수용하였는
지 구체적으로 알 수 없다. 다만, 일본 거류지는 일본인들의 공간이었
기 때문에 주로 일본인들이 소비문화의 향유자이지 않았을까 추측할
뿐이다. 그러나 그 공간과 문화 속에 조선인들이 아예 없었던 것도
아니다. 일본인들의 입장에서도 다수의 조선인을 대상으로 상업을

---

51 『朝鮮之實業』 5, 1905.9.25, 광고.
52 『朝鮮之實業』 25, 1907.7.20, 22~23쪽.

하는 것이 훨씬 더 큰 이익이 되는 것은 당연하였다. 그렇기 때문에 식민지 도시공간과 문화를 이야기할 때 향유자는 식민자들이고 원주민들은 여기에서 완벽히 소외된 자들이라고 단순히 이분법적 논할 수 없다. 식민지 도시는 필연적으로 식민자와 원주민들의 '섞임'과 '혼재'가 있을 수밖에 없다. 그러나 이 부분만을 부각하는 것 또한 한계가 있다. '섞임'과 '혼재'에는 서로에 대한 '경계'와 '배제', 그에 따른 '불균등성'도 분명 존재하기 때문이다. 이런 관점에서 식민성을 담보한 근대적 소비문화의 발전은 시작부터 불균등할 수밖에 없다. 일본인과 조선인의 경계에서 보이는 불균등 발전을 간과하지 않으면서 조선인들이 어떻게 새로운 문화를 수용하고 적응해갔는지 그 과정을 면밀히 살펴볼 필요가 있다.[53] 물론 상품별로 조선인들의 소비가 다르게 나타날 수는 있다. 예컨대 양복점의 경우 조선인 상류층 및 고위관료출신들이 이용한 것으로 볼 수 있으며, 서양요리점 역시 친목회, 송년회, 만찬회 공간으로 활용되었기에 일반 조선인보다는 상류층들이 주로 이용했을 것이다. 반면 잡화점은 조선인 일반의 근대에 대한 욕망에 불을 지른 상품이었음에 틀림없다.

　마지막으로 이 글의 한계를 지적하며 글을 맺고자 한다. 첫째 여기서는 개항장 부산에만 초점을 맞추어 논의를 진행하였다. 그러나 이곳에서 시작되었다고 볼 수 있는 근대적 소비문화가 전국으로 확대되는 과정, 서울에 정착되어가는 과정은 분석하지 못하였다. 조선총독부가 설치된 후부터, 특히 1920년대에 들어서면서 부산은 수출입

53　구모룡, 「접촉지대 부산을 향한 제국의 시선」, 『해항도시문화교섭학』 18, 한국해양대 국제해양문제연구소, 2018, 311쪽.

항으로서 사람과 상품이 드나드는 관문의 기능만 유지될 뿐 소비문화의 중심은 서울로 옮겨가게 된다. 이러한 현상은 조선 내에서 부산이 가지는 위상의 변화도 초래했을 것이다. 둘째, 여기서는 일본 거류지 시기의 소비문화만을 대상으로 하였지만, 각 시기별 부산의 소비문화와 관련한 비교 연구 또한 필요하다. 상점, 상품에 대한 비교연구는 물론 판매자와 소비자, 특히 각 시기별 일본인과 조선인 수용자들의 반응을 면밀히 살펴볼 필요가 있을 것이다. 이는 앞으로의 연구과제로 남겨둔다.

참고문헌

기본자료

『朝鮮之實業』, 『朝鮮日報』(1905), 『釜山日報』, 『朝鮮新報』.
外務省記錄局編, 『通商彙編』, 1881.
「在外本邦人店鋪調査書－農商務省商工局臨時報告」第五冊, 1897.
相澤仁助, 『釜山港勢一斑』, 1905.
釜山商業會議所, 『釜山要覽』, 1912.

논문 및 단행본

구모룡, 「접촉지대 부산을 향한 제국의 시선」, 『해항도시문화교섭학』 18, 한국해양대 국제해양문제연구소, 2018.
권혜경, 「현대 소비문화의 형성과정에 나타나는 젠더의 정치성과 고착화, 그리고 그 전복적 대응」, 『영미문학페미니즘』 14, 한국영미문학페미니즘학회, 2006.
그램 질로크 저 · 노명우 역, 『발터 벤야민과 메트로폴리스』, 효형출판, 2005.
김성진, 「부산왜관과 한일간 문화교류」, 『한국문학논총』 22, 한국문학회, 1998.
김순영, 「한국 근대 양복점의 판매 물품과 생산 및 판매 주체」, 『복식』 67, 한국복식학회, 2017.
김승 · 양미숙 편역, 『신편 부산대관』, 선인, 2010.
김은정 · 윤태영 · 고수진 · 고애란, 「한국 근대 소비문화의 역사적 형성과정과 특성에 관한 연구－복식과 관련된 소비를 중심으로」, 『한국의류학회지』 34, 한국의류학회, 2010.
김은희 · 박용숙, 「개항초기(1876~1885)의 일본인의 상업 활동－부산항을 중심으로」, 『코기토』 15, 부산대 인문학연구소, 1976.
나리타 류이치, 서민교 역, 『근대 도시공간의 문화경험』, 뿌리와 이파리, 2011.
마이크 새비지 · 알렌 와드, 김왕배 · 박세훈 역, 『자본주의도시와 근대성』, 한울, 1996.
사쿠라이 군노스케, 한상일 역, 「조선시사」, 『서울에 남겨둔 꿈』, 건국대 출판부, 1993.
서지영, 『경성의 모던걸』, 여이연, 2013.
Horace N. Allen, 김원모 역, 『알렌의 일기』, 단국대 출판부, 1991.
앤소니 킹, 이무용 역, 『도시문화와 세계체제』, 시각과 언어, 1999.
이우영, 「한말 일본인 거류지의 설정과 그 역할」, 『경북대학교 논문집』 13, 경북대학교, 1969.
이종수, 「조선시대 부산과 왜관의 음식문화 교류와 변동 분석」, 『해항도시문화교섭학』 14, 한국해양대 국제해양문제연구소, 2016.
전성현, 「일제시기 부산의 중심 상점가와 도시문화」, 『역사와 경계』 92, 부산경남사학회, 2014.
_____, 「'조계'와 '거류지' 사이－개항장 부산의 일본인 거주지를 둘러싼 조선과 일본의 입장 차이와 의미」, 『한일관계사연구』 62, 한일관계사학회, 2018.
주영하, 『음식인문학』, 휴머니스트, 2011.
차철욱 · 양흥숙, 「개항기 부산항의 조선인과 일본인의 관계 형성」, 『한국학연구』 26, 인하대 한국학연구소, 2012.

카르네프 외, 김정화 외역, 『내가 본 조선, 조선인』, 가야넷, 2003.

패션큰사전편찬위원회, 『패션큰사전』, 교문사, 1999.

홍순권, 『근대도시와 지방권력』, 선인, 2010.

橋谷弘, 『帝國日本と植民地都市』, 吉川弘文館, 2004.

松村明 編, 『大辞林 第三版』, 三省堂編修所, 2014.

본 논문은 『항도부산』 제39호, 부산광역시 시사편찬위원회, 2020.2, 79~106쪽에 게재되었던 것임.

러시아 역사에서 해양 공간 다시보기

박원용

1. 문제의 제기

해양공간이 서구 유럽제국의 형성에서 적지 않은 역할을 했음은 주지의 사실이다. '해가 지지 않은 대영제국'의 위상은 세계 각지에 식민지 구축을 가능하게 만든 영국의 해양력 때문에 가능했다. 바다의 제패를 위해 일차적 필요조건이라고 할 수 있는 해군만으로 영국의 해양력 모두를 설명할 수는 없다. 여기에는 17세기 초반부터 바다로 진출하여 무역망을 개척하기 위해 노력해왔던 동인도회사의 적극적 해상활동과 국가의 공적 기구는 아니었지만 간접적인 묵인 아래 활발한 해상활동을 벌였던 사략선업자 등의 해상세력도 영국의 해양력 성장에 기여했다고 할 수 있을 것이다. 해양공간이 가지는 역사적 역할은 영국에만 국한되지는 않기에 해양공간의 역사적 의미를 다각도로 조명하기 위한 시도도 최근의 서양 역사학계에서는 활발히 일어나고 있는 실정이다.[1]

---

[1] 해양공간과 관련한 최근의 연구 동향은 다음을 참조. 사라 마자, 박원용 역, 『역사에 대해 생각하기』, 책과함께, 2019, 89~106쪽.

러시아의 역사에서 해양공간에 대한 조명은 서구에 비해 상대적으로 미약했다. 이러한 사정은 내륙으로의 팽창을 거듭한 러시아 역사 전개를 통해 일정부분 설명될 수 있다. 키예프 공국, 모스크바 공국을 거쳐 로마노프 왕조가 출범한 17세기까지도 러시아는 유럽의 당당한 일원으로 인정받지는 못했다. 2세기 가량을 몽골의 속박아래 있었고 종교나 사회관습 등의 측면에서 서구 유럽사회와 달랐던 러시아는 '아시아적 특성'이 강한 국가로 여겨졌다. 표트르 대제가 페테르부르그 건설과 같은 적극적 서구화 정책을 추진하고 예카테리나 여제가 계몽사상을 전파하여 러시아 사회의 일신을 도모했던 것도 러시아의 정체성을 새롭게 확립하려는 의도였다고 볼 수 있다.

러시아가 이렇게 서구 유럽국가의 일원으로 당당하게 편입하기 위한 조건을 마련하기 위한 하나의 방안으로 부각된 것이 광활하게 펼쳐져 있는 동쪽으로의 팽창과 정복이었다. '문명화'의 기치아래 서구의 선도국가들이 대양 너머의 이국들을 식민화하고 지배하듯이 러시아 또한 우랄 산맥 너머의 시베리아에 흩어져 살고 있는 민족들을 러시아 제국의(Россий ский) 신민으로 귀속시켜야 했다. 러시아의 지배층에게 '러시아인(Русский)'이라는 의미는 광활한 대륙에 흩어져 살고 있었던 다양한 민족의 정체성과 고유한 관습을 버리고 지배층의 문화와 가치에 동화한다는 의미였다. 해양 공간 너머의 이국異國에 대한 식민화가 아니라 광활한 하나의 대륙 내부에 존재하고 있는 다양한 민족의 복속이 '러시아 제국'의 형성과 발전에 중요한 전제 중의 하나였다. 이러한 "내부 식민화"[2]의 역사에서 해양 공간에 대한 탐구가 많은 관심을 받기는 어려웠다.

최근 들어 해양공간과 연관하여 러시아의 역사를 색다른 각도에서 조명해보려는 시도가 등장하고 있다. 사실 해양공간은 러시아의 역사에서 가볍게 취급될 수 있는 공간이 아니었다. 러시아는 대서양, 북극해, 그리고 태평양과 연결되는 12개의 바다와 면해 있다. 즉 발틱해, 흑해, 아조프해는 대서양과, 바레츠해, 백해, 카라해, 랍테프해, 동시베리아해와 추크치해는 북극해와, 베링해와와 오호츠크해는 태평양과 연결된다. 이견이 있기도 하지만 카스피해까지 포함한다면 러시아는 13개의 바다와 면해 있는 셈이다. 대양으로 나갈 수 있는 바다와 이렇게 면해 있는 러시아의 역사를 해양공간과 연관시켜 살펴본다면 '내부 식민화'의 관점에서 부각되지 못한 역사상이 드러날 수 있을 것이다.

근래의 지정학적 상황은 러시아에게 해양공간의 중요성을 더 인식하도록 만들었다. 19세기 중반 무렵 동쪽을 지배한다는 뜻을 가진 블라디보스톡을 건설하여 러시아 제국은 동쪽으로의 팽창이 완성되었다는 의지를 간접적으로 드러냈다. 현재 러시아 극동의 대표도시로서 블라디보스톡은 이러한 역사적 의미에 한정되지 않고 동북아 지역에 러시아의 영향력 확대를 위한 거점도시로서의 역할도 부각되고 있다.[3] 근대시대의 서구 국가들이 해양공간을 적극적으로 활용하여 패권국가의 지위를 획득했듯이 동북아 지역의 새로운 국제질서 구축

---

2 내부 식민화라는 용어는 알렉산더 에트킨드(Alexander Etkind)가 러시아 제국의 형성과정에서 나타난 특수성과 모순성을 설명하기 위해 제시한 개념이다. Alexander Etkind, *Internal Colonization : Russia's Imperial Experience,* Cambridge : Polity Press, 2011.

3 Gilbert Rozman, "Strategic Thinking About the Russian Far East : A Resurgent Russia Eyes Its Future in Northeast Asia", *Problems of Post-Communism* 55-1, 2008, pp.36~48.

을 위한 러시아의 전진기지로 부각하고 있는 것이다.

'내부 식민화'만을 강조하면서 해양공간이 러시아 역사에 어떻게 작용했고 또한 그것에 대한 반작용은 어떠했는지를 상대적으로 소홀히 취급한 것에 대한 반성이 필요한 시점이다. 이러한 성찰을 반영하는 3권의 연구서를 중심으로 해양공간이 러시아의 역사에서 갖는 의미를 다각도에서 제시하려는 것이 이 글의 목표이다. 물론 여기서 선정한 3권의 연구서가 러시아 해양사 연구의 현 수준을 완벽하게 대표한다고 볼 수는 없다. 그럼에도 불구하고 이러한 연구서를 선정하게 된 나름대로의 이유는 있다. 근대 국가의 토대가 만들어지는 시점에서 그 국가의 해양공간에 대한 통제력은 강력한 해군의 존재여부에 달려 있다고 해도 과언이 아니다.[4] 해양공간으로 진출을 통해 러시아의 국익을 증진시키려 했던 러시아의 차르로 표트르 대제를 일차적으로 떠 올리게 된다. 그렇지만 여기서 다루고 있는 첫 번째 연구서는 이러한 일반적 시각에서 벗어나 러시아의 해양력 형성을 색다른 관점에서 제시하고 있다. 두 번째 연구서는 러시아의 해양공간을 러시아의 국제관계 측면의 상황변화와 연관 시키면서 그것이 가지는 역동성을 보여주고 있다. 세 번째 연구서는 국가권력이 해양공간으로 확대되는 과정에서 일어났던 생태계의 변화 등을 제시함으로써 러시아의 해양공간을 전 지구적 생태변화라는 보다 확대된 차원과 연결시키고 있다. 이러한 내용들은 러시아의 해양사 연구를 상대적으로 풍부한 성과를 축적하고 있는 서구의 해양사

---

4 해양을 통제하고 사용하는 국가의 역량이라고 할 수 있는 해양력은 강력한 해군의 존재만으로 완성되지는 않지만 마한은 강력한 해군의 존재를 특히 강조한다. 알프레드 마한, 김주식 역, 『해양력이 역사에 미치는 영향』, 책세상, 1999.

연구수준과 비교할 수 있는 기회를 제공함으로써 서구 해양사 연구와 어느 정도의 유사성과 차이점을 가지고 있는지 점검하는 기회로 활용될 수 있을 것이다.

2. 러시아의 해군 건설

유럽의 선도국가들이 해양공간으로의 진출을 통해 자국의 위상을 향상시켜나가는 과정을 러시아의 통치세력들은 지켜본 바 있다. 표트르 대제는 러시아가 그러한 과정에 동참하여 국가의 위상을 드높이는 것이 절실하다고 생각했다. 해양으로의 진출을 용이하게 만드는 전진 기지의 확보와 해양공간에서 국가이익을 지켜내는 러시아 제국 해군의 창설이 표트르의 '서구화' 계획의 핵심적 요소였다.[5] 서구의 해군력에 뒤처지지 않은 해군 창설에 필요한 선박 제조기술을 익히기 위해 표트르는 영국과 네덜란드를 사절단을 직접 이끌고 순방하였으며 러시아의 선박 제조 기술자들과 병사들을 파견하는 것도 주저하지 않았다. 러시아에서 근대적 해군의 창설은 표트르의 적극적 주도 아래에서 가능했고 서구의 기술과 경험은 표트르의 이러한 의도를 실현시키는 데 결정적이었다고 기존의 연구들은 강조해 왔다.[6]

러시아 해군의 건설에서 표트르의 업적은 과소평가될 수는 없지만

---

5 Linsey Hughes, *Russia in the Age of Peter the Great*, London : Yale University Press, 1998, p.83.

6 M. S. Anderson, "Great Britain and the Growth of the Russian Navy in the Eighteenth Century", *The Mariner's Mirror* 42-2, 1956, pp.132~146.

표트르에게만 그 공을 모두 돌릴 수 없다고 에드워드 필립스Edward J. Phillips
는 주장한다. 표트르 대제의 치세와 러시아 해군의 출범을 등치시킬 수
없다는 주장이 전혀 없지는 않았지만 필립스와 같이 로마노프 왕조의
해군 건설 노력을 상세하게 설명하고 있지는 못하다.[7] 필립스는 러시아
해군의 출범을 표트르의 서구화 정책과의 관련에서만 설명하려고 하지
않고 보다 장기적인 러시아 역사의 맥락에 위치시키려고 한다. 그러기
위해서 필립스는 해양공간이 로마노프 왕조 이전의 정치체에서 어떠한
의미로 활용되었는지를 먼저 지적한다.

9세기 후반부에 등장한 최초의 러시아 국가로 얘기할 수 있는 키
예프 공국, 그에 뒤이은 노브고로드 공국과 모스크바 공국 각각에서
해양공간으로의 진출이 전혀 없는 상태는 아니었다. 키예프 공국의
올레그가 약 2000척의 선박으로 이루어진 함대를 이끌고 콘스탄티
노플을 공격했다는 기록이 『최초연대기』에 등장한다. 키예프 공국의
이러한 해상세력은 비잔틴 제국에게 무역협정을 체결하도록 만들었
는데, 그것은 두 지역 사이에서 100년 동안 해마다 이어질 하천 무역
과 해상 무역을 확립한 몇몇 무역 협정 가운데서 최초의 협정이었다.
이러한 무역협정을 이어나가기 위해서도 선박 건조는 키예프 공국에
서 결코 가볍게 볼 수 없는 관심사항이었다.[8] 해양공간, 특히 흑해는
이렇게 러시아 역사의 초기 국면에서부터 슬라브인들의 삶과 관계를
맺고 있었다.

---

7 П. М. Золин, "Российский флот старше 300 лет + до Петра Великого", *Вопросы
   истории*, 11-12, 1996, pp.166~168.
8 Edward J. Phillips, *The Founding of Russia's Navy : Peter the Great and the Azov fleet,
   1688-1714*, Connecticut : Greenwood Press, 1995, pp.2~3.

노브고로드 공국이 관계를 맺었던 해양공간은 발트해였다. 발트해가 노브고로드 공국에게 새로운 관계를 맺었던 시기는 12세기 말로 이때 노브고로드 지배세력은 한자동맹의 독일상인들에게 도시의 상업지역에 그들의 사무소 설립을 허가했다. 그리하여 한자동맹의 거래소는 거의 300년 동안 노브고로드의 국제무역을 담당했고 노브고로드에 많은 부를 가져다주었다. 노브고로드의 이러한 무역활동은 선박 건조에서도 주목할 만한 진보를 가능케 하여 대형 거룻배인 로지야лодья의 개발을 촉진시켰다.

발트해를 중심으로 한 노브고로드의 해상활동은 모스크바 공국의 이반 3세가 노브고로드 공국을 정복하고 한자동맹의 활동을 축소시켜나감에 따라 침체되었다. 노브고로드의 중요성은 러시아 상품 무역의 상당부분이 리가의 리보니아 공국 한자동맹 도시 레벨(현재의 탈린)과 도르팟(타르투)으로 옮겨갔을 때 감소하기 시작했다. '공포의' 이반 4세는 나르바를 발트해 항구로서 뿐만 아니라 발트함대를 위한 전진기지로도 활용하려 했지만 주된 관심은 모스크바 공국의 영토를 확대하는 데 놓여 있었다. 이반 4세는 발트해 연안의 스웨덴과 폴란드-리투아니아와 평화협정을 체결하면서 발트해의 진출로 인해 야기될 수 있는 분쟁을 사전에 차단하려고 했다. 이반 4세는 발트해 연안의 대부분 영토를 스웨덴과 리투아니아에게 넘겨주었다. 이반 4세는 몽골의 침입이 키예프 공국이 이전에 가지고 있었던 흑해와의 접촉을 단절시킨 것처럼 러시아와 발트해의 관계를 단절시켰다.[9]

---

9 Ibid., pp.4~6.

필립스는 이반 4세의 치세에는 해양공간으로부터의 후퇴도 있었지만 새로운 해양공간의 확보도 있었다고 지적한다. 아르한겔리스크의 건설로 백해와의 접촉이 가능했고 볼가강 하구에 위치한 아스트라한을 확보하면서 카스피해에 대한 통제력을 확보한 것이다. 17세기 이전에 있었던 이러한 시도가 대혼란의 시기를 겪은 이후 출범한 로마노프 왕조의 초기 통치자들에게 계승된다고 해도 부자연스럽게 보이지는 않았다. 필립스는 그렇지만 로마노프 왕조의 초기 통치자 미하일 페도로비치와 알렉세이 미하일로비치의 시기를 "러시아 해군 문화의 전환기"[10]로 규정하면서 이전과는 다른 방식으로 해양공간에 대한 접근을 하게 되었다고 지적한다. 즉 국가권력이 수로와 바다에 배를 띄우는 것은 경제적 이익을 얻고 위함이었지 국가권력이 직접적으로 배를 만들고 운항하는 것에는 관계하지 않았다. 그러나 로마노프 왕조의 초기 두 차르부터 국가권력은 선박을 건조하기 위한 재정 확보의 방법, 조선소의 부지로 적합한 장소의 물색, 그리고 이러한 과업을 완수하기 위한 국가기구의 정비 등을 시도했다. 필립스는 로마노프 왕조의 출범부터 명실상부한 국가의 해군을 만들기 위한 "근대적 과업"이 착수되었고 이를 위해서는 국정운영의 기본 이념도 동시에 "근대화" 해야 했다고 지적하고 있다. "뒤떨어진 인습을 타파하는 통치자"만이 그러한 변화를 가져올 수 있는데 그런 인습을 타파한 사람이 표트르 1세라고 지적하면서 표트르 1세가 국가의 해군을 만들기 위한 시도를 본격적으로 기술하고 있다.[11] 국가의 해군을 만들

---

10 Ibid., 13.
11 Ibid., p.28.

기 위한 표트르 1세의 혁신적 역할은 어떤 의미에서 이전 시대의 한계가 분명한 시도가 없었다면 가능하지 않았을 것이라는 시각을 필립스는 제시하고 있는 것이다.

1690년 이후 20여 년에 걸쳐 표트르 1세가 러시아 해군의 기초를 형성해 나가는 과정을 필립스는 다음의 4요소, 즉 추진력, 기술, 환경, 자원, 4요소의 상호작용과 이들 요소의 원활한 상호작용을 가능케 만든 표트르의 의지를 통해 설명하고 있다. 표트르는 자본의 부족이나 노동력 결핍의 상황에서도 함대 건설의 의지를 굽히지 않았다. 그는 불굴의 의지를 가지고 함대 건설을 위해 많은 사람들을 밀어 붙이고 그들을 재촉했다. 또한 그는 선박건조를 위해 필요한 기술을 익히기 위해 러시아에 외국인 기술자를 적극적으로 초빙하였으며 암스테르담과 영국 조선소 텝트퍼드Deptford에서 활동하는 기술자 아래에서 직접 기술을 익히는 것도 마다하지 않았다. 또한 새로운 전함 건조를 위한 환경 조성을 위해 아조프 해에서 던 강 상류로 수백 킬로미터 떨어진 보로네즈에서 선박 건조를 추진하다가 그곳이 부적합하다고 판단이 되자 타브로프를 아조프 함대의 최대 조선단지로 만들려고 시도했다.[12] 러시아가 해양 강국으로 부각하는 데 있어서 표트르 1세의 역할이 지대했음을 강조하고 있는 것이다. 그런데 필립스 가 추가적으로 기존의 연구에서 지적되었던 사항을 보강하고 있는 부분도 있는데 스웨덴과의 전쟁을 승리로 이끄는 데 기여한 발트함대의 성공을 아조프 함대의 실패의 경험에서 찾으려 하는 부분이다. 오스만투르크와의 싸

---

12 Ibid., pp.105~106.

움을 위한 아조프 함대의 건설을 위한 시기를 부패와 낭비의 시기로 규정하는 것을 거부하고 필립스는 오히려 그러한 경험 때문에 북방전쟁의 승리에 기여한 발트함대의 건설이 가능했다고 보는 것이다. 표트르에게 흑해로의 진입을 가능하게 만드는 아조프 함대는 발트함대 못지않은 중요성을 가졌다.[13]

필립스는 러시아 해군의 형성에 있어서 아조프 함대의 역사적 역할을 재차 부각시키고 있다. 지속적 전과를 이루어내지 못한 아조프 함대의 결과적 측면을 부각하면서 그것을 가볍게 볼 것이 아니라 그러한 시도에서 축적된 경험이 표트르 발트함대의 출범을 가능케 했기 때문에 그것의 의미를 재평가해야 한다는 것이다. 그렇지만 아조프 함대의 실패의 요인을 내부적 요인의 결함으로만 설명할 수 있을지 의문이다. 아조프 함대의 실패는 오스만투르크와 러시아의 경쟁으로 인한 상황적 요인과 결부하여 설명하여 된다는 지적은 이미 오래전부터 제기된 바 있는데[14] 필립스는 이러한 국제적 정세를 고려하는 넓은 차원의 설명을 제시하고 있지는 않다. 러시아 해군의 성장과 해양공간과의 관계를 보다 넓은 국제적 차원에서 설명하는 시각이 보충될 필요가 있는데 다음에 소개하는 킹의 책은 러시아 해양공간 중의 하나인 흑해가 국제정세의 변화에 따라 장기적 맥락에서 어떻게 역동적으로 연루되어 가는가를 보여주고 있다.

---

[13] Ibid., p.112.
[14] R. C. Anderson, "The First Russian Fleet, 1695~1711", *Journal of the Royal United Service Institution* 61, 1916, pp.41~46.

3. 장기역사의 관점에서 바라본 흑해

대륙 대신에 해양을 연구의 중심에 놓을 때 대륙 중심의 역사에서 나타날 수 있는 특정 지역 중심의 역사서술은 더 이상 가능하지 않게 된다. 해양이라는 공간을 매개로 다양한 문화와 인종적 상이함을 가진 집단들이 서로 접촉하고 교류하기 때문이다. 물론 에스파니아, 영국 등의 유럽 국가들이 주도권을 장악해 나갔던 대서양에서 이루어진 접촉과 교류가 대등한 상태는 아니었지만 그러한 접촉과 대면의 결과로 이루어진 다양한 문제들, 예를 들자면 유럽의 식민 세력들이 아메리카 원주민들을 노예로 만들지 않은 이유와 아프리카인들이 유럽인들의 노예 획득에 얼마나 적극적으로 협력했는가 등의 질문에 대답하려면 지역적 시야를 벗어난 다방면의 연구가 필요하다.[15] 다양한 인구, 경제, 문화에 대한 지식을 필요로 한다는 얘기인데 이러한 시도를 러시아의 해양 공간중의 하나인 흑해를 중심으로 전개한 킹의 연구서[16]도 해양사의 이러한 특징을 잘 보여주고 있다.

킹에게 흑해라는 공간은 근대적인 국민국가가 각자의 영향력 확대를 위해 서로 대립하고 반목하는 공간이었다는 역사적 설명만으로는 부족하다. 오스만투르크 제국의 쇠락으로 러시아뿐만 아니라 서구 열강들이 흑해의 패권 장악을 위해 경쟁에 돌입했던 19세기의 상황은 흑해의 유구한 역사에 비하면 극히 짧은 기간에 불과하다. 흑해

---

15 대서양에서 벌어진 노예무역에 대한 전체적 개관을 위해서는 다음을 참조. David Eltis and David Richardson, eds., *Atlas of the Transatlantic Slave Trade*, New Haven, CT : Yale University Press, 2010.

16 Charles King, *The Black Sea : A History*, New York : Oxford University Press, 2004.

주변의 총체적 역사를 말하기 위해서는 국가나 민족보다 직업, 종교, 혹은 단순한 지리적 차이가 지역의 주민들에게 더 큰 영향력을 발휘했던 긴 과정을 고려해야 한다.[17] 이런 관점에서 흑해 주변 지역의 다양한 인간 집단을 살펴볼 때 민족국가의 규정을 가지고 그들의 정체성을 단일하게 규정하는 것은 더 이상 가능하지 않게 된다. 킹은 흑해와 같은 해양공간을 활용하여 19세기 이후 세계사의 전개에 중요한 동인 중의 하나였던 민족, 혹은 국민국가의 개념의 등장도 해양에서의 패권 확보와 연결되어 있음을 보여주고 있는 것이다. 또한 킹은 흑해라는 공간에 주변 지역의 집단들이 유럽과 유라시아의 정치, 경제, 전략적 환경의 변화에 따라 때로는 진출하고 물러날 수밖에 없었던 역동적 상황을 기술하고 있다. 킹의 이러한 서술은 국민국가가 규정한 '국경'이라는 공간이 확정되기 이전 '변경'이라는 공간유형에서 일어날 수 있었던 상호접촉과 침투의 과정에 대한 설명이기도 한 것이다.[18] 흑해와 같은 해양공간을 활용하여 킹은 오늘날의 역사학 연구에서 부각하고 있는 주제인 민족, 변경, 국경에 관한 연구 성과에 또 다른 차원의 기여를 하고 있다.

킹은 고대시대부터 흑해를 중심으로 벌어졌던 다양한 역사의 파노라마를 기술하는 것으로 책의 전반부를 채우고 있는데 그러한 대표적인 사례로서 그리스 도시국가의 식민세력부터 동로마의 비잔틴,

---

17 Ibid., p.6.
18 '국경'과 '변경'의 개념 이해를 위해서는 다음을 참조. Pekka Hämäläinen · Samuel Truett, "On Borderlands", *Journal of American History* 98(September), 2011, p.338; Jeremy Adelman · Stephen Aron, "From Borderlands to Borders : Empires, Nation-states, and the Peoples in North American History", *American Historical Review* 104(June), 1999, pp.814~841.

중앙아시아 스텝지역 유목민들의 흑해로의 진출 등을 들고 있다. 이와 같이 다양한 세력들이 흑해에 넘나들었던 15세기 후반까지의 역사를 돌이켜 볼 때 어느 한 세력이 다른 세력과의 관계를 단절한 채 통제권을 확보한 역사는 아니었다. 흑해와 인접해 있던 지속적 정치세력인 비잔틴제국이 주변 정치세력과 관계를 맺어 나가는 방식을 킹은 서술함으로써 자신의 주장을 뒷받침하고 있다. 비잔틴은 흑해 동쪽의 다양한 유목민들과 지속적인 관계를 유지해 나갔는데 그중에서도 6세기부터 12세기 중앙아시아와 흑해 북쪽 스텝지역연안에 살던 투르크 계열의 유목민족인 페체네그인Pechenegs들과의 관계를 특히 중시했다. 이들과의 우호적 관계 유지는 크림반도 남쪽의 케르소네수스Chersonesus가 가지는 지정학적 이점을 비잔틴 제국이 활용할 수 있게 하여 흑해 북쪽해안에 비잔틴의 정치적, 경제적 영향력을 유지할 수 있게 한다는 의미였다.[19] 페체네그인들 이외 12세기 이전에 흑해 지역으로 진출하여 비잔틴에 때때로 위협을 가한 세력으로는 코카서스 산맥 북쪽 평원에 기반을 두고 있었던 하자르족Khazar, 북쪽의 발틱해, 남쪽의 흑해를 향해 흐르는 러시아의 강 주변지역에 살면서 슬라브인들을 통제하였던 로족Rhos,[20] 하자르족과 인종적으로 연관이 있으면서 볼가강 상류에서 기원했다고 알려진 불가르족Bulgars이 있었다. 이들 또한 흑해에서 세력권을 확대하고 싶었기 때문에 비잔틴의 안전을 위협할 수 있었다. 콘스탄티노플의 통치자들은 이들을 제국

---

19 Charles King, op. cit., pp.68~70.
20 이에 대한 상세한 설명은 다음을 참조. Timothy E. Gregory, *A History of Byzantium*, West Sussex : Wiley-Blackwell, 2010, p.235.

내로 편입시키거나 확고한 동맹관계를 구축함으로써 그러한 위협을 제거하려고 하였다. 그러나 그러한 전략이 실패할 경우를 대비하여 이들을 종교적으로 개종시키려는 노력도 병행했다. 문화적 동질성을 증대시켜 갈등을 최소화시키려는 전략이었다. 이들은 기독교와 완전히 이질적인 종교적 전통을 가지고 있지는 않았기 때문에 개종을 통해 비잔틴과의 갈등의 최소화를 기대할 수도 있었다. 그렇지만 아나톨리아 지역에 기반을 두고 있는 투르크족의 진출로 종교적 갈등이 심화될 수 있는 계기가 조성되기도 했다.[21]

비잔틴 제국이 12세기까지 흑해에서의 영향력 확대를 놓고 이와 같이 다양한 세력들과 각축을 벌였지만 흑해는 여전히 제국과 밀접히 연결되어 있었다. 비잔틴 제국의 흑해와의 연결이 잠시나마 단절될 수밖에 없었던 계기는 아이러니하게도 종교적으로 그들과 관련이 깊었던 유럽의 4차 십자군 원정이었다. 지중해 동쪽의 교역망 확대를 열망했던 베네치아는 십자군이 이교도가 장악하고 있는 성지를 탈환하는 것보다 콘스탄티노플을 장악하는 데 지원을 아끼지 않았다. 콘스탄티노플을 1261년에 비잔틴 제국은 다시 되찾긴 했지만 흑해는 이제 더 이상 비잔틴 제국이 주변 민족과의 관계를 유지하면서 우월한 지위를 유지할 수 있는 공간이 아니었다. 흑해를 둘러싼 또 다른 차원의 역학관계가 태동하였던 것이다.[22]

1453년 오스만투르크에 의한 콘스탄티노플의 함락은 흑해를 "투르크의 호수"라고 부를 정도로 오스만 제국의 영향력을 흑해에서 확

---

21 Charles King, op. cit., pp.73~80.
22 Ibid. p.80.

장할 수 있는 계기였다. 오스만 제국이 흑해를 내해로 만들 수 있었던 핵심 요인으로 킹은 세 가지를 들고 있다. 첫째, 흑해로 진입할 수 있는 다뉴브 강의 하구와 해협을 오스만제국이 통제하고 있었고 둘째, 흑해 주변의 어떤 국가도 오스만의 해군력을 위협할 정도로 강력하지 못했다는 점이다.[23] 실제로 오스만의 해군력은 레판토 해전의 패전 이후에도 크게 약화되지는 않았고 오스만의 술탄은 패전으로 인한 함대의 손실을 신속히 복구할 수 있는 충분한 자원을 가지고 있다고 오스만 제국에 파견되어 있던 베네치아의 무역 사무관 지안프란세스코 모로시니Gianfrancesco Morosini는 증언하고 있었다.[24] 오스만의 이러한 해군력은 또한 지중해나 대서양에서 자주 출몰하였던 '해적'에 대한 억제력으로 작용하여 흑해를 상대적으로 '평화로운 바다'로 만드는 데 기여하기도 했는데 바로 이 점이 흑해를 오스만의 바다로 만드는 셋째 요소였다.

킹은 또한 오스만 제국이 발칸 반도로까지 영향력을 확대하긴 했지만 흑해연안에 위치한 소국가들, 즉 폴란드, 리투아니아, 헝가리, 러시아의 공국들까지 지배하는 상황은 아니었다고 지적한다. 오스만 제국이 15세기 말에 흑해의 주요 항구를 장악했을 때 오스만제국과 경쟁할 수 있는 흑해 주변지역의 정치세력은 거의 없었다. 잠재적 경쟁자로 부각할 수 있는 정치세력은 폴란드와 헝가리 왕국, 그리고 모스크바 대공국 정도였다. 모스크바 공국의 이반 4세가 '타타르의 멍에'에서 벗어나 모스

---

23 Charles King, op. cit., p.125.

24 James C. Davis, ed., *Pursuit of Power : Venetian Ambassadors' Reports*, New York : Harper and Row, 1970, p.134.

크바 공국을 넘어 러시아 전체로 지배력을 넓혀가기 시작하면서 오스만 제국과의 갈등의 여지는 확대되었다. 이반 4세는 러시아Росси́йский 전체의 차르이면서 우선적으로는 비잔틴제국의 계승자, 더 나아가서는 로마제국의 계승자로서 세력 확대의 정당성을 확보하려고 했다. 또한 볼가강 유역과 시베리아의 타타르 한국을 축출하는 데 결정적으로 기여한 러시아의 차르는 유라시아에 대한 권리를 주장할 수 있는 것이었다. 메호메드 2세 때부터 비잔티움에 자리잡은 오스만의 술탄들도 스스로를 로마제국의 계승자로 간주하고 카이사르라는 호칭도 간혹 사용[25]했기 때문에 러시아의 차르는 역사적 유산의 측면에서 오스만과 대립할 수 있는 여지가 있었다. 제국의 지위로 러시아가 확대되어 나가는 과정에서 흑해는 더 이상 내해가 아니라 제국의 형성을 위한 수로로서 부각되었다. 17세기 후반부터 흑해의 해상권 장악을 위해 러시아는 본격적으로 나서기 시작했다.

17세기 중반에 이르면 러시아 차르의 영향력은 스텝지대를 가로지르는 카스피해의 해안에서 드네프르 강까지 확대되어 몽골의 통치 아래 있었던 과거의 영역 대부분에 미쳤다. 표트르 대제는 러시아의 위대함을 더욱 확고히 드러내기 위해서는 흑해에 대한 접근을 확보하는 것이 필요하다고 생각하고 이를 위해 돈강 하류에 위치해 아조프해로 가는 통로이자 더 나아가서는 흑해로의 진출을 가능케 하는 아조프 요새의 공략에 힘을 쏟았다. 표트르 대제 때부터 그 이후 러시아 차르들은 아조프 요새를 중심으로 한 지역의 통제권을 확보했다가 잃어버리는 과정을

---

25 Carter V. Findley, *The Turks in World History*, New York : Oxford University Press, 2005, p.115.

되풀이했다. 흑해로 이르는 교두보를 확보하는 데까지 아직 나가지 못했다는 의미이다. 예카테리나 여제는 이러한 상황을 변화시킨 군주였다. 1768년부터 1770년 사이에 예카테리나는 오스만 제국과의 두 차례 전쟁을 벌여 아조프 해의 타간로크와 아조프, 케르치 해협의 케르치와 예니칼레, 드네프르 강 어귀의 킨부룬을 포함한 바다 주변의 주요한 몇 개 요새를 확보했다. 평화로운 시기에 러시아 선박들은 이제 북방의 가장 중요한 두 물길인 돈이나 드레프르 중 하나를 항해하여 바다로 들어갈 수 있었다. 러시아가 흑해의 북쪽 해안을 따라 보다 안정적인 기반을 마련하는 순간이었다.[26]

18세기 후반, 흑해 연안 북서쪽에 위치한 오데사가 러시아 제국에 편입되면서 흑해에 대한 러시아의 영향력은 더욱 커졌다. 스텝지역의 변방의 도시에 불과했던 오데사를 러시아 제국이 차지하면서 오데사는 유럽의 방문자들이 기대했던 "모든 종류의 러시아—그리스—스키타이—타타르 형식의 교회와 건물"[27]이 가득한 도시가 아니라 서유럽 사람들이 자신들의 고향을 떠올리게 하는 잘 짜여진 거리, 석조건물, 그리고 상점들을 볼 수 있는 도시였다. 오데사를 새로운 도시로 변모시키는 과정에서 러시아의 통치자들은 이탈리아 이민자들을 적극적으로 활용했기 때문[28]에 이러한 외국인 관찰자의 기록이 의심스러운 것으로 여겨지지는 않는다. 흑해 연안의 도시에 유럽의 문화를

---

26 Charles King, op. cit., pp.141~147.
27 Ibid., p.172.
28 오데사에 이탈리아의 문화적 영향이 19세기 내내 확산되었다는 연구성과는 다음을 참조.
   Anna Makolkin, *The Nineteenth Century in Odessa : One Hundred Years of Italian Culture on the
   Shores of the Black Sea (1794-1894)*, Ontario : Edwin Mellen Press, 2007.

이렇게 이식시키면서 러시아는 한편으로 계몽주의의 언어를 전파하고 기독교를 접하지 못한 민족들을 교화한다는 사명을 내세우며 영향력 확대를 합리화해 나갔다. 그러나 흑해에 대한 통제력을 확대하여 러시아의 제국주의적 야망, 상업적 이익을 실현하는 것이 중요하게 부각되면서 이러한 '문명화의 사명'은 부차적으로 비쳤다. 특히 흑해의 항해와 관리하여 오스만으로부터 상대적으로 우호적 취급을 받아왔던 영국이 흑해의 남동쪽 해안에 위치한 트라브존에 영향력을 확대하려고 하면서 러시아를 위협하기 시작했다. 오데사의 대척점에 위치해 있는 트라브존이 영국의 페르시아와 중앙아시아로 진출을 위한 주요항구로 활용된다면 카스피해를 넘어 중앙아시아로까지 영향력 확대를 도모했던 러시아의 세계전략에 차질을 주는 것이었다.

19세기 중반에 이르면 오스만 제국은 과거 제국의 찬란한 위상을 상당 부분 상실했다. 러시아는 이를 틈타 흑해 남부 해안의 시노프 공격에 나섰다. 시노프를 러시아가 획득한다면 러시아가 이미 차지하고 있는 북부해안의 세바스토폴과 더불어 흑해를 반으로 쪼갤 수 있는 정도의 지배력을 러시아가 갖는다는 의미였다. 이러한 상황은 곧 러시아가 보스포루스 해협과 이스탄불 자체를 획득하면서 더 나아가 지중해로 진출할 수 있는 여지를 확보한다는 의미였다. 러시아의 이러한 부상은 영국뿐만 아니라 프랑스, 오스트리아 등의 유럽 국가들의 국제적 이해관계의 측면에서 좌시할 수 없었다. 유럽 연합군은 오스만 제국의 유산이 러시아로 온전히 넘어가지 못하도록 보스포루스 해협을 통과하여 크림반도의 세바스토폴 공격에 나섰다, 크림전쟁의 막이 오른 것이었다. 크림 전쟁의 결과 러시아가 유럽 세력과 맺은 파리조약은 "흑해에서 한 시대의 종결을 의미했다. 전쟁은 이제 서유럽 열강들이 오스만을 대신하여 개입하고 러시아가 오스만 제국의 약점을 러시아의 이익만을 위해 이용하지 못하도록 하려는 강한 의지를 보여주었다."[29] 흑해는 오스만제국과 러시아의 이해관계 만이 충돌하는 공간이 아니라 서유럽 열강의 각축장으로 변했다.

크림 전쟁에서 오스만제국의 승리가 흑해 주변지역에 대한 오스만의 통제가 확고해졌다는 것을 의미하지는 않았다. 러시아는 오스만에 저 항하는 발칸반도의 민족주의 세력과 연합하여 1877~1878년 러시아 -투르크 전쟁을 일으켜 크림 전쟁의 패배를 만회하려고 했다. 산 스테 파노조약으로 전쟁을 마무리한 러시아는 불가리아 공국을 창설함으로 써 발칸 지역에서 오스만의 영향력은 현저히 줄어들었다. 러시아의 영 향력이 커지는 것을 우려한 유럽 세력들에 의해 산 스테파노 조약의 일부가 변경되기도 했지만 세르비아, 몬테니그로, 루마니아 등의 독립 국가의 출현을 막지는 못했다. 20세기 초반에 또 다른 영토변화가 있기 는 했지만 흑해 연안의 정치적 형세는 1879년에 만들어졌다.[30]

킹은 흑해 연안의 정치적 변화와 더불어 그와 연관된 인간 집단의 이동에 대해서도 서술하고 있는데 이러한 내용 또한 흑해의 역사를 민족국가의 성립 내지 발칸의 인종적 분쟁이라는 보다 큰 역사적 맥 락으로 확대시킬 수 있도록 해 준다. 철도망과 증기선의 발달로 모스 크바와 상트 페테르부르그의 러시아인들도 크림 반도의 관광 휴양지 를 찾을 수 있었다. 흑해 연안의 휴양지와 얄타에서는 19세기 말경부

---

[29] Charles King, op. cit., p.180.
[30] Ibid., pp.189~195.

터 도시의 스트레스를 풀기 위한 휴양산업을 통해 경제적 활력을 얻으려는 시도가 있었다.[31] 휴양지를 찾은 러시아인들은 그렇지만 자신들이 목격한 이국적인 풍경을 보고 놀랐다. 주변의 항구에는 "현지 외국인"들이라고 부를 정도로 러시아인들의 특성과는 다른 다수의 사람들이 섞여 있었다. 이들에게 민족적 순수성과 종교적 순수성을 기대하기란 어려운 듯 보였다.[32]

'현지 외국인들'에 대한 불만은 러시아만의 현상은 아니었다. 오스만 제국의 위상이 19세기 중반 이후 회복되리라고 기대하기가 어려운 상황에서 과거와 같은 종교적 관용은 기대하기 어려웠다. 특히 1894년, 아나톨리아 동부 지역에서 아르메니아인들의 반란은 아르메니아인 공동체에 대한 공격을 유발하여 8만 명에 달하는 아르메니아인들이 사망했다. 1차 세계대전의 와중에서 이들 아르메니아인들은 러시아에 대한 오스만의 반격으로 자행된 조직적인 대량 학살로 또 다시 희생되었다. 1차 세계대전의 종식으로 오스만 제국이 역사의 뒤안길로 사라지고 난 다음에 터키와 연합군이 서명한 로잔 조약은 흑해 연안에서 역사적 전통을 가지고 있던 민족 공동체에게 또 다른 방식으로 타격을 주었다. 즉 흑해 연안도시들을 포함한 아나톨리아로부터 최대 150만 명의 정교회 기독교인을 그리스로 강제 이주하고 그리스, 특히 에게 해의 마케도니아로부터 약 35만 명의 무슬림들이 공동체의 의지와 무관하게 이동되었다. 지역 공동체의 의지와는 무

---

31 Diane P. Koenker, *Club Red : Vacation Travel and the Soviet Dream*, Ithaca : Cornell University Press, 2013, p.16.
32 Charles King, op. cit., pp.203~204.

관하게 추정된 인종적 특성에 근거한 이러한 대규모 이주는 조약의 설계자 중의 한 명인 커즌 경도 언급했듯이 "철저히 나쁘고 악의적인 해결책"일 뿐만 아니라 "이에 대해 세계는 향후 100년간 엄청난 대가를 치르게 될 것"이었다.[33] 20세기부터 흑해의 역사는 여러 국민국가의 독립과 종족 공동체의 와해와 결부되면서 지역적 차원에서 전개되는 역사가 아니었다.

흑해는 최근에 있었던 러시아와 우크라이나의 첨예한 갈등에서 드러나듯이 여전히 국제적 분쟁의 여지를 제공할 수 있는 해양공간이다. 킹의 책은 한편으로는 흑해를 장기적인 역사의 안목으로 바라볼 때 이러한 분쟁의 가능성을 해소시킬 수도 있는 가능성을 제공했다고 볼 수 있다. 제국주의적 국가권력이 영향력이 미치지 않았을 때 흑해 주변의 공동체들은 단일한 정체성이 아니라 복합적인 정체성을 유지한 채 첨예한 대립으로까지 나아가지 않았다. 다양한 국민국가의 영향력이 확대되면서 대립으로 치닫는 역사는 흑해의 전체 역사와 비교해 보면 짧은 기간에 불과했다. 킹은 이러한 장기간의 역사를 거론하면서 흑해 주변의 국민국가들의 갈등을 완화시킬 수 있는 가능성을 모색한 듯이 보인다. 또한 킹은 국민국가들의 갈등으로 인한 인간 공동체의 희생에도 관심을 기울여 해양을 배경으로 전개된 역사에서 보일 수 있는 소집단과 개인의 운명을 부각시키기 못한다는 결점을 보완하고 있다. 물론 킹의 서술은 대서양의 역사를 도밍고스 알바레스라는 아프리카 노예의 운명을 통해 구체적으로 제시한 제임

---

[33] Ibid., p.214.

스 스위트의 방식[34]에는 미치지 못하지만 흑해 주변의 종족공동체의 운명이 국민국가의 성장에 의해 변화되어가는 과정을 보여줌으로써 해양공간의 역사를 구체적 인간집단과 연결시키고 있다. 킹의 연구는 해양공간에서 전개된 역사를 국제적 맥락으로 확대시킴으로써 해양공간이 가지는 '개방성'과 '폐쇄성'을 동시에 확인해 주고 있다고 말할 수 있다.

4. 북태평양으로의 러시아 팽창

해양공간을 중심으로 역사를 재구성할 때 제기될 수 있는 질문중의 하나는 역사서술의 대상을 무엇으로 하느냐는 것이다. 하나의 주장은 대서양의 역사라고 하더라도 대서양 그 자체를 거의 다루지 않는다는 비판을 제기하며 대서양을 "바다의 관점에서 재구성" 하자는 것이다. 이 관점에 의하면 대서양의 역사에서 중요한 것은 대서양 생태환경의 변화, 즉 바다 생물, 연안의 해초의 분포와 같은 환경의 변화가 발생했던 배경을 이해하는 것인데 이를 위해서는 대서양 전체를 하나로 통합해서 볼 필요가 있다. 즉 구대륙의 해양자원 소비 형태와 신대륙 어장에서 해양자원의 포획량을 연관하여 살펴볼 것과 그러한 생산과 소비형태가 대서양의 생태환경을 어떻게 변화시켰으며 그러한 변화에 연안의 인간 집단이 어떻게 대응했는가를 고찰해

---

34 James H. Sweet, *Domingos Álvares, African Healing, and the Intellectual History of the Atlantic World*, Chapel Hill : University of California Press, 2011.

야 한다.[35] 이러한 시각은 대항해 시대를 처음 열 때 나타났던 해양세력의 자연환경에 대한 도전과 정복을 강조하기 보다는 해양환경과 인간집단의 상호작용을 보다 강조함으로써 자연환경과 인간집단의 상생의 필요성을 강조하는 최근의 사회 분위기를 반영하고 있다고 말할 수 있다.

북태평양으로의 러시아의 제국주의적 팽창과 이로 인한 해양자원의 수탈, 특히 바다소sea cow와 같은 바다 동물의 멸종과 제국주의적 진출세력과 지역 원주민들의 대응을 다룬 존스의 책은 해양 생태계 및 지역 원주민의 삶이 러시아의 팽창에 의해 어떻게 변화했는가를 보여준 수작이다.[36] 북태평양은 오호츠크 해, 알래스카 만, 베링 해 등을 포함하는 북반구의 가장 광대한 해역이다. 또한 캄차트카에서 남부 알래스카의 해역에는 캄차달족Kamchadals, 알류트족Aleuts, 틀링깃족Tlingit 등의 원주민들이 산재해 있는데 이들은 혹한의 날씨 아래에서도 북태평양의 풍부한 수산자원을 활용하면서 그들만의 문화를 유지한 채 살아가고 있었다.

캄차카 반도 원주민들의 삶은 1697년 야쿠츠크 국경 수비대의 일원이었던 러시아 코사크족의 지도자 블라지미르 아틀라소프가 많은 원주민들의 희생을 초래한 반도 공략으로 더 이상 예전과 같이 유지될 수 없었다. 원주민들은 러시아 중앙정부의 침략에 저항했지만 1719년

---

35 W. Jeffrey Bolster, "Putting the Ocean in Atlantic History : Maritime Communities and Marine Ecology in the Northest Atlantic, 1500-1800", *American Historical Review* 113-1, 2008, pp.19~47.

36 Ryan Tucker Jones, *Empire of Extinction : Russians and the North Pacific's Strange Beasts of the Sea, 1741-1867*, Oxford : Oxford University Press, 2014.

에 이르면 캄차달족은 러시아 중앙정부의 통제에 들어가게 되었다. 아틀라소프는 정복의 시작과 더불어 모스크바와 페테르부르그의 통치자들에게 이전에는 접하지 못했던 캄차크 반도에 대한 새로운 정보들을 전달했다. 아틀라소프의 보고에 의하면 캄차크 반도는 시베리아에서는 볼 수 없는 활화산, 다양한 바다 생물들의 존재로 모스크바와 페테르부르그의 통치자들에게는 이국적인 느낌을 자아나게 하는 장소이다. 아틀라소프는 특히 연안에서 관찰되는 다양한 종류의 바다 동물들, 고래, 물개, 바다소 등의 존재뿐만 아니라 이들을 포획하는 원주민들의 삶까지 묘사하여 중앙의 통치자들의 마음을 설레게 했다.[37] 우랄 산맥과 시베리아를 넘어 유라시아 대륙의 끝자락이라고 할 수 있는 캄차카 반도로까지 러시아의 영향력이 확대된 상황에서 아틀라소프는 새롭게 편입된 지역의 경이로움 뿐만 아니라 경제적 이득의 가능성까지 지적하고 있는 것이었다.

북태평양에 근접한 캄차카 반도가 러시아 중앙정부로 귀속되었다는 것은 러시아의 해상 상업세력이 반도를 남하하여 일본과의 교역을 시작할 수 있다는 의미이기도 했다. 지리적으로 캄차카 반도는 도쿄로부터 대략 2,410km의 거리에 불과했고 일본의 선박들이 캄차카 및 알류산 열도의 해안가에서 난파하는 경우도 적지 않았기 때문에 이 지역에 진출한 러시아의 상업세력들은 일본과의 교역을 키워나갈 수 있기를 희망했다. 캄차카에서 동아시아의 무역체계를 확립할 필요성을 베링은 다음과 같이 표현했다. "오호츠크 혹은 캄차카로

---

37 Ibid., p.28.

부터 아무르 강과 더 나아가 일본까지 이어지는 뱃길의 탐험에서 이익이 없지 만은 아닐 것이다. (…중략…) 또한 일본과의 교역의 가능성이 현실화된다면 러시아 제국은 앞으로 적지 않은 이득을 거두어들일 수도 있다."[38] 일본으로 이어지는 수로를 확보하기 위해 페테르부르그의 전제정은 덴마크의 해군 중위 마틴 스팡버그Martin Spangberg의 주도하는 캄차카 반도에서 남하하는 뱃길 탐험을 재정적으로 후원했다. 이 과정에서 스팡버그는 캄차카 반도 남단에서부터 홋카이도 북쪽까지 뻗어 있는 쿠릴 열도의 존재를 확인하며 일본에 도달할 수 있었다. 스팡버그가 도쿠가와 막부와의 교역관계를 확립하지는 못했지만 그의 탐험은 일본으로 이어지는 뱃길의 토대를 마련했다.[39]

일본과의 공식적 교역관계를 러시아가 확립하지는 못했지만 청나라의 국경에서 제한적인 상업거래는 이미 진행되고 있었다. 캄차카 반도까지 진출한 러시아의 해상세력이 청나라와의 거래를 더 확대하기 위해서는 청의 국내시장에서는 구입이 어려운 북태평양의 특산물을 주요한 거래 품목으로 부각시켜야 했다. 해달과 바다소의 포획으로 얻을 수 있는 모피는 청의 상인들이 거부하기 어려운 매력적 품목이었다. 캄차카 반도의 근해를 탐사한바 있는 독일의 박물학자 게오르그 빌헬름 스텔라는 근해의 바다에는 해달과 바다소의 개체수가 엄청나 캄차카 반도의 거주민들을 먹여 살리기에 충분하다고 지적한 바 있었다.[40] 청나라에서

---

38 Raymond Fisher, *Bering's Voyages : Whither and Why,* Seattle : University of Washington Press, 1977, p.113.

39 John J. Stephan, *The Kuril Islands : Russo-Japanese Frontier in the Pacific,* Oxford : Clarendon Press, 1974, pp.55~56.

40 Ryan Tucker Jones, Ibid., p.42.

이러한 바다 동물들의 모피는 그것이 가지는 보온성뿐만 아니라 고관들 웃옷의 고급 안감으로 사용되었기 때문에 인기가 높았다. 1755년의 기록에 의하면 해달의 모피는 청 제국에 인접한 국경도시 캬흐타[41]에서 60내지 70루블로 거래되고 있는 반면에 여우 가죽의 가격은 20루블을 조금 넘고 있었다. 1770년대에 이르면 해달 모피의 가격은 100루블에 서 150루블까지 상승했다.[42] 북태평양과 오호츠크 해로 진출할 수 있는 교두보를 확보한 러시아의 제국주의 세력들은 이러한 상업적 이익을 가볍게 볼 수만은 없었다.

모피 무역과 관련하여 캄차카 반도로 진출한 러시아의 제국주의적 상업세력으로 프로므이쉬레니키promyshlenniki가 있었다. 지주도, 농노도 아니었던 이들은 유럽지역 러시아를 떠나 시베리아의 모피 교역에서 경험을 쌓거나 극동의 캄차카와 오호츠크의 정비되지 못한 관료제의 일부분을 구성하고 있던 지역 행정부의 관료이기도 했다.[43] 이들에게 청과의 모피교역은 새로운 부를 창출할 수 있는 중요한 기회였다. 그렇 지만 바다의 동물들로부터 모피의 획득 경험은 이들에게 많지 않았기 때문에 지역 원주민들의 경험과 지식을 이들은 필요로 했다. 이러한 예 는 1744년, 캄차카에서 베링섬으로 항해를 나선 최초의 시베리아인 에밀리안 바소프Emilian Basov를 통해 확인할 수 있다. 첫번째 항해에서 그는 러시아인만으로 사냥부대를 구성하여 연 400마리의 해달을 생포

---

41 19세기에 들어오면 캬흐타는 러시아로의 차 수출에 중요한 전진기지였다. 이에 관해서는 다음을 참조. Chinyun Lee, "From Kiachta to Vladivostok : Russian Merchants and the Tea Trade", *Region* 3-2, 2014, pp.195~218.

42 Ibid., pp.132~133.

43 Raymound H. Fisher, *The Russian Fur Trade, 1550-1700*, Berkeley : University of Cali fornia Press, 1943, pp.29~30.

했지만 두번째 항해에서는 7명의 캄차달족의 도움을 받아 연 835마리의 해달을 포획했다. 세번째 항해에서는 러시아인 선원보다 2배가 많은 캄차달족을 고용하여 훨씬 많은 해달을 생포했다.[44]

바다의 동물들로부터 더 많은 모피 획득을 위해서는 원주민과의 협력이 필요했음을 보여주는 존스의 지적은 식민세력과 원주민과의 접촉이 일어났던 '중간지대'에서 어느 한쪽의 일방적 우세만으로 그러한 만남을 설명할 수 없다는 리처드 화이트의 시각을 반영하고 있다. 화이트에 의하면 북아메리카 오대호 지역으로 진출하여 비버가죽을 얻고자 했던 영국인들과 프랑스인들은 지역의 아메리카 원주민들의 협조가 필요했고 그러한 협조를 제공했던 원주민들은 유럽의 식민세력들에게 그들이 필요로 했던 총기와 공산품들을 획득했다.[45] 존스는 바로 이러한 '중간지대'의 개념을 활용하여 해양자원을 둘러싼 식민세력과 원주민의 협력을 재현하고 있는 것이다.

존스의 연구는 러시아 제국 변경의 해양공간에서 일어났던 인간집단의 상호작용으로 인한 생태학적 관점에서의 파국에도 관심을 기울인다. 더 많은 경제적 이득을 얻기 위한 바다동물들의 포획은 그들 개체수의 급속한 감소를 초래하였다. 1741년부터 이미 개체수의 감소는 드러나고 있었지만 1749년에서 1750년 사이에 감소는 더욱 급격해진다. 일부 서식지에서는 바다소와 해달이 완전히 멸종했다고 해도 과언이 아닐 정도였다. 이러한 바다동물들의 감소는 주변 지역의 생태환

---

44 Ryan Tucker Jones, op. cit., p.75.
45 Richard White, *The Middle Ground : Indians, Empires and Republics in the Great Lakes Region, 1650-1815*, Cambridge : Cambridge University Press, 1991.

경에도 영향을 주었다. 해달은 지역의 생태계 사슬에서 갑각류와 성게의 소비자였는데 그 개체수가 감소함으로써 연체동물의 개체 수는 증가하게 되었다. 연체동물 개체수의 증가로 물고기떼에 대한 보호막이라고 할 수 있는 켈프kelp와 같은 연안의 해초 군락지는 감소하며 이에 따라 물고기의 개체수도 줄어 든다. 이러한 전반적 생태환경의 파괴는 러시아의 북태평양 탐사에 참여하여 러시아 제국에 봉사하려 했던 유럽의 동식물연구자들에게도 우려되는 상황이었다. 이들의 우려를 러시아 중앙정부는 한때 수용하여 1748년 해양동물의 포획수를 제한하고 모피거래의 양도 제한하는 법령을 공포하기도 했지만 제국의 경제적 이득을 우선하는 정책의 방향을 바꿀 수는 없었다.[46] 북태평양을 향한 러시아의 제국주의적 팽창은 지역의 원주민들의 생활방식은 물론 지역의 생태계도 크게 변화시켰으며 바다소와 같은 바다생물의 멸종으로 오늘날까지 그 흔적을 뚜렷이 남기고 있다.

존스의 책이 제국주의적 팽창으로 인한 환경의 파괴, 생태계의 교란만을 서술하는 데 집중했다면 어떤 면에서는 제국주의적 팽창의 무대만을 변화시켰을 뿐이라는 지적을 피하지 못했을 것이다. 존스는 18세기 북태평양의 환경의 파괴를 방치할 수 없다는 인식의 계기를 제공했던 서구의 동식물학자들을 적지 않게 소개함으로써 근대시기 이전의 러시아와 '서구'와의 연계를 또한 지적하고 있다. 러시아와 연관된 북태평양의 무대를 활용하여 유럽의 과학적, 계몽적 인식이 러시아의 정책에 끼쳤던 영향을 서술함으로써 해양공간이 지성사

---

46 Ryan Tucker Jones, op. cit., pp.70~78.

의 영역과 연결될 수도 있다는 것을 보여주고 있다.

예카테리나 여제가 후원했던 조세프 빌링스의 북극해 항로 탐험에 참여했던 영국인 마틴 사우어Marin Sauer는 북태평양에서 바다소와 같은 해양동물의 멸종을 지역차원의 문제만 아니라는 것을 최초로 명시했다. 1768년에 마지막 남은 바다소의 죽음으로 캄차카 연안의 코만도르 제도에서 바다소는 완전히 사라졌다.[47] 독일의 동식물 연구자 게오르그 스텔라Georg W. Steller가 1742년 캄차카반도, 알류샨 열도 연안에서 바다소를 발견하고 "바다의 이상한 짐승"이라고 부를 때만 하더라도 수 천 마리의 바다소가 존재했다. 그렇지만 불과 30년도 지나지 않아 바다소는 북태평양 연안에서 멸종하고 말았다. 사우어는 연안에서 바다소의 멸종이 바다소의 서식지 이동에 따른 현상이라는 주장을 웨일즈 출신의 동식물학 연구자 토마스 펜넌트Thomas Pennant의 『북극의 동물학』이라는 저서를 통해 반박하고 있다. 사우어는 펜넌트의 연구를 근거로 바다소와 같은 바다생물의 서식지는 캄차카반도, 알류샨 열도를 끼고 있는 북극해의 위도 아래로까지 확대될 수 없기 때문에 이지역에서의 바다소의 멸종은 지구에서 바다소의 멸종을 의미하는 것이라고 주장했다. 바다소의 멸종은 궁극적으로 해달의 개체수 또한 위협할 것이고 이러한 바다생물들의 고갈은 지역의 캄차달족, 알류트족의 생계를 위협할 것이기 때문에 러시아제국의 무분별한 해양자원의 포획은 전 지구적 생태환경의 보존뿐만 아니라 지역 원주민들의 생존을 위해서도 재고되어야 한다.[48] 이와 같이 존스

---

47 Ryan Tucker Jones, op. cit., p.100.
48 Ibid., pp.180~189.

는 유럽의 자연과학 분야의 연구업적을 활용하여 러시아 제국이 해양 생태환경을 어느 정도로 위협하는가에 대한 경계의 목소리를 소개하고 있다. 이러한 내용을 통해 그는 18세기 러시아 해양사를 오늘날의 관점에서 제기되는 전 지구적 차원의 환경사에 대한 관심과 연결시키는 탁월함을 보여주고 있다.

5. 맺음말

러시아 해군의 건설을 표트르의 서구화 정책에만 한정하지 않고 초기 로마노프 왕조의 시도부터 소급해서 보아야 한다는 필립스의 연구, 다양한 종족의 교역공간으로 기능하면서 그들의 복합적인 정체성 유지를 가능케 했던 흑해라는 해양공간이 러시아와 오스만투르크의 패권경쟁 및 주변 국민국가의 형성으로 각축의 공간으로 변해가는 과정을 보여준 킹의 연구, 그리고 북태평양으로의 러시아 팽창을 해양 생태계와 지역 원주민에게 미친 영향과 결부시키면서 환경사의 영역으로까지 확장시킨 존스의 연구 모두는 러시아의 해양과 관련된 연구가 풍부하지 않은 러시아 역사의 분야에서 주목할 만한 가치가 있다. 특히 킹과 존스의 연구는 해양 공간의 역사가 가지는 보편적 성격, 즉 국제적 역학관계에 따라 해양공간에 대한 통제력이 변화하는 양상과 해양 생태환경의 변화라는 측면이 러시아와 관계있는 해양공간에서도 일어났음을 보여주고 있다. 또한 로마노프 왕조의 출범 이후 러시아의 정치세력들은 해양공간에 대한 관심을 지속적으로 보여 왔다는 것을 고려할 때 러시아의 역사에서 해양공간이 '내부식민화'라는 시각에서 무시될 수만은 없다는 것을 확인할 수도 있다.

러시아 역사를 해양공간과 연계하여 검토하는 방법은 물론 여기에서 제시한 시각만으로 충분하지 않다. 글의 서두에서 밝혔듯이 러시아는 12개 내지 13개의 바다와 면해 있다. 각각의 바다에 내재해 있는 생태학적 특성, 지리적 특성이 단일하지 않기 때문에 이러한 바다를 대하는 러시아인들의 태도 또한 동일하지 않았을 것이다. 이 비평 논문은 그러한 보다 넓은 차원에서 러시아의 바다를 보기 위한 하나의 작은 출발점이라고 애써 의미를 부여하고 싶다.

참고문헌

기본자료

Edward J. Phillips, *The Founding of Russia's Navy : Peter the Great and the Azov fleet, 1688-1714*, Connecticut : Greenwood Press, 1995.

King, Charles, *The Black Sea : A History*, New York : Oxford University Press, 2004.

Jones, Ryan Tucker, *Empire of Extinction : Russians and the North Pacific's Strange Beasts of the Sea, 1741-1867*, Oxford : Oxford University Press, 2014.

논문 및 단행본

Adelman, Jeremy and Stephen Aron, "From Borderlands to Borders : Empires, Nation-states, and the Peoples in North American History", *American Historical Review* 104(June), 1999.

Anderson, M. S., "Great Britain and the Growth of the Russian Navy in the Eighteenth Century", *The Mariner's Mirror*, 42-2, 1956.

Anderson, R. C., "The First Russian Fleet, 1695-1711", *Journal of the Royal United Service Institution*, 61, 1916.

Bolster, W. Jeffrey, "Putting the Ocean in Atlantic History : Maritime Communities and Marine Ecology in the Northest Atlantic, 1500-1800", *American Historical Review* 113-1, 2008.

Hämäläinen, Pekka and Samuel Truett, "On Borderlands", *Journal of American History* 98(September), 2011.

Lee, Chinyun, "From Kiachta to Vladivostok : Russian Merchants and the Tea Trade", *Region* 3-2, 2014.

Rozman, Gilbert, "Strategic Thinking About the Russian Far East : A Resurgent Russia Eyes Its Future in Northeast Asia", *Problems of Post-Communism* 55-1, 2008.

Золин, П. М., "Россий ский флот старше 300 лет + до Петра Великого", *Вопросы истори и* 11-12, 1996.

Davis, James C. ed., *Pursuit of Power : Venetian Ambassadors' Reports*, New York : Harper and Row, 1970.

Eltis, David and David Richardson, eds., *Atlas of the Transatlantic Slave Trade*, New Haven, CT : Yale University Press, 2010.

Etkind, Alexander, *Internal Colonization : Russia's Imperial Experience*, Cambridge : Polity Press, 2011.

Findley, Carter V., *The Turks in World History*, New York : Oxford University Press, 2005, Fisher, Raymond, *Bering's Voyages : Whither and Why*, Seattle : University of

Washington Press, 1977.

        , *The Russian Fur Trade, 1550-1700,* Berkeley : University of California Press, 1943.

Koenker, Diane P., *Club Red : Vacation Travel and the Soviet Dream,* Ithaca : Cornell University Press, 2013.

Hughes, Linsey, *Russia in the Age of Peter the Great,* London : Yale University Press, 1998.

Gregory, Timothy E., *A History of Byzantium,* West Sussex : Wiley-Blackwell, 2010.

Makolkin, Anna, *The Nineteenth Century in Odessa : One Hundred Years of Italian Culture on the Shores of the Black Sea (1794-1894),* Ontario : Edwin Mellen Press, 2007.

Stephan, John J., *The Kuril Islands : Russo-Japanese Frontier in the Pacific,* Oxford : Clarendon Press, 1974.

Sweet, James H., *Domingos Álvares, African Healing, and the Intellectual History of the Atlantic World,* Chapel Hill : University of California Press, 2011.

White, Richard, *The Middle Ground : Indians, Empires and Republics in the Great Lakes Region, 1650-1815,* Cambridge : Cambridge University Press, 1991.

사라 마자, 박원용 역, 『역사에 대해 생각하기』, 책과함께, 2019.

알프레드 마한, 김주식 역, 『해양력이 역사에 미치는 영향』, 책세상, 1999.

초출 일람

서광덕, 「근대 동북아해역 교통망과 지식네트워크-청말淸末 중국유학생과 그 잡지를 중심으로」

이 글은 『인문사회과학연구』 21-1, 부경대 인문사회과학연구소, 2020에 처음 수록되었다.

윤지양, 「19세기 말 江南機器製造總局 출간 서적의 국내 유입 양상」

이 글은 『인문사회과학연구』 20-3, 부경대 인문사회과학연구소, 2019에 처음 수록되었다.

공미희, 「근대 日本製新漢字語 유입을 통한 동북아해역의 지식교류 연구」

이 글은 『일본어문학』 87, 일본어문학회, 2019에 처음 수록되었다.

최민경, 「규슈 지역 재일한인 커뮤니티의 형성과 전개-후쿠오카를 중심으로」

이 글은 『동북아문화연구』 60, 동북아시아문화학회, 2019에 처음 수록되었다.

나미가타 츠요시, 「현해탄을 건넌 사람과 사물-'쇼와 30년대', 붐(Boom)에서 장르(Genre)로」

이 글은 『동북아문화연구』 62, 동북아시아문화학회, 2020에 처음 수록되었다.

곽수경, 「개항장의 대중문화 유입과 전개-목포의 트로트 유입과 흥성원인을 중심으로」

이 글은 『인문사회과학연구』 20-4, 부경대 인문사회과학연구소, 2019에 처음 수록되었다.

김윤미, 「1930년대 나진 개항과 항만도시 건설의 군사적 전개」

이 글은 『인문사회과학연구』 20-4, 부경대 인문사회과학연구소, 2019에 처음 수록되었다.

이가연, 「개항장 부산 일본 거류지의 소비공간과 소비문화」

이 글은 『항도부산』 39, 부산광역시 시사편찬위원회, 2020.3에 처음 수록되었다.

박원용, 「러시아 역사에서 해양 공간 다시보기」

이 글은 『대구사학』 137, 대구사학회, 2019.11에 처음 수록되었다.

필자 소개(집필순)

서광덕 徐光德, Seo, Kwang Deok

1965년 출생. 연세대학교 중어중문학과를 졸업 후 연세대학교 대학원 석사·박사 과정을 졸업했다. 저서로는 『루쉰과 동아시아 근대』(2018), 『중국 현대문학과의 만남』(공저, 2006) 등이 있고, 역서로는 『루쉰』(2003), 『일본과 아시아』(공역, 2004), 『중국의 충격』(공역, 2009), 『수사라는 사상』(공역, 2013), 『방법으로서 의 중국』(공역, 2016), 『조공시스템과 근대 아시아』(공역, 2018) 등이 있으며, 『루쉰전집』(20권) 번역에 참가했다. 현재 부경대학교 인문사회과학연구소 HK연 구교수로 재직 중이다.

윤지양 尹智楊, Yoon, Ji Yang

1983년 출생. 서울대학교 중어중문학과 졸업 후 동 대학원에서 「조선의 『서상기(西 廂記)』 수용 양상 연구」로 박사학위를 받았다. 저서로 『고종, 근대 지식을 읽다』(산 지니, 2020)가 있고, 번역서로 아동작가 선스시의 동물동화 『최후의 전투코끼 리』(다락원, 2018)가 있다. 현재 서울대학교 인문학연구원 선임연구원으로 재직중 이다.

공미희 孔美熙, Kong, Mi Hee

1969년 출생. 부경대학교 일어일문학부 대학원 석사. 박사과정을 졸업했다. 저서로 는 『PERFECT 일본어 문형』(공저, 2017), 『일본어 유의표현 연구』(공저, 2018), 『일본어 커뮤니케이션』(공저, 2019) 등이 있으며, 논문으로는 「근대 이문화 교류 공간으로서의 항구도시 부산」, 「일본 근대화의 계기가 된 데지마를 통한 초량왜관 고찰」, 「A Consideration of the Characteristics and Historical Background of Japanese Fusion Cuisine Created rough Cross-cultural Exchanges with the West in Port Cities」, 「개화기 조선의 근대화와 관련된 조선과 일본의 인적 및 지식교류 연구현황 분석」, 「근대 日本製新漢字語 유입을 통한 동북아 해역의 지식교류 연구」 등이 있다. 동북아시아문화학회 우수논문상 수상(2018, 러시아국 제학술대회), 현재 부경대학교 인문사회과학연구소 HK연구교수로 재직 중이다.

최민경 崔瑉耿, Choi, Min Kyung

1983년 출생. 서울대학교 언어학과를 졸업 후, 동대학교 국제대학원 국제학과 석사과정, 일본 히토쓰바시대학(一橋大學) 사회학연구과 박사과정을 졸업했다. 저역서로는 『일본 생활세계의 동요와 공공적 실천』(공저, 2014), 『일본형 매혹도시를 만들다』(역서, 2007)이 있으며, 논문으로는 「규슈지역 재일한인 커뮤니티의 형성과 전개-후쿠오카를 중심으로」(공저, 2019), 「일본에 있어서의 이민통합과 지방 정부 네트워크-외국인집주도시회의에 주목하여」(2017) 등이 있다. 현재 부경대학교 인문사회과학연구소 HK교수로 재직중이다.

나미가타 츠요시 波潟 剛, Namigata Tsuyoshi

1969년 출생, 일본근현대문학·비교문학 전공, 「アヴァンギャルドの新天地-昭和期文学·芸術運動にみる越境の政治学-」으로 박사학위를 받았다. 저서로는 『越境のアヴァンギャルド』(NTT出版, 2005), 『モダン都市文化90-博多の都市空間』(ゆまに書房, 2013), 『近代東アジアにおける'翻訳'と'日本語文学': Transition and Translation in Modern East Asian Literature』(편저, 花書院, 2019) 등이 있다. 현재 규슈대학 대학원 지구사회통합과학부·비교사회문화연구원 교수로 재직중이다,

곽수경 郭樹競, Kwak, Su Kyoung

1965년 출생. 동아대학교 중어중문학과를 졸업한 후 성균관대학교 대학원 석사, 베이징사범대학교(북경사범대학) 박사 과정을 졸업했다. 저서로는 『청산도 사람들의 삶과 문화』(공저, 2019) 등이 있고, 논문으로는 「중국의 해양강국 전략과 중화주의-도서 분쟁과 해양실크로드를 중심으로」, 「개항도시의 근대문화 유입과 형성-부산과 상하이의 영화를 중심으로」, 「개항장의 대중문화 유입과 전개-목포의 트로트 유입과 홍성원인을 중심으로」 등이 있다. 현재 부경대학교 인문사회과학연구소 HK연구교수로 재직 중이다.

양민호 梁敏鎬, Yang, Min Ho

1972년 출생. 전주대학교 일어교육과 졸업 후, 동국대학교 대학원 석사, 도쿄(東京)외국어대학교 석사 과정을 거쳐 도호쿠(東北)대학교 문학연구과 박사과정을 졸업하였다. 저서로는 『소통과 불통의 한일 간 커뮤니케이션』(공저, 2018), 일본에서 출판된 『일본어 어휘로의 어프로치』(공저, 2015) 『외래어 연구의 신전개』(공저

2012) 등이 있고, 역서로는『경제언어학-언어, 방언, 경어』(공역, 2015)『3·11 쓰나미로 무엇이 일어났는가-피해조사와 감재전략』(공역, 2013),『동북아 해역과 인문 네트워크』(공저, 2019)가 있다. 현재 부경대학교 인문사회과학연구소 HK연구교수로 재직중이며 국립국어원 공공용어 번역 표준화 위원회 일본어 자문위원으로 활동하고 있다.

김윤미 金潤美, Kim, Yun Mi

1980년 출생. 부경대학교 사학과를 졸업 후 동 대학원에서 석사, 박사과정을 졸업했다. 저서로는『일제시기 일본인의 '釜山日報' 경영』(공저, 2013) 등이 있고, 논문으로는 「일본 니가타(新潟)항을 통해 본 '제국'의 환동해 교통망」(2019), 「'조선군 임시병참사령부'의 부산 숙영 시행과 지역변화」(2018) 등이 있다. 현재 부경대학교 HK연구교수로 재직 중이다.

이가연 李佳妍, Lee, Ga Yeon

1980년 출생. 동아대학교 사학과를 졸업하고 같은 대학원에서 석·박사 학위를 받았다. 저역서로는『항일운동과 기억의 현장』(공저, 2011),『일제시기 일본인의 '부산일보' 경영』(공저, 2013),『일본의 대련 식민통치 40년사』(공역, 2012) 등이 있으며, 논문으로는 「진남포의 '식민자' 富田儀作의 자본축적과 조선인식」(2016), 「在朝日本人 吉田秀次郎의 자본축적과 '식민자'로서의 지역적 위상」(2018), 「개항장 부산 일본 거류지의 소비공간과 소비문화」(2020) 등이 있다. 현재 부경대학교 인문사회과학연구소 HK연구교수로 재직 중이다.

박원용 朴垣勇, Park, Won Yong

1962년 출생. 서울대학교 서양사학과를 졸업 후 서울대학교 대학원 석사, 미국 인디애나대학교에서 박사학위를 취득했다. 저서로는『소비에트 러시아의 신체문화와 스포츠』(2019),『해양사의 명장면』(공저, 2019),『국가권력과 이데올로기』(공저, 2019),『소련형 대학의 형성과 해체』(공저, 2018),『스포츠가 역사를 말하다』(공저, 2016),『러시아 제국과 소비에트: 이념, 종교, 혁명』(공저, 2013),『19세기 동북아 4개국의 도서분쟁과 해양경계』(공저, 2008) 등이 있고, 역서로는『역사에 대해 생각하기』(2019),『E. H. 카 평전』(2013),『볼셰비키 혁명의 기억과 형성』(2009) 등이 있다. 현재 부경대학교 사학과 교수로 재직중이다.